Marcellino Lucchi

Tomomi Manako

Jeremy McWilliams

Valentino Rossi

Steve Jenkner

Olivier Jacque

Shinya Nakano

**Luca Cadalora,
Jürgen vd. Goorbergh**

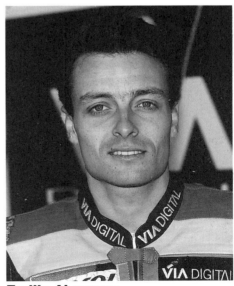
Emilio Alzamora

Friedemann Kirn

MOTORRAD WM '99

Inhalt

Teams und Fahrer	Der Compro-Kompromiß	3
Grand Prix Malaysia	Traum und Alptraum	12
Grand Prix Japan	American Express	20
Grand Prix Spanien	Der Kampf ums Erbe	28
Grand Prix Frankreich	Die kleinen Strolche	36
Grand Prix Italien	Flower Power	44
Grand Prix Katalonien	Der Fliegende Holländer	52
Grand Prix Holland	Weiche Landung	60
Grand Prix England	Familienfeier	68
Grand Prix Deutschland	Der 5000-Lire-Trick	76
Grand Prix Tschechien	Jagdsaison	84
Grand Prix Imola	Rotkäppchens Rache	92
Grand Prix Valencia	Der Tag, an dem der Régis kam	100
Grand Prix Australien	Zerreißprobe	106
Grand Prix Südafrika	Welcome in Welkom	116
Grand Prix Rio de Janeiro	Die Himmelsstürmer	124
Grand Prix Argentinien	Triumph ohne Siege	133
Chronik der Motorrad-Weltmeisterschaft		141
Ergebnistabellen		142
Endstand der Motorrad-Weltmeisterschaft		158

Einbandgestaltung: Andreas Pflaum

Mit Fotos von Friedemann Kirn, Yves Jamotte, Oscar Bergamaschi, Peter Lange und Rolf Zimmermann

Mit besonderem Dank an Manfred Arnold, Andy Schulz und Rolf Zimmermann

ISBN 3-613-01997-3

Copyright © by Motorbuch Verlag, Postfach 103743, 70032 Stuttgart. Ein Unternehmen der Paul Pietsch Verlage GmbH & Co.

1. Auflage 1999

Nachdruck, auch einzelner Teile, ist verboten. Das Urheberrecht und sämtliche weiteren Rechte sind dem Verlag vorbehalten. Übersetzung, Speicherung, Vervielfältigung und Verbreitung einschließlich Übernahme auf elektronische Datenträger wie CD-Rom, Bildplatte usw. sowie Einspeicherung in elektronische Medien wie Bildschirmtext, Internet usw. ist ohne vorherige schriftliche Genehmigung des Verlages unzulässig und strafbar.

Herstellung: IPa, Vaihingen/Enz
Druck: Fotolito Longo, Bozen
Bindung: Fotolito Longo, Bozen
Printed in Italy

Teams und Fahrer 1999

Der Compro-Kompromiß

Weil ein sichergeglaubter Hauptsponsor absprang, kam das MuZ-Team kurz vor Saisonstart in Bedrängnis. Doch eine Schweizer Investorengruppe fand Gefallen an dem ehrgeizigen Projekt.

Privat war Mick Doohan trotz seines Ruhms freundlich und zugänglich geblieben. Rennfahrerkollegen lud der fünffache Halbliter-Weltmeister zu Fahrradtrips in die Berge rund um seine Wahlheimat Monaco ein, und wenn es die Zeit nach der Saison erlaubte, brauste er am liebsten mit einer Schar alter Freunde im Speedboat aufs Great Barrier Reef in Australien hinaus.

Im Beruf zeigte der Superstar ein anderes Gesicht. An den Rennstrecken war Mick Doohan als verschlossener, zu bissigen Kommentaren neigender Einzelgänger gefürchtet, der zu niemandem ein persönliches Verhältnis pflegte und nicht nur physische, sondern auch psychische Überlegenheit über seine Rivalen suchte.

Die Rückschläge und Verletzungen seiner frühen Jahre hatten den Australier zu einem zielstrebigen Kämpfer abgehärtet. Seit den Knochenbrüchen seiner ersten Grand Prix-Saison 1989, mehr noch seit dem traumatischen Assen-Unfall 1992, verfolgte Doohan seinen Weg nach oben mit beispielloser Besessenheit. Mit asketischer Lebensweise und exzessivem Körpertraining überwand er ein steifes rechtes Fußgelenk, trotzte seinem Schicksal den WM-Titel 1994 ab und ließ mit ungebremster Energie und wachsender Dominanz vier weitere folgen.

Mit fünf Titeln und 54 Halbliter-Siegen hatte er mehr erreicht als jeder andere Motorradrennfahrer seiner Ära, und weil als einzig zu knackender Rekord nur noch die magischen 68 Halbliter-Siege von Giacomo Agostini anstanden, schien es zu Beginn des Jahres 1999, als könne der getriebene, immer wieder neu um Bestätigung ringende Weltmeister endlich durchatmen und locker lassen. Bei Fernsehshows seines Heimatlandes, etwa dem populären Reportagemagazin »60 Minutes«, präsentierte sich Doohan als entspannter, launiger Gesprächspartner. Und als der von privaten Großsponsoren wie der Zigarettenmarke Winfield und der Fluglinie Qantas zusätzlich umhegte Jet-Set-Star und Multimillionär zu den ersten Vorsaisontests in Phillip Island auftauchte, ging er den neugierigen Journalisten nicht brummig aus dem Weg, sondern sprudelte vor Mitteilungsdrang.

Hauptthema war nicht die neue WM-Saison, sondern die Schwangerschaft seiner Freundin Selina. »Wir haben uns jetzt schon, vor Ende meiner Karriere, zur Gründung einer Familie entschlossen, denn ich will nicht 50 sein, wenn ich ein Baby in den Armen halte«, verkündete Doohan. »Wenn alles nach Plan geht, kommt das Kind Ende August zwischen zwei Rennen zur Welt, und ich werde bei der Geburt dabeisein. Pech jedoch, wenn es sich für ein Grand Prix-Wochenende entscheidet. Denn dann werde ich es erst am Montag begrüßen können. Ich bin und bleibe Rennfahrer, und sowie ich einen Vertrag unterschrieben habe, kommen meine Verpflichtungen als Profi an erster Stelle.«

Trotz allem Familienglück gelang es Doohan denn auch, sich wieder ganz aufs Fahren und seinen Job als Honda-Werkspilot zu konzentrieren. Im Handstreich wischte er die Bestzeiten der anderen anwesenden Stars beiseite, packte aber schon nach zweieinhalb von vier eigentlich geplanten Test-Tagen wieder zusammen und reiste ab, weil es mit dem alten Motorrad nichts mehr zu testen gab. »Ich habe Honda um ein neue Maschine gebeten, die den gleichen Motor haben kann, aber handlicher und wendiger wer-

Entspannter Plauderton: Der neue Yamaha-Star Carlos Checa – und der werdende Familienvater Mick Doohan

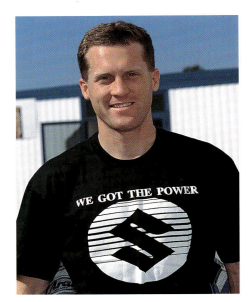

S wie Superman: Kenny Roberts junior trennte sich vom Team des Vaters – und glänzte bei Suzuki sofort mit Bestzeiten

Der Boß testet selbst: Ohne Marlboro-Millionen führte King Kenny senior sein Modenas-Team auf Sparflamme weiter

und als Doohan zu viertägigen Tests in Malaysia im März immer noch mit der alten Maschine geschickt wurde, riß dem Weltmeister der Geduldsfaden. »Die ganze Vorsaison über haben wir nichts anderes getan, als sinnlos Benzin zu verheizen. Honda hat anscheinend zuviel mit den Superbikes, mit dem V2-Projekt und der 250er zu tun, so daß für uns keine Zeit mehr bleibt«, beschwerte er sich. »Auch die Politik, ganze Heerscharen von Halbliter-Kunden zu betreuen, ist ein Schuß ins eigene Knie. Eine Situation wie im letzten Jahr, wo wir nicht einmal testen konnten, weil keine Ersatzteile zur Verfügung standen, darf es nie wieder geben. Honda muß sich wieder auf seine Aufgaben als echtes Werksteam besinnen und seine Werksfahrer mit eigens auf sie abgestimmten Prototypen ins Gefecht schicken. Sonst überrollt uns die Konkurrenz!«

Denn die rüstete mit allen Mitteln, um die Vorherrschaft von Honda und Mick Doohan endlich zu brechen. Spektakulär und mit viel öffentlichem Rummel wurden die Transfers der früheren Honda-Piloten Max Biaggi und Carlos Checa zu Yamaha in Szene gesetzt. Vizeweltmeister Biaggi, der sein Jahresgehalt dank der Sponsoren Q8 und Marlboro auf sechs Millionen Dollar schrauben konnte, galt als aussichtsreichster und gefährlichster Gegner Doohans, weil er schon auf Honda und auf Aprilia Weltmeister der 250 ccm-Klasse geworden war und genügend Erfahrung, Selbstbewußtsein und diplomatisches Geschick besaß, ein Werk bei der Weiter-

den sollte. Wahrscheinlich bedeutet das den Bau eines neuen Chassis. Allerdings ist es schwierig, einen guten Standard weiter zu verbessern. Wir werden uns sicher auf keinerlei Experimente einlassen und erst dann ein neues Modell einsetzen, wenn es nachweislich für schnellere Rundenzeiten gut ist«, verabschiedete sich Doohan.

Doch die Wochen vor Saisonbeginn verstrichen ohne die Lieferung eines neuen Motorrads,

Parade der Superstars: Das Aufgebot für die Königsklasse 1999 gibt sich die Ehre

entwicklung seiner Maschinen zu Höchstleistungen anzutreiben. »Der größte Unterschied: Die Honda ist für Doohan gebaut, die Yamaha wurde dagegen nicht auf einen speziellen Piloten hingeschnitten. Sie ist ein Kompromiß, mit dem sich jeder Fahrer in seine eigene Richtung auf-

machen kann«, beschrieb Biaggi seine ersten Eindrücke nach dem Wechsel. »Bei der Abstimmung versuchen wir sehr gründlich, alle Varianten auszuloten und nehmen uns viel Zeit, mit verschiedenen Set-Ups Erfahrung zu sammeln - ungefähr so wie bei einem neuen Computer, den man mit Daten lädt, um sie später auswerten zu können. Das ist aufwendig, aber zielführender, als schon bei den ersten Tests Qualifikationsreifen aufzuziehen und auf Zeitenjagd zu gehen.«

Von Test zu Test tasteten sich Biaggi, mit Verspätung dann auch Checa, in die Nähe konkurrenzfähiger Zeiten vor und merkten immer wieder an, der im Vergleich zu Honda etwas weniger kräftige Motor könne ruhig noch ein paar PS vertragen. Hauptproblem der für 1999 neugebauten Yamaha blieb aber ein hartnäckiger Mangel an Traktion. Sowohl am Vorderrad beim Einbiegen in die Kurve als auch am Hinterrad beim Beschleunigen vermittelte das Motorrad zu wenig Gefühl für den Grenzbereich, am Limit zu fahren war deshalb auch mit entsprechendem Risiko verbunden.

Im Schatten der Biaggi-Schlagzeilen und der gekonnten Selbstinszenierung des illustren Römers, aber technisch effektiver als jedes andere Team bereitete sich Suzuki auf ein Comeback in der Weltspitze vor. Mit dem Segen seines Vaters und bisherigen Arbeitgebers Kenny Roberts senior verließ Kenny Roberts junior das Modenas-Team und sattelte von der unterlegenen Modenas-Dreizylinder auf die Vierzylinder-Suzuki RGV 500 um.

Weil das kleinste der japanischen Werke seit 1993 keinen Titel und seit 1995 kein Rennen mehr gewonnen hatte und über die Jahre trotz verzweifelter Comebackversuche immer weiter ins hintere Mittelfeld abgerutscht war, rechneten oberflächliche Beobachter damit, Roberts junior werde vom Regen in die Traufe geraten.

Doch Kenny senior, der für das eigene Team auch im dritten Jahr keine WM-Chancen ausmachte und das Dreizylinder-Projekt mit der Philosophie des Machbaren weiterdümpeln ließ, wußte, daß bei Suzuki ein enormes technisches Potential brach lag und nur richtig genutzt zu werden brauchte. Deshalb gab er seinem Sohn den erfahrenen Cheftechniker Warren Willing mit auf den Weg, der einst ganze Generationen von Yamaha-Werksmaschinen auf Weltniveau getrimmt hatte und nun auch bei Suzuki technisch in eine klare Richtung steuerte. Mit minimalen, aber effektiven Änderungen wie einer nach vorn verschobenen Gewichtsposition und einer weicheren Gesamtabstimmung, die trotz der geringeren Last auf dem Hinterrad für genügend Traktion beim Beschleunigen sorgte, war Kenny Roberts plötzlich so schnell wie die Konkurrenz und machte bei etlichen privaten Tests vor Saisonbeginn sogar mit inoffiziellen Bestzeiten von sich reden.

Auf Anhieb zum Volltreffer wurde der neue Rahmen der MuZ. Der siebenfache Seitenwagen-Weltmeister Rolf Biland, im Herbst 1998 verpflichtet, um das Team neu zu strukturieren und endgültig in der Weltspitze zu etablieren, hatte die Zusammenarbeit mit dem als stur verschrieenen Franzosen Serge Rosset beendet und ließ anstelle der eingekauften ROC-Fahrwerke ein komplett neues, eigenes Chassis anfertigen. Von Testfahrer Eskil Suter auf Basis vorhandener Daten gezeichnet und bei »Fabrication Techniques« in England zusammengeschweißt, jener Firma, in der auch die Modenas-Fahrwerke entstanden, sah die Neukonstruktion mit dem bewährten Swissauto-Motor so elegant und kompakt aus wie eine 250er.

Und sie funktionierte auch so. Die neuen MuZ-Stars Luca Cadalora und Jürgen van den Goorbergh schwärmten bei den IRTA-Tests in Jerez schon nach den ersten Runden, wie spielerisch leicht sich die Maschine in Kurven einlenken lasse und wieviel Gefühl für Asphalt und Reifengrip sie vermittle. »Eine Runde lang bin ich Marcellino Lucchi hinterhergefahren und konnte mühelos die gleichen Linien wählen wie er mit seiner 250er. Ich habe noch nie erlebt, daß ein brandneues Motorrad auf Anhieb so gut funktioniert«, schwärmte Cadalora, der für die europäische Herausforderung in der Halbliterklasse ein Angebot von Yamaha für die Superbike-WM ausgeschlagen hatte.

War die technische Basis dank Schweizer

Der Kronprinz greift an: Doohan-Teamkollege Alex Crivillé bei ersten Tests im australischen Phillip Island

Präzision und, so Rolf Biland, »der Ideen einer Handvoll intelligenter Leute« unter Kontrolle, so stieß das Team bei der Finanzierung des Projekts auf unerwartete Schwierigkeiten. Bis Ende Januar sah es so aus, als werde der holländische Van Nelle-Konzern mit dem Zigarettentabak Drum für einen Löwenanteil der benötigten 5,5 Millionen Schweizer Franken geradestehen. Dann sprang der Geldgeber aus heiterem Himmel ab und hinterließ eine Finanzierungslücke von zwei Millionen, die weder das im Neuaufbau steckende Zschopauer MuZ-Werk noch deren malaiische Partner von Hong Leong kurzfristig schließen konnten.

Glücklicherweise hatte Swissauto-Gründer Urs Wenger langjährige Partner in der Fahrzeugindustrie, die die Fortsetzung des ehrgeizigen Projekts in letzter Minute sicherstellten. Motorenhersteller Albert Weber, der in Markdorf am Bodensee täglich über 1000 Automotoren bearbeitete, sprang als neuer Sponsor in die Bresche und sicherte sich den Namen der Rennmaschine, die fortan offiziell als »MuZ-Weber« geführt wurde. Die Verbindung war kein Zufall: In Webers Betrieb wurde eine brandneue »Multi Purpose Engine« mit zwei Zylindern und 750 ccm entwickelt, die auch in einer neuen Generation von käuflichen MuZ-Modellen Verwendung finden sollte.

Der verbleibende Fehlbetrag wurde über die von Albert Webers Bruder Hubert gegründete »Compro AG« finanziert. Hinter dem Namen verbarg sich eine Gruppe Schweizer Investoren, die sich dem MuZ-Weber-Projekt für fünf Jahre verpflichteten und darauf bauten, das eingesetzte Kapital früher oder später durch einen neuen Hauptsponsor verzinsen zu können.

Für einen Bruchteil der genannten Summen nahm der Bayer Markus Ober, deutscher 250 ccm-Meister 1997, seine erste Halbliter-WM-Saison in Angriff. Von Ex-GP-Pilot Martin Wimmer gemanagt, unterschrieb Ober einen Zwei-Jahres-Vertrag im holländischen Dee Cee-Racing Team und übernahm auf einer privaten V 2-Honda jenen Platz, den van den Goorbergh zu Gunsten seines MuZ-Engagements geräumt hatte. Bei den 500ern rechnete sich der 23jährige die besten Chancen aus, dereinst ein großes Team auf sich aufmerksam zu machen.

250 ccm: Waldis Rückkehr

Denn bei den 250ern waren die Aufstiegsplätze fest besetzt. Prominentester Newcomer war Alexander Hofmann, der nach einer erfolgreichen Jugend-Cross-Karriere 1995 als 15jähriger in den Straßenrennsport einstieg, noch im gleichen Jahr nach dem Schulabschluß Profi-Renn-

Zurück in die Zukunft: Waldi bei Tests auf der Aprilia 250

fahrer wurde und seinen rasanten Aufstieg nach dem Gewinn der Europameisterschaft 1998 mit seiner ersten vollen WM-Saison krönte. »Wir haben es geschafft«, freute sich Manager Dieter Theis, der einst Stefan Prein betreut hatte und für den die Rückkehr ins WM-Fahrerlager auch einen persönlichen Triumph bedeutete.

Vorläufig hatte Hofmann eine TSR-Honda, einen bei Technical Sports gebauten Zwitter mit Standardmotor, aber einem der Werksmaschine entsprechenden Fahrwerk mit stabiler Zweiarmschwinge, anderer Chassisgeometrie und Kohlefaserbremsen zur Verfügung. Allerdings wurde sein GP-Einstieg auf einem Production Racer nur als kurze Zwischenstation zu kommendem Weltruhm gesehen. Braungebrannt und

Der ungeliebte Weltmeister: Loris Capirossi wurde von Aprilia gefeuert – und machte auf Honda weiter

Wohin mit den ganzen Aufklebern? Hofmanns Manager Dieter Theis

fit wie sein Vater, der seine Zahnarztpraxis nach Südspanien verlegte und dort den ewigen Sommer genoß, hätte sich allein das Wachstum des mit 180 Zentimetern Körpergröße für einen Motorradrennfahrer recht stattlichen Modellathleten als wenig karriereförderlich erweisen können. Doch auch in diesem Punkt schien sich die Natur dem großen Plan zu fügen und gerade noch rechtzeitig auf die Bremse zu treten.

Weniger geradlinig verlief der Weg Ralf Waldmanns. Ein Jahr zuvor hatte er erklärt, sein neuer Lebenstraum sei es, dereinst einmal einen Halbliter-Grand Prix auf einer der schnellen Vierzylinder-Maschinen zu gewinnen. Eine konkrete Offerte für dieses Abenteuer, nämlich auf einer V4-Yamaha fürs schwäbische Team von Hermann Kurz anzutreten, schlug Waldi nach

Alex Hofmann gegen Ralf Waldmann: Wem gehört die Zukunft?

seiner wenig erfolgreichen Saison auf der Dreizylinder-Modenas allerdings aus, und kehrte lieber zu jenem deutschen 250 ccm-Rennstall mit Teammanager Dieter Stappert und Cheftechniker Sepp Schlögl zurück, mit dem er sich nach Ende der Saison 1997 zerstritten hatte.

Weil man die Qualitäten der neuen Honda-Werksmaschinen nicht voraussehen konnte und das Paket obendrein kaum finanzierbar war, stand Waldi abermals ein Markenwechsel ins Haus. Aprilia, auch aus Marketinggründen an einem starken deutschen Fahrer interessiert, stellte nicht nur kostenlose Maschinen, sondern brachte zusätzlich auch noch eigene Sponsoren mit ins Geschäft.

Bei ersten Tests auf der giftig zubeißenden Drehschiebermaschine war der 32jährige Heimkehrer noch klar zu langsam, weil er sich bei seinem Abenteuer Königsklasse auch den spitzen Fahrstil der Halbliter-Cracks angeeignet hatte. Doch als im Februar auch er mit der neuesten Modellgeneration ausgestattet wurde, ließ der Druck auf der Magengrube deutlich nach. »Beim bisherigen Modell hatte ich Mühe, mich wieder auf die hohen Kurvengeschwindigkeiten mit der 250er umzustellen. Es war alles viel schwieriger, als ich gedacht hatte«, erzählte Waldi. »Doch jetzt bin ich happy, denn das 99er Modell ist wirklich gut. Wir haben die Grundeinstellung von Marcellino Lucchi verwendet, und sie hat perfekt zu meinem Fahrstil gepaßt. Es sieht aus, als sei die Maschine für mich geschaffen.«

Das erklärten freilich auch die anderen WM-Favoriten. Waldis Gegner Nummer eins war der 20jährige Aprilia-Werkspilot Valentino Rossi, der schon im letzten Jahr Seriensiege gefeiert

hatte und fahrerisch als nahezu unüberwindlich galt. Gefahr drohte außerdem von dem 42jährigen Veteranen Marcellino Lucchi, der fürs Docshop-Team nicht mehr nur einzelne Rennen, sondern die ganze Saison bestritt. Tetsuya Harada hatte sich nach der Schmach im WM-Finale 1998 zwar aus der 250 ccm-Klasse verabschiedet und stieg nun als einziger Aprilia-Pilot in die Halbliterklasse ein.

Dafür blieb Loris Capirossi der 250 ccm-Klasse treu und war dabei einer der am schwersten auszurechnenden Gegner. Von Aprilia gefeuert und zum Honda-Gresini-Team übergelaufen, schien zunächst nur wenig Gefahr von dem Weltmeister auszugehen. Bei ersten Vorsaisontests war der Italiener von der NSR 250 sogar noch derart enttäuscht, daß er frustriert um eine V2-500er nachfragte. Doch je näher die Saison rückte, desto schneller wurden Capirossis Rundenzeiten: Die Honda Racing Corporation suchte fieberhaft nach zusätzlicher Motorleistung und schaffte gerade noch rechtzeitig vor den ersten Rennen den großen Durchbruch.

Auf den hoffte auch Yamaha. Von den Honda-Motorrädern ebenso wie von der Zusammenarbeit mit HRC enttäuscht, lief das Chesterfield-Tech 3-Team des Franzosen Hervé Poncharral zu Yamaha über und bereitete das Comeback der Werksmaschine YZR 250 vor, die Ende 1996 wegen Erfolglosigkeit aus der Weltmeisterschaft zurückgezogen worden war. Eine von Poncharrals Bedingungen war, nicht nur den schnellen, aber seit Frühjahr 1998 unter einer schweren Knöchelverletzung leidenden Olivier Jacque mit einer solchen Maschine auszustatten, sondern auch Japans neues Wunderkind Shinya Nakano zu seiner ersten vollen WM-Saison ins Gefecht zu schicken.

Ganz unabhängig davon lief das Projekt der Yamaha TZM 250, mit der das schwäbische Yamaha-Aral-Kurz-Team antrat. Fahrer Tomomi Manako, der als Vizeweltmeister der 125 ccm-Klasse eine neue Herausforderung suchte, und

Mit drei dabei: Deutsche 125 ccm-Piloten Steve Jenkner, Reinhard Stolz und Bernhard Absmeier

sein spanischer Teamkollege Lucas Oliver Bulto, hatten vor allem die Aufgabe, den beliebten, aber in die Jahre gekommenen Production Racer wieder weltweit mit Achtungserfolgen ins Rampenlicht zu rücken und später im Jahr ein neues TZM-Modell einzuführen.

125 ccm:
Das Gute Laune-Team

Der frühere Yamaha-Aral-Pilot Youichi Ui und der dortige Motorentuner Harald Bartol hatten die Farben, nicht aber die Klasse gewechselt. Ganz im flammenden Rot der legendären »balas rojas« betrieben sie das großangelegte Comeback von Derbi, jener spanischen Traditionsfirma, die in den 70er und 80er Jahren insgesamt zehn WM-Titel der verschiedenen Schnapsglasklassen eingesammelt hatte, bevor die Ära der hemmungslosen, ohne jede Auslaßsteuerung laufenden Drehschiebermotoren endgültig abgelaufen war.

Bartol entwarf einen neuen, vielfach verstellbaren Aluminiumrahmen und beauftragte die Kenny Roberts Group in England mit der Fertigung. Als Antrieb verwendete er vorläufig jenen Motor, den er 1998 fürs Yamaha-Kurz-Team entwickelte, aber dort nie einsetzte. Mit 54,5 Millimeter Hub, 54 Millimeter Bohrung und Membraneinlaß ins Gehäuse entsprach das Triebwerk in den wichtigsten Eckdaten der Honda RS 125, war im Detail aber so logisch und kompakt aufgebaut, daß die Maschine auf Anhieb um drei Kilogramm zu leicht war und mit Zusatzgewichten behängt werden mußte.

Vorläufig fehlte der Maschine ein Tick Höchstleistung und Topspeed, glänzte dafür aber mit in dieser Klasse unerreichter Laufkultur. Die Ausgleichswelle entsprach den Massen der Kurbelwelle mit solcher Symmetrie, daß der Motor völlig vibrationsfrei lief. Die Höchstleistung von 48 bis 50 PS entwickelte der Motor schon bei 12200 Umdrehungen pro Minute, das nutzbare Drehzahlband reichte von erstaunlichen 8500 bis 13600 Touren.

Wurde der junge Spanier Pablo Nieto als Uis Teamkollege engagiert, so hatte Tomomi Manakos früherer 125 ccm-Teamchef Mario Rubatto seinen WM-Startplatz an den DM-Dritten Bernhard Absmeier abgetreten. Vor einem Jahr noch

Das große Comeback der "balas rojas": Youichi Ui und seine Derbi

mittellos, sportlich abgeschlagen und dem Rücktritt nahe, wurde der 21jährige vom Passauer Motorradhändler Werner Mayer unter die Fittiche genommen und verfügte über eine gebrauchte Werks-Aprilia, die von dem erfahrenen Motorentechniker Horst Kassner auf dem neuesten Stand gehalten wurde.

Rubatto trat in dem kleinen Privatteam als Berater auf, von dem zwei Jahre zuvor noch mit vier Piloten aufgetretenen Team UGT 3000 blieb nichts als ein Scherbenhaufen: Teamgründer Ralf Schindler wollte Klaus Nöhles, den talentiertesten deutschen Nachwuchspiloten, auf einer UGT-Honda und mit dem Startplatz des zu Honda gewechselten Weltmeisters Kazuto Sakata ins Rennen schicken. Doch eine Allianz zwischen Sakatas altem Cappanera-Team und dem auch im IRTA-Auswahlkomitee einflußreichen Aprilia-Sportdirektor Jan Witteveen ließ die Pläne scheitern: Der Startplatz wurde kurzfristig einem der italienischen Aprilia-Piloten zugeschanzt, Nöhles blieb in Deutschland, und Ralf Schindler zog sich unter Protest aus dem Grand Prix-Zirkus zurück.

Notfalls Schüsse aus der Leuchtpistole: Jenkners neuer Berater Dirk Raudies

Trotzdem gelang noch einem weiteren Deutschen der Einstieg in die WM. Auf eigene Faust und mit minimaler Unterstützung deutscher 125 ccm-Meister geworden, suchte der 23jährige Reinhard Stolz ein professionelles Team, in dem er sich ganz aufs Fahren konzentrieren konnte. Dank Vermittlung seines bei Honda beschäftigten Freundes Adi Stadler kam der Bayer als Kollege von Simone Sanna im italienischen Polini-Honda-Team unter.

Solche Sprachprobleme gab´s im offiziellen deutschen Marlboro-Aprilia-Team nicht, auch wenn Fahrer Steve Jenkner sächsisch redete und seine neuen Betreuer schwäbisch schwätzten. Nachdem er sich mit dem bisherigen Cheftechniker Stefan Kirsch weder über Finanzen noch über Kompetenzen einig wurde, setzte Teammanager Harald Eckl nun auf die Erfahrung von Dirk Raudies und die Ingenieurskünste von dessen Schwager Ulli Maier. Raudies sollte Jenkner mit Ratschlägen aus seinem langjährigen Erfahrungsschatz über Leistungsschwankungen hinweghelfen, Maier sollte sich als Cheftechniker und Data Recording-Mann in Personalunion um die perfekte Abstimmung der Werks-Aprilia verdient machen. »Die Aprilia ist ein fertiges Motorrad. Du mußt dich um nichts kümmern als das Setting. Die Dinger sind sauschnell«, rieb sich Raudies die Hände und nahm sich vor, Jenkner durch die Verbreitung von guter Laune zusätzlich zu motivieren. »Ein Fahrer, der Spaß hat, fährt schneller, darauf spekulier' ich. Künftig mache ich den ganzen Tag Blödsinn. Und wenn Steve dann immer noch zu langsam ist, stelle ich mich mit der Leuchtpistole an die Strecke«, kündigte er an.

Teams und Fahrer 125 cm³

Start-Nr.	Fahrer (Nation)	Marke	Team
1	Kazuto Sakata (J)	Honda	M.T.P. – Team Pileri
4	Masao Azuma (J)	Honda	Playlife - Liégeois
5	Lucio Cecchinello (I)	Honda	Givi Honda LCR
6	Noboru Ueda (J)	Honda	Givi Honda LCR
7	Emilio Alzamora (E)	Honda	Via Digital Team
8	Gianluigi Scalvini (I)	Aprilia	Inoxmacel Fontana Racing
9	Frédéric Petit (F)	Honda	Racing Moto Sport
10	Jeronimo Vidal (E)	Aprilia	Valencia III Milenio
11	Massimiliano Sabbatani (I)	Honda	Matteoni Racing
12	Randy De Puniet (F)	Aprilia	Scrab Competition
13	Marco Melandri (I)	Honda	Playlife Racing Team
15	Roberto Locatelli (I)	Aprilia	Vasco Rossi Racing
17	Steve Jenkner (D)	Aprilia	Marlboro Team ADAC
18	Reinhard Stolz (D)	Honda	Polini Inoxmacel
19	Simone Sanna (I)	Honda	Polini Inoxmacel
20	Bernhard Absmeier (D)	Aprilia	Mayer-Rubatto Racing
21	Arnaud Vincent (F)	Aprilia	Valencia III Milenio
22	Pablo Nieto (E)	Derbi	Derbi
23	Gino Borsoi (I)	Honda	Semprucci Biesse Group
26	Ivan Goi (I)	Honda	Matteoni Racing
29	Angel Nieto jr. (E)	Honda	Via Digital Team
32	Mirko Giansanti (I)	Aprilia	Antinucci RacingTeam
41	Youichi Ui (J)	Derbi	Derbi
44	Alessandro Brannetti (I)	Aprilia	Team Future Strategies
54	Manuel Poggiali (RSM)	Aprilia	Antinucci Racing

Teams und Fahrer 500 cm³

Start-Nr.	Fahrer (Nation)	Marke	Team
1	Michael Doohan (AUS)	Honda	Honda Team HRC
2	Massimiliano Biaggi (I)	Yamaha	Yamaha Racing Team
3	Alex Crivillé (E)	Honda	Honda Team HRC
4	Carlos Checa (E)	Yamaha	Yamaha Racing Team
5	Alexandre Barros (BR)	Honda	Movistar Honda Pons
6	Norifumi Abe (J)	Yamaha)	Yamaha D'Antin
7	Luca Cadalora (I)	MuZ	MuZ Rennsport Gmbh
8	Tadayuki Okada (J)	Honda	Honda Team HRC
9	Nobuatsu Aoki (J)	Suzuk	Suzuki Grand Prix Team
10	Kenny Roberts jr. (USA)	Suzuki	Suzuki Grand Prix Team
11	Simon Crafar (NZ)	Yamaha	Red Bull Yamaha WCM
12	Jean-Michel Bayle (F)	Modenas	Team Roberts Proton
14	Juan Borja (E)	Honda	Movistar Honda Pons
15	Sete Gibernau (E)	Honda	Honda Team HRC
17	J. v. d. Goorbergh (NL)	MuZ	MuZ Rennsport Gmbh
18	Markus Ober (D)	Honda	Dee Cee Jeans Racing Team
19	John Kocinski (USA)	Honda	Kanemoto Honda
21	Michael Rutter (GB)	Honda	Millar Honda Britain
22	Sébastien Gimbert (F)	Honda	Tecmas Honda Elf
25	José Luis Cardoso (E)	Honda	Technical Sports Racing
26	Haruchika Aoki (J)	Honda	Technical Sports Racing
31	Tetsuya Harada (J)	Aprilia	Aprilia Grand Prix Racing
55	Régis Laconi (F)	Yamaha	Red Bull Yamaha WCM
	noch offen	Modenas	Team Roberts Proton

Teams und Fahrer 250 cm³

Start-Nr.	Fahrer (Nation)	Marke	Team
1	Loris Capirossi (I)	Honda	Elf Axo Honda Gresini
4	Tohru Ukawa (J)	Honda	Shell Advance Honda Team
6	Ralf Waldmann (D)	Aprilia	Aprilia Germany
7	Stefano Perugini (I)	Honda	T.V.R. - Tino Villa Racing
9	Jeremy McWilliams (GB)	Aprilia	QUB Team Optimum
10	Alfonso Nieto (E)	Yamaha	Yamaha D'Antin
11	Tomomi Manako (J)	Yamaha	Yamaha Kurz Aral
12	Sebastian Porto (ARG)	Honda	Semprucci Biesse Group
14	Anthony West (AUS)	Honda	Shell Advance Honda Team
15	David Garcia (E)	Yamaha	Yamaha D'Antin
16	Johan Stigefelt (S)	Yamaha	Edo Racing
17	Maurice Bolwerk (NL)	Honda	Arie Molenaar Racing
19	Olivier Jacque (F)	Yamaha	Chesterfield Yamaha Tech 3
21	Franco Battaini (I)	Aprilia	FGF Corse S.N.C.
22	Lucas Oliver Bulto (E)	Yamaha	Yamaha Kurz Aral
23	Julien Allemand (F)	Honda	Tecmas GP 250
24	Jason Vincent (GB)	Honda	Padgetts HRC Shop
34	Marcellino Lucchi (I)	Aprilia	Docshop Racing
36	Masaki Tokudome (J)	Honda	Dee Cee Jeans Racing Team
37	Luca Boscoscuro (I)	Honda	Polini Inoxmacel
44	Roberto Rolfo (I)	Aprilia	Vasco Rossi Racing
46	Valentino Rossi (I)	Aprilia	Aprilia Grand Prix Racing
56	Shinya Nakano (J)	Yamaha	Chesterfield Yamaha Tech 3
58	Matias Rios (ARG)	Aprilia	PR2 Mitsubishi
66	Alexander Hofmann (D)	Honda	Racing Factory

Neues Team, neues Glück: Luca Cadalora war von der MuZ-Weber auf Anhieb begeistert

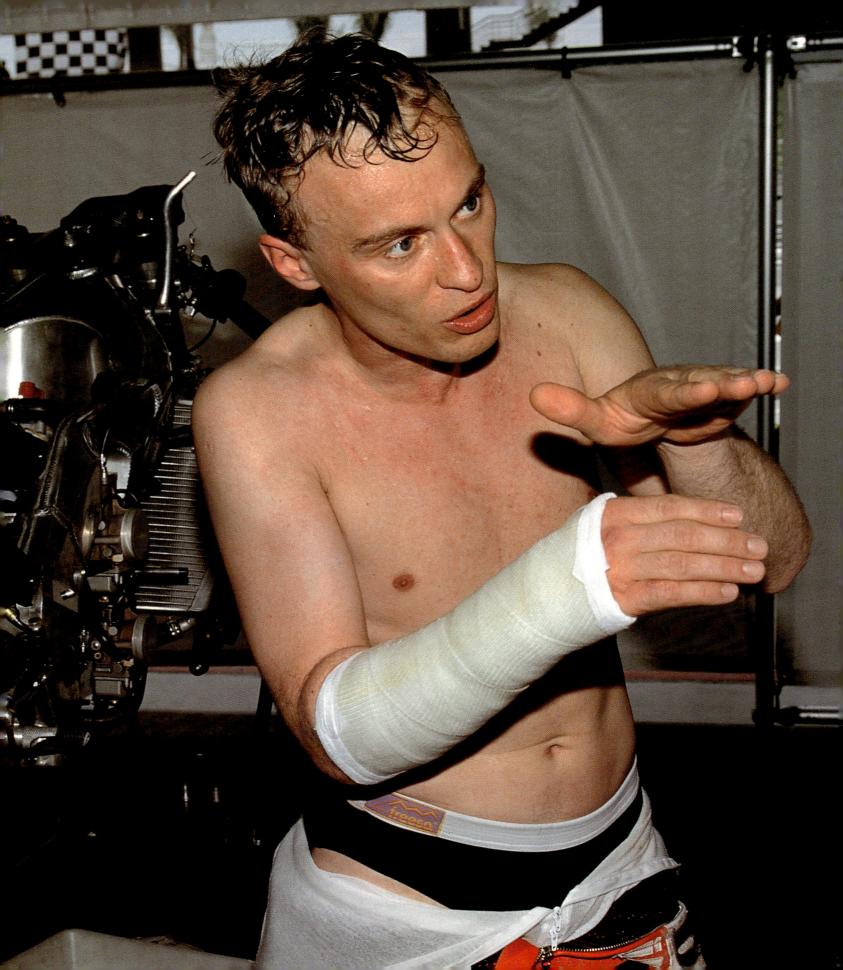

18. April 1999: Grand Prix Malaysia in Sepang

Traum und Alptraum

Kenny Roberts junior stieg mit einem Sensationssieg bei den 500ern zum Weltstar auf. Sein früherer Teamkollege Ralf Waldmann stürzte dagegen schon im ersten Training der neuen Saison aus allen Titelträumen ab.

Der neue internationale Flughafen von Kuala Lumpur war das größte malaiische Prestigeprojekt seit den beiden gigantischen Petronas-Türmen, die die Hauptstadt als modernes Wahrzeichen überragten, und nicht weniger pompös wirkte die neue, nur zehn Autominuten vom Terminal entfernte Sepang-Rennstrecke, die für rund 120 Millionen Mark Baukosten stolze 5,5 Kilometer Streckenlänge und hochmoderne, großzügige Boxen- und Tribünenanlagen offerierte. Trotz innenpolitischem Geplänkel um den nach einem Korruptionsskandal ins Gefängnis gesteckten Finanzminister schien die Wirtschaftskrise von 1998 vergessen, Malaysia rüstete sich wie der ganze südostasiatische Raum zu einem Neuanfang mit kühnen Zukunftsperspektiven.

Den hatte auch Deutschlands Weltmeisterschaftshoffnung Ralf Waldmann im Visier, als er nach der Rückkehr in die 250er Klasse zum Auftakt der Grand Prix-Saison 1999 anreiste, doch schon im ersten freien Training wurde Waldi nach einem Kolbenklemmer von seiner Werks-Aprilia gewirbelt und erlitt einen glatten Bruch des rechten Handgelenks. »Ich war mit dem Ersatzmotorrad unterwegs, und weil der Motor nicht richtig ging, wollte ich nur noch meine Runde zu Ende bringen und dann an die Box fahren. Beim Runterschalten vor einer Kurve ging die Maschine dann schlagartig fest«, berichtete Waldi, nachdem ihn Rennarzt Dr. Claudio Costa mit seiner niederschmetternden Diagnose konfrontiert und einen Gips angelegt hatte. »Es ist zum Heulen! Kannst du mir mal erklären, warum ich Anfang der Saison immer auf die Fresse falle? Dabei war ich so gut drauf, ganz locker ...«

4000 Testkilometer hatte Waldi ohne solche Havarien hinter sich gebracht, bevor er mit diesem Sturz auf eine fast schon unheimliche Pechserie in Malaysia einschwenkte. 1991 brach er sich dort das Schlüsselbein, 1996 holte er sich bei Tests eine Woche vor dem Rennen eine tiefe Fleischwunde und eine Gehirnerschütterung, 1997 begann er die Saison in Malaysia abermals mit einem Schlüsselbeinbruch.

Waldis vierte Malaysia-Verletzung jetzt zum Saisonauftakt 1999 war besonders bitter, denn schon eine Woche nach dem Rennen in Malaysia stand der Japan-Grand Prix im Kalender. Weil Waldi keinen aussichtslosen Kampf führen und erst wieder antreten wollte, »wenn das zusammengewachsen ist«, befahl Teammanager Dieter Stappert den geordneten Rückzug und buchte den geplanten Weiterflug nach Motegi in eine sofortige Heimreise um.

Ein verbogenes Lochblech in einem der Auspuffschalldämpfer und der resultierende Hitzestau im Zylinder waren die technische Erklärung für den Kolbenklemmer, und so rätselhaft es auch blieb, ob der Defekt bei der Produktion, bei der Montage oder gar erst beim Sturz auftrat, so eindeutig war der Gesamteindruck: Daß sich die tückische Werks-Aprilia, an der sich ganze Generationen von Kundenteams die Finger verbrannt hatten, auch in den Händen des weltbesten 250 ccm-Technikers Sepp Schlögl nicht gleich in ein frommes Lamm verwandelte. »Ich möchte wissen, ob es Aprilia jemals schafft, ein kundenfreundliches Motorrad zu bauen. Ständig werden neue Entwicklungs-

Das Pech von Malaysia: Ralf Waldmann brach sich den Unterarm

Trotz Verletzung in die erste Startreihe: Olivier Jacque

Mittendrin und nicht voraus: Rossi (46) hatte Schaltprobleme

Keine Chance für Aprilia: Yamaha-Star Nakano vor den Honda-Assen Capirossi und Ukawa

teile geliefert, doch in der kurzen Trainingszeit an der Rennstrecke haben die Teams gar keine Chance, das Material gründlich abzustimmen. Den richtigen Durchblick hat nur das Werk«, urteilte Eurosport-Fernsehkommentator Jürgen Fuchs, der 1998 mit ähnlich ehrgeizigen Ambitionen wie Waldi auf einer Werks-Aprilia angetreten war, nach einer ganzen Serie von technischen Rückschlägen und einer schweren Beinverletzung aber am Ende den vorläufigen Rückzug vom aktiven Rennsport bekanntgab.

So weit war Ralf Waldmann noch lange nicht, doch die Titelträume des 18fachen Grand Prix-Siegers, der es trotz allen Talents bislang in keiner Serie zu Meisterehren gebracht hatte, rückten schon mal in weite Ferne. Zumal sich die Konkurrenz viel stärker zeigte als ursprünglich angenommen. Die neue Werks-Yamaha trug Shinya Nakano zum zweiten Trainingsplatz und seinen Teamkollegen Olivier Jacque auf Startplatz drei, obwohl sich der Franzose noch immer nicht vollständig von einer schweren, im Mai 1998 erlittenen Knöchelverletzung erholt hatte. Im Rennen erreichte Jacque trotz Abstimmungsproblemen Rang vier, noch besser machte es der 21jährige japanische Meister, der lange führte, auch nach harten Konterattacken auf Tuchfühlung zur Spitze blieb und mit Platz drei schon mal die ersten Ambitionen auf einen Außenseitersieg im Titelkampf anmeldete.

Die zweite faustdicke Überraschung war das souveräne Auftreten von Honda, denn in zweieinhalb Monaten intensiver Entwicklungsarbeit hatte das Werk mehr geleistet als zuvor in

Zuviel Sonne, zuwenig Wasser: Alex Hofmann wurde schwarz vor Augen

Überraschungssieger: Capirossi genießt das Champagnerbad

einem ganzen Jahr. Capirossi fuhr auch auf den langen Geraden von Sepang fröhlich mit der Konkurrenz der anderen Werke mit und qualifizierte sich als Vierter für die erste Reihe. Im Rennen legte der Italiener einen makellosen Start hin, übernahm noch in der ersten Runde die Führung und ließ sich von einem frühen Überholmanöver Nakanos nicht aus der Ruhe bringen. »Solange der Tank voll war, stempelte das Vorderrad. Doch mein Motorrad wurde immer besser, und am Schluß hatte ich vor allem beim Bremsen klare Vorteile. Das habe ich ausgenützt«, schilderte Capirossi. Drei Runden vor Schluß noch Dritter, setzte er sich im Endspurt kaltblütig an die Spitze und feierte nicht nur den Sieg im Rennen, sondern auch einen Triumph über seinen früheren Arbeitgeber Aprilia.

Nur um eine Motorradlänge geschlagen kam der von Michelin auf die in dieser Klasse

Doch zu heiß: Kocinski startete aus Pole Position – und stürzte wenig später

überlegenen Dunlop umgestiegene Honda-Werkspilot Tohru Ukawa als Zweiter ins Ziel und bestätigte den Entwicklungssprung seiner Marke, der die Selbstsicherheit der hochdekorierten Aprilia-Mannschaft erheblich erschütterte. »Von denen habe ich das ganze Rennen über nichts gesehen«, rieb sich Capirossi zufrieden die Hände. WM-Favorit Valentino Rossi lief als geschlagener Fünfter ein und redete von Problemen mit der elektronischen Zündun-

terbrechung bei der Gangschaltung, Marcellino Lucchi und Jeremy McWilliams belegten die Plätze sechs und sieben.

Mit etwas Glück wäre selbst der im Training zwölftplazierte Honda-Privatfahrer Alex Hofmann in die Nähe dieser Positionen vorgestoßen, doch im Rennen zahlte der durchtrainierte Grand Prix-Neuling ausgerechnet der Hitze Tribut. Am Vormittag zuviel in der Sonne und zuwenig mit Mütze unterwegs, wurde dem Honda-Privatfahrer schon in der ersten Kurve schwarz vor Augen, bis zum Zieleinlauf auf Platz 17 blieb das Rennen ein Kampf gegen drohende Ohnmacht.

500 ccm:
Biaggis kalte Dusche

War Capirossis Sieg bei den 250ern schon eine Überraschung, so wurde das Rennen der Halbliterklasse zur Sensation schlechthin. Kenny Roberts junior, schon 1996 in England für sechs Runden GP-Leader und dann gestürzt, preschte binnen drei Runden an die Spitze und zog dann unspektakulär und fehlerfrei auf bis zu acht Sekunden davon, bevor er 16 Jahre nach dem letzten großen Rennen seines Vaters in Imola 1983 wieder einen Sieg für die Familie, fünf Jahre nach Kevin Schwantz' letztem Erfolg

Spanische Armada: Checa (4) schlägt Crivillé (3) und wird Zweiter

1994 in England wieder einen Sieg für Amerika und vier Jahre nach Daryl Beatties letztem Triumph 1995 auf dem Nürburing wieder einen Sieg für Suzuki herbeizauberte. »Ich schmuggelte mich an Alex vorbei, fädelte mich dann auf meine eigene, runde Linie ein und ging für den Rest des Rennens so sanft wie möglich mit Gas und Bremse um. Mein Motorrad war so abgestimmt, daß es nur auf dieser Linie funktionierte, aber ich war voll konzentriert und traf den Scheitelpunkt jeder Kurve auf den Zentimeter genau. Es war das präziseste Rennen, das ich je gefahren bin«, schilderte Kenny begeistert.

Hinter dem Außenseitersieg steckte harte, zielstrebige Arbeit. Nicht weniger als elf Tests zu je drei bis vier Tagen, mehr als jedes andere Team, standen vor Saisonbeginn in Kennys Kalender. Mit seinem Cheftechniker Warren Willing verfolgte er dabei die gleiche Strategie, mit der er schon im Modenas-Team seines Vaters den Aufstand geprobt hatte: Einer im Vergleich zu den bärenstarken Honda NSR 500 relativ schwachbrüstigen Maschine so viel Fahrwerksvorteile anzuerziehen, daß er den PS-Mangel in den Kurven wieder wettmachen konnte. »Die Honda-Fahrer haben soviel Wheelspin, daß sie Fehler durch pures Gasaufdrehen wieder ausgleichen können. Mit der Motorleistung von Suzuki geht das nicht«, verriet Kenny. »Deshalb macht es wenig Sinn, unsere Maschine auf Stabilität für spektakuläre Ausbremsmanöver zu trimmen, denn mit einer solchen Abstimmung kannst du das Gas erst relativ spät aufmachen und verlierst beim Beschleunigen auf der Geraden so viel, daß beim nächsten Bremspunkt gar niemand zum Ausbremsen da ist«, ergänzte er.

Jahrelang versuchte Suzuki, einen Ausweg aus dem Dilemma zu finden, doch die ständigen Umkonstruktionen der vorhandenen Fahrwerksteile wie etwa der Hinterradschwinge und des Hebelsystems für die Hinterradfederung machten erst einen Sinn, als Willing und Roberts in eine klare Richtung wiesen – und wie schon bei Modenas auf eine Abstimmung hinarbeiteten, die die vorhandene Leistung wenigstens rechtzeitig auf den Boden brachte.

Im Jahr zuvor fuhr Roberts eine Maschine, die dem Fahrer viel Gefühl für die Fahrbahn vermittelte und die dem Federungssystem dank der Eigendämpfung von Dunlop-Reifen und dem in seinen Dimensionen sorgfältig auf die vorhandene Motorleistung abgestimmten Chassis einen Teil seiner Aufgaben abnahm. Jetzt versuchten Willing und Roberts, dem auf harten Michelin-Reifen einherrollenden Suzuki-Fahrwerk denselben »controlled flex« anzuerziehen, der eine satte, sichere Straßenlage und mehr Traktion beim Gasgeben ermögliche. »Wir haben zwar weniger Motorleistung als Honda, doch wenn es uns gelingt, eine Abstimmung zu finden, bei der Kenny das Gas am Kurvenausgang zu 65 Prozent öffnen kann, und die Honda-Piloten schaffen nur 55 Prozent, dann haben wir unterm Strich das gleiche Ergebnis«, drückte es Willing aus.

War Roberts' dritter Platz im Training schon ein erstes Warnzeichen, so wußte Mick Doohan spätestens nach dem Warm-Up am Sonntagmorgen, daß er unter normalen Umständen nicht gewinnen konnte. »Erst hat er mich überholt und freundlich gewunken, ich solle mich bei ihm im Windschatten einhängen. Dann überholte ich und winkte ihm – doch er kam nicht hinterher«, grinste Kenny. »Ich war beim Einbiegen in die engen Kurven vollauf

Allein voraus: Kenny Roberts demonstrierte Fahrkunst in Perfektion

mit meinem Vorderrad beschäftigt, doch Kenny hat mich mühelos überholt – und mir dann eine Sekunde pro Runde abgenommen«, bestätigte der Weltmeister.

Doohan hatte sich nach einem Sturz im ersten freien Training am Freitagmorgen mit dem siebten Platz in der Qualifikation begnügt, beschwerte sich über mangelhaftes Gefühl fürs Vorderrad und lästerte, an seinem Motorrad sei nur die Farbe neu, und die ganzen Vorsaisontests seien nichts als nutzlose Benzinvergeudung gewesen. Auch die Ausbeute im Rennen blieb mager: Zu den Fahrwerkssorgen gesellte sich ein schwächlicher, krank klingender Motor, auf dem Weg zum vierten Platz war Doohan nie auch nur in der Nähe der Spitze.

Im Rennen war Roberts denn auch mehr mit Doohans Kronprinzen Alex Crivillé beschäftigt, doch die Bilder ähnelten sich: Während der Spanier Mühe hatte, seine 200 PS-Rakete beim Einbiegen unter Kontrolle zu halten, huschte Roberts auf einer ganz eigenen Linie innen vorbei und ward nicht mehr gesehen.

Die Rennstrategie funktionierte so gut, daß sie auch den 25jährigen selbst verblüffte. Um ja nichts mehr zu riskieren, vertrödelte er in den letzten Runden vier seiner acht Sekunden Vorsprung, und als er endlich den Zielstrich passiert hatte, kurvte er ohne jeden Rummel um die eigene Person schnurstracks an die Box zurück – denn in den eigenen Augen hatte er nicht mehr getan als seinen Job. »Kenny ist mit einem dreifachen Weltmeister und Leuten wie Eddie Lawson und Wayne Rainey großgeworden, bei denen es im Spiel mit Wurfpfeilen ebenso wie im Beruf als Rennfahrer immer nur um den Wettkampf ging. Der Beste sein zu wollen, ist für Kenny völlig selbstverständlich. Das Faszinierende dabei: Er hat alles Selbstvertrauen dieser Welt – und null Arroganz«, schwärmte Teammanager Garry Taylor.

Vielleicht, weil den Roberts-Kindern der Rennsport ohne jeden Erfolgsdruck in die Wiege gelegt wurde. Kenny senior hatte seine Söhne Kurtis und Kenny junior immer unterstützt, wenn sie Rennen fahren wollten, aber nie dazu getrieben, wenn sie andere Ideen hatten. Nach dem Halbliter-Grand Prix in Malaysia stand er im Zielraum, legte beim Ertönen der Nationalhymne Mütze und Hand aufs Herz und ließ ein paar Freudentränen herabkullern. Schlagfertig blieb er trotzdem: »Ich liebe meine Kinder. Egal, ob sie Rennen gewinnen oder nicht«, wies er die Frage nach dem Vaterstolz in die richtigen Bahnen.

Auch John Kocinski war so etwas wie ein Ziehkind von Kenny Roberts, der ihn einst in seiner Ranch in Kalifornien aufgenommen und zum 250 ccm-Weltmeister gemacht hatte. Nach

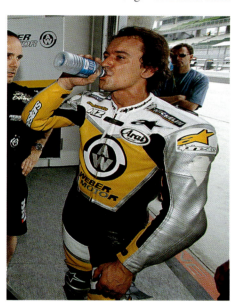

Defekte Ausgleichswelle: Luca Cadalora spült seinen Ärger hinunter

Jahren, in denen er von einem Team und einer Klasse zur anderen vagabundierte, war der kleine Amerikaner nun endlich in seinem Traum-Rennstall von Erv Kanemoto angekommen. "Im letzten Jahr hatte ich keinerlei Zutrauen zur Maschine. Doch mein neues Team weiß, was es tut", rechnete Kocinski mit seiner Zeit im MoviStar-Honda-Team von Sito Pons ab. »Außerdem geht´s bei Kanemoto nicht ums Geld, sondern ums Gewinnen. Erv hat letzten Monat vor lauter Arbeit nicht mehr als zehn Stunden geschlafen. Und wenn ich neue Kolben brauchen würde und kein Geld da wäre, würde er zwei Tage hungern, um welche anschaffen zu können«. Leider nutzten die ganzen Entbehrungen nichts: Auf einer gebrauchten, mit Big Bang-Motor ausgestatteten Werksmaschine vom Vorjahr glühte Kocinski zur Pole Position, griff im Rennen aber zu ehrgeizig an, bog viel zu schnell in eine Kurve ein und riß bei seinem Sturz auch Yamaha-As Norifumi Abe ins Verderben.

Auch das Rolf Biland-Team mit den MuZ-Weber-Maschinen stand ohne ausreichende Tests auf verlorenem Posten. Luca Cadalora beschwerte sich nicht nur über sein Fahrwerk, sondern auch über das mangelhafte Zusammenspiel in der Box, bei dem viel an kostbarer Trainingszeit nutzlos zerrann. Jürgen van den Goorbergh wunderte sich über die Veitstänze, die sein Motorrad in Kurven aufführte, bis seine Mechaniker schließlich entdeckten, daß eine neuartige Schnellverstellung fürs hintere Federbein nach nur drei Zentimetern Federweg mit der Hinterradschwinge zusammenstieß. Nach dem ersten Trainingstag waren Cadalora und Goorbergh nur an 17. und 23. Stelle qualifiziert, und weil es im Abschlußtraining regnete, hatten sie keine Chance, sich in der Startaufstellung weiter nach vorn zu schieben. Im Rennen kurvten die beiden außerhalb der Punkteränge herum und fielen zu Halbzeit mit defekten Ausgleichswellen aus.

Eine kalte Dusche prasselte auch auf Max Biaggi nieder. Nachdem er sich bei den Vorsaisontests mit der Fahrwerksabstimmung im Kreis gedreht hatte, ließ er seine Werks-Yamaha auf das Chassis des Vorjahres zurückrüsten und fühlte sich nach dem zweiten Trainingsplatz bereits als jener Messias, der die seit Raineys Zeiten unter Wert geschlagene japanische Firma zurück ans Licht führen würde. Ein Zündungsschaden riß ihn an vierter Stelle aus dem Rennen, und Teamkollege Carlos Checa verdrängte den Superstar mit Platz zwei ganz unerwartet aus dem Rampenlicht.

125 ccm: Jenkner gibt nicht auf

In der 125 ccm-Klasse hatte die japanische Reifenmarke Bridgestone aufgerüstet und schickte nun gleich fünf Fahrer gegen die Übermacht von Dunlop ins Gefecht, wobei der Japaner Masao Azuma, Sieger des Australien-Grand Prix 1998, der italienische Aprilia-Pilot Gianluigi Scalvini sowie der Franzose Arnaud Vincent als die bevorzugten Test- und Entwicklungsfahrer angesehen wurden und Deutschlands WM-Hoffnung Steve Jenkner sowie der spanische Grand Prix-Newcomer Geronimo Vidal Standardreifen erhielten.

Zum Auftakt der neuen Saison wäre Bridgestone wohl schon mit einem Achtungserfolg zufrieden gewesen. Umso schöner war die Überraschung, als nicht weniger als vier der fünf Bridgestone-Piloten die ersten fünf Plätze unter sich ausmachten. Selbst Steve Jenkner, nach schlechtem Start und toller Aufholjagd aus fünfter Position gestürzt, sprang flugs wieder auf und rettete noch einen Punkt. »Steve ist toll gefahren und hat optimalen Kampfgeist gezeigt. Ich bin superzufrieden«, zollte ihm Teamchef Dirk Raudies Respekt. Arnaud Vincent, der seine Debüt-Saison 1998 als Zwölfter abgeschlossen hatte, hatte seinen spanischen Teamchef Jorge Martínez mit der ersten Pole Position des Jahres überrascht. »Eigentlich wollte ich vorsichtig und reserviert in die neue Saison gehen. Ich wollte nur Fehler und Stürze vermeiden. Doch über Nacht gelang es uns, ein Motorrad, mit dem ich mich eigentlich nicht richtig anfreunden konnte, völlig zu verwandeln. Im Vergleich zu gestern läßt es sich viel müheloser einlenken«, berichtete der Franzose von den Erfolgserlebnissen mit seiner Werks-Aprilia.

Auch im Rennen lief zunächst alles nach Plan für Vincent. Vom Start weg vorn, verteidigte er die Spitze bis zur achten Runde. Unter dem zunehmenden Druck des Spaniers Emilio Alzamora machte er dann allerdings einen Fehler und stürzte. »Ich bin gut gestartet und legte ordentliche Rundenzeiten vor. Als ich mich umdrehte und meine Gegner nur zehn Meter hinter mir sah, versuchte ich, noch schneller zu fahren und eine kleine Lücke aufzureißen. Stattdessen rutschte das Vorderrad weg. Zum Glück konnte ich weiterfahren und wenigstens

Masao Azuma: Sieg für Honda – und für Bridgestone

Trotz Sturz zu einem WM-Punkt: Steve Jenkner

Platz vier sichern«, berichtete Vincent. Durch seinen Ausrutscher überließ er Alzamora und Masao Azuma den Kampf um den Sieg. Wie Boxer im Ring umkreisten sich die beiden und wechselten in den verbleibenden acht Runden andauernd die Positionen. Azuma landete den entscheidenden Treffer drei Runden vor Schluß, als er sich nach vorne schob und so energisch Druck machte, daß der Spanier keine Chance mehr zum Konter hatte. Mein Start war schlecht, doch ich wußte, daß ich ein gutes Motorrad zur Verfügung hatte. Im Warm-Up heute morgen haben wir nämlich die schlimmsten Federungsprobleme beseitigen können«, verriet Azuma. »Ich fuhr ein intelligentes Rennen und wartete auf den richtigen Moment zum Angriff. Nach Vincents Sturz drückte ich aufs Tempo und versuchte alles, um vor Alzamora zu bleiben. Dank meines schnellen Motorrads und der vortrefflichen Bridgestone-Reifen, die am Schluß noch genauso viel Grip hatten wie am Anfang, hat das wunderbar geklappt!«

Gianluigi Scalvini, der von Honda und Dunlop kam und nicht weniger als 4000 Testkilometer absolvierte, um sich auf seine Bridgestone-bereifte Aprilia umzustellen, erbte nach Vincents

Kolbenklemmer: Bernhard Absmeier kann´s nicht fassen

Auch Reinhard Stolz fuhr ohne große Überraschungsmomente bis zum Ende durch und holte Platz 19, nur Bernhard Absmeier wurde bei seinem GP-Debüt acht Runden vor Schluß von einem Kolbenklemmer gestoppt.

Am gründlichsten mißlang allerdings der Saisonauftakt von Azumas neuem Teamkollegen Marco Melandri: Der italienische Teenager, eigentlich als Topfavorit für die WM gehandelt, brach sich wie Ralf Waldmann bei einem Trainingssturz das Handgelenk.

Sturz den dritten Platz, hatte aber keine Chance, die Lücke zu den beiden Spitzenreitern zu schließen. »Ich hatte einen schlechten Start, und als ich mich zum vierten Platz durchgeackert hatte, waren Azuma und Alzamora längst über alle Berge«, berichtete Scalvini.

Lag sein dritter Platz im Rahmen der hochgesteckten Erwartungen, so schwebte der 22jährige Geronimo Vidal, Teamkollege von Arnaud Vincent in Aspars Valencia-Team, nach Platz fünf im siebten Himmel. Der Spanier, 1998 nur als Vertreter eines verletzten Piloten ins Feld gerutscht, feierte sein bislang klar bestes Resultat und wunderte sich, daß seine Kontrahenten nicht schneller unterwegs waren. »Die Gruppe vor mir hielt mich in manchen Sektionen der Strecke regelrecht auf. Deshalb

Auf Anhieb wie ein Uhrwerk: Derbi-Pilot Ui (41) vor Gelete Nieto

fuhr ich vorbei, war aber trotzdem nie in Sturzgefahr«, freute er sich.

Mit einer ähnlichen Überraschung wartete auch das Derbi-Team auf. Erst in letzter Minute vor Saisonbeginn hatten die brandneuen Motorräder in Misano einen kurzen Funktiontest absolviert, von dort wurden sie direkt zu den ersten beiden Überseerennen verfrachtet. »Beim ersten Training wartete ich nur, wie lange es dauern würde, bis die beiden Fahrer mit den frisch zusammengeschraubten Motorrädern an die Box kommen würden. Aber sie kamen nicht und fuhren eine problemlose Runde nach der anderen. Das war für mich das Größte«, rieb sich Konstrukteur Harald Bartol die Hände. Die Prototypen liefen auch im Rennen problemlos weiter und trugen Youichi Ui auf Rang 13 und seinen jungen spanischen Teamkollegen Pablo Nieto auf Platz 22. »Mein Motorrad war so schnell wie die besten Hondas. Leider hat mich Gelete Nieto gerammt und den vorderen Bremshebel abgebrochen, sonst wäre ich noch ein paar Plätze weiter nach vorn ins Ziel gekommen«, lautete Uis Bilanz.

Unterarmbruch: Melandri teilte Waldis Schicksal

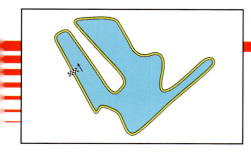

25. April 1999: Grand Prix Japan in Motegi

American Express

Kenny Roberts junior war im Regen von Japan so souverän wie in der Hitze von Malaysia – und sorgte mit dem zweiten Sieg im zweiten Rennen für einen Meilenstein in der Suzuki-Geschichte.

Wie in Malaysia stießen die Grand Prix-Teams auch in Japan auf eine brandneue Rennstrecke. Twin Ring genannt, weil eine klassisch gestaltete Piste mit zwei Tunneldurchfahrten in ein mächtiges IndyCar-Oval nach amerikanischem Vorbild integriert worden war, bot die von Honda gebaute Anlage alle Möglichkeiten zu professionellem Wettbewerb und hatte dazu noch eine Kartstrecke, eine Dirt Track-Piste und ein prunkvolles Honda-Museum, um das Publikum bei Laune zu halten.

Einziger Kritikpunkt im Vergleich zu der alten, verkehrsgünstig zwischen den Flughäfen von Osaka und Nagoya gelegenen Suzuka-Strecke war der Schauplatz Motegi selbst. Denn so malerisch sich die grüne Hügellandschaft fernab japanischer Großstädte präsentierte, so schwierig war das Gelände zu erreichen. Drei Stunden Autofahrt zum Großflughafen Narita bei Tokyo waren dabei noch das Geringste: Im viel zu kleinen Streckenhotel gab es nur 80 Zimmer, die meisten zum Grand Prix-Troß gehörenden Fahrer, Mechaniker und Journalisten nächtigten weit verstreut in anderen Unterkünften, für die sie bis zu zwei Stunden Anfahrt in Kauf nehmen mußten und aus Schlafmangel jeden Tag mit roten Augenrändern im Fahrerlager auftauchten.

Der 1998 zurückgetretene Yamaha-Teamchef Wayne Rainey nahm die Strapazen der Japan-Reise auf sich, um alte Freunde zu treffen und seine Motorradsammlung um die Weltmeistermaschine von 1991 zu ergänzen. Sehnsucht, an die Rennstrecken zurückzukehren, verspürte der gelähmte Champion allerdings nicht. »Selbst die Pläne für ein Team in den USA liegen auf Eis, denn momentan bin ich ganz mit meinen Privatgeschäften und meiner Familie beschäftigt. Das hier ist wie Ferien, denn mein Sohn Rex nimmt mich zweimal pro Woche zum Hockey, außerdem zum Football und Baseball mit, und das lastet mich völlig aus«, schmunzelte der dreifache Champion. Die verbleibende Zeit vertrieb sich Rainey mit Kart-Rennen in einem Zwei-Mann-Team mit seinem Freund Eddie Lawson. »Mein Vater Sandy ist Teamchef, Konstrukteur und Mechaniker in einer Person. Letzte Woche fuhren wir in Willow Springs, und Eddie gewann - denn ich mußte mit dem ausgemusterten Material vorlieb nehmen!«

Während Rainey leutselig über sein neues Leben plauderte, glänzte einer seiner früheren Teamkollegen und später auch Fahrer mit unentschuldigter Abwesenheit. Luca Cadalora, für den ein Zimmer im feinen Streckenhotel reserviert war, hatte das Hotel in Malaysia am Sonntag nach dem Rennen verlassen, ohne sich an

Auch im Regen König: King Kenny jr. feierte den zweiten Sieg im zweiten Rennen

Auf Jobsuche: Daryl Beattie

Jagd auf Kenny Roberts junior: Mick Doohan (1) machte erbarmungslos Druck

der Rezeption abzumelden, und war in Nacht und Nebel nach Italien zurückgejettet. Erst am Mittwoch ließ er das vollzählig in Japan Spalier stehende MuZ-Weber-Team wissen, er werde erst zum Europa-Auftakt in Jerez wieder antreten, weil er angesichts des Testrückstands im Vergleich zu den japanischen Werken auf verlorenem Posten stehe.

Hinter Cadaloras Abneigung steckte freilich noch ein zweiter Punkt. Das stellenweise noch chaotische Zusammenspiel in der Box, wo Mechaniker über Reifenwärmer stolperten und viel kostbare Trainingszeit trotz aller Hektik nutzlos zerrann, ging dem Italiener auf die Nerven und raubte eine Menge von jenem Zutrauen in die Maschine, das er bei den ersten Vorsaisontests noch gehabt hatte. »Ich brauche einen erfahrenen Cheftechniker«, hatte er sich schon in Malaysia bei italienischen Freunden beschwert.

Trotzdem war sein Verhalten nicht fair. »Ich sage nur zwei Dinge: Wenn es schlecht läuft, muß man doppelt hart arbeiten und doppelt eng zusammenstehen. Außerdem waren die zweieinhalb Sekunden Rückstand nach zwei Stunden Training in Malaysia gar nicht so schlecht. Diese Leistung mit einem neuen Motorrad ohne Tests auf dieser Strecke wurde vom gesamten Fahrerlager als gut erachtet. Luca kurvte schon oft an zwölfter oder 13. Stelle herum, und das zu Zeiten, zu denen es noch nicht 18 Werksmaschinen gab«, schäumte Motorenkonstrukteur Urs Wenger vor Wut, der sich am intensivsten um Cadaloras Verpflichtung bemüht hatte.

Teamchef Rolf Biland rang sich zu einer diplomatischeren Haltung durch. »Aus der Sicht eines Racers, der Rennen gewinnen will, verstehe ich Lucas Position. Doch aus der Sicht eines Teammitglieds verstehe ich sein Verhalten nicht. Von Anfang an war geplant, die ersten

Ersatz für Luca Cadalora: Numata surfte auf Platz 13

beiden Rennen als Test anzusehen, und daß er den Test nun auf diese Weise abkürzt, ist weder den Sponsoren noch dem Team so leicht zu erklären. Doch mit der Peitsche erreichst du nichts. Wir müssen es vielmehr technisch so weit bringen, daß er an uns ebenso glaubt wie wir an ihn. Nur dann ist er motiviert, und nur dann kann er jene Einzelerfolge herausfahren, für die wie ihn engagiert haben.«

Nicht so viel Federlesens machte die Teamvereinigung IRTA. Weil Cadalora keine Verletzung hatte, sondern mutwillig Vertragsbruch begann, wurde dem Team eine 10000 Dollar-Geldstrafe aufgebrummt und nahegelegt, diese an den Fahrer weiterzureichen. Außerdem kündigte man an, Cadalora bei einem erneuten Vertragsbruch endgültig zu sperren.

Max Biaggi: Ein unbestimmtes Gefühl von mangelndem Grip

Bei der Suche nach einem Ersatzfahrer traf man auf eine illustre Gesellschaft. Eurosport-Kommentator Randy Mamola zeigte sich ebenso ehrgeizig wie der Australier Daryl Beattie, der nach einem Jahr Pause wieder Lust aufs Gasgeben verspürte und sich beim Japan-Grand Prix nach Gelegenheitsjobs umsah. Am Ende wurde der frühere Suzuki-Werkspilot Noriyasu Numata engagiert, der im Rennen immerhin Platz 13 erbeutete. Nur Teamkollege Jürgen vd. Goorbergh hatte abermals Pech und fuhr wegen Zündaussetzern an die Box.

Angesichts der Wassermassen, die am Renntag auf die Motegi-Strecke herunterprasselten, waren Elektrikprobleme an der Tagesordnung. Bei Haruchika Aoki auf der Zweizylinder-Honda 500 des F.C.C.-Teams ersoff die Zündung ebenso wie bei Jean-Michel Bayle auf der Dreizylinder-Modenas. Tetsuya Harada, einziger Aprilia-Pilot im Feld, steuerte seinen Twin schon nach einer Runde irritiert an die Box, weil seine Reifen keinen Grip aufbauten. Der mutige Franzose Regis Laconi surfte schon in der ersten Kurve des Rennens an die Spitze des Feldes, geriet in der zweiten Runde aber mit dem Hinterrad seiner Werks-Yamaha auf den tückisch glatten weißen Begrenzungsstrich und verabschiedete sich im Schlamm neben der Strecke. Auch John Kocinski, nach seiner Pole Position in Malaysia abermals für die erste Reihe qualifiziert, baute im Rennen einen Sturz. Dagegen ließ sich Markus Ober einen Sturz im ersten Zeittraining, bei dem er einen kleinen Finger brach und beide Füße prellte, Warnung genug sein: Im Rennen steuerte er konzentriert um alle Gefahren der nassen Piste herum und holte mit seiner V2-Honda Platz 17. »Reife Leistung«, zollte ihm Teammanager Martin Wimmer Respekt.

Max Biaggi sorgte dagegen vor allem mit seinem schneeweißen Helm für Aufruhr. Wegen Wassereintritt und Sichtproblemen hatte er den gewohnten Bieffe-Kopfschutz für das Warm-Up am Sonntagmorgen mit einem käuflichen Modell von Arai vertauscht, auf den hastig ein einsamer Marlboro-Sticker geklebt worden war. Auch in der grauen Gischt des Rennens stach sein Kopf als leuchtendheller Punkt aus der Mitte des Feldes hervor. In die Nähe der Podestplätze kam der Vizeweltmeister nämlich auch im zweiten Rennen nicht. »Es war mein erstes 500er Rennen im Nassen, und ich hatte kein besonderes Problem, nur dieses unbestimmte Gefühl von mangelndem Grip im Regen. Alles in allem sicher nicht der beste Start in die neue Saison«, sinnierte der Römer. Einmal mehr stahl ihm Carlos Checa mit dem sechsten Platz die Show, außerdem feierte Norick Abe auf der Vorjahres-Yamaha den dritten Podestplatz und einen dringend benötigten Erfolg vor eigenem Publikum.

Gleich beim Start waren Abe und Checa auf die Plätze zwei und drei gestürmt und hatten dem vorsichtiger in die erste Kurve einbiegenden Mick Doohan etliches Kopfzerbrechen bereitet. »Auf der Geraden hatte ich keine Chance, und in den Kurven gab es nur eine einzige Stelle auf der ganzen Strecke, wo ich Überholversuche riskieren konnte«, schilderte der Weltmeister. Als er endlich an die zweite Stelle vorgestoßen war, blieben ihm noch zehn Runden zur Jagd auf die Spitze.

Doch Kenny Roberts blieb auch im Regen von Japan souverän. Der »American Express« hatte sich schon im trockenen Freitagstraining die Pole Position gesichert, spielte seine Fahrwerksvorteile und das überlegene Gefühl für Grip und Straßenoberfläche auch im Nassen lässig aus. Wenige Meter nach Laconis Blitzstart ergriff Roberts die Führung, dann zog er wie schon in Malaysia unwiderstehlich davon.

Die Bilder glichen sich trotz der unterschiedlichen Wetterbedingungen bis Rennmitte, dann kam eine entscheidende Kompenente hinzu: Roberts hatte plötzlich den weltbesten Piloten auf seiner Fährte. Doohan machte erbarmungslos Druck und feilte Zehntelsekunde um Zehntelsekunde am Vorsprung des Amerikaners, doch der 25jährige ließ sich zu keinem Fehler verleiten und wußte auf jede Aktion des Weltmeisters nervenstark die richtige Antwort. »Mann, was mache ich jetzt bloß?« fragte er sich in seinen Helm, als ihm Doohans Aufholjagd signalisiert wurde. »Mick wurde immer schneller, und ich sah, wie der Vorsprung mal um eine halbe Sekunde, mal um sieben Zehntel pro Runde in sich zusammenschmolz. Ich brauchte eine Weile, um die richtige Antwort zu finden, denn ich hatte längst meinen eigenen Rhythmus und fühlte mich wohl bei dem Tempo, das ich vorlegte. Beim Versuch, schneller zu fahren, machte ich erst einen kleinen Fehler. Dann versuchte ich, Runde für Runde ein bißchen zuzulegen, bis ich seine Rundenzeiten erreichte. Das gelang mir besser. Das Rennen ging übrigens wie im Flug vorüber, weil ich mich so sehr konzentrierte.«

Doohan (1) rückt näher– doch für Abe (6) reicht es trotzdem zum ersehnten Podestplatz

Wie schon in Malaysia wurden die Statistiken bemüht und festgestellt, daß es sich um den ersten Suzuki-Doppelsieg seit den Erfolgen von Kevin Schwantz in Spanien und Österreich 1993 handelte, jenem Jahr, in dem der Texaner auch Weltmeister wurde. »Wir legen einen Meilenstein nach dem andern. Vor einem Jahr wagten wir nicht einmal von einem Start in der ersten Reihe zu träumen, jetzt liegt uns die Welt zu Füßen«, freute sich Teammanager Garry Taylor.

250 ccm: Ende einer Durststrecke

So überraschend wie Suzukis Erfolge bei den 500ern war auch die Leistung der Yamaha-Werkspiloten in der 250 ccm-Klasse. Der Malaysia-Dritte Shinya Nakano brauste als erster durch die Gischt und wurde zur Bestätigung der Qualitäten seiner YZR 250 eng von Yamaha-Wild Card-Pilot Naoki Matsudo bewacht. Matsudo gelang es in Runde sieben sogar, den 22jährigen Chesterfield-Star von der Spitze zu verdrängen.

Bestens beschützt: Valentino Rossi vor dem Start im Regen

Mit dieser Aktion hatte sich der stille Japaner allerdings übernommen: Wenige Kurven später stürzte er, brachte seine Maschine aber nochmals in Gang und rettete noch den elften Platz. »Es ist ein bißchen frustrierend, aus der ersten Position abzustürzen, denn ich fühlte mich gut im Sattel und hätte bestimmt bis zum Ende mit Shinya mithalten können. Doch zumindest habe ich in diesen beiden Grand Prix eine Menge gelernt«, erklärte Matsudo, der schon in Malaysia angetreten war und dort einen achten Platz erbeutet hatte.

Olivier Jacque, dritter Mann auf einer Werks-Yamaha, hatte sich nach dem Start ebenfalls für eine Weile in der Spitzengruppe aufgehalten, stürzte aber in Runde drei und scheiterte bei seinen Fortsetzungsversuchen an einer abgebrochenen Fußraste. »Das Vorderrad rutschte schlagartig weg. Ich bin bitter enttäuscht, denn

Unten: Start zum Lauf der 250er: Nakano prescht nach vorn

Augen auf: Nakano gegen Matsudo

ich kam näher an Nakano und Matsudo heran und hätte das Rennen bestimmt auf dem Podest beendet«, grämte sich der Franzose.

Statt dessen holte Nakano die Kohlen allein aus dem Feuer und feierte vor 65000 begeisterten Zuschauern einen grandiosen Heimsieg.

Das Duell der Honda-Asse: Ukawa (4) huscht innen an Capirossi (1) vorbei

Für den japanischen Meister war es der erste Triumph im vierten Grand Prix, für Yamaha bedeutete der Erfolg das Ende einer Durststrecke, die mit Tetsuya Haradas letztem Sieg 1996 in Indonesien begonnen hatte. »Als ich an der schwarzweiß karierten Flagge vorbeifuhr, habe ich vor lauter Begeisterung in meinen Helm hineingebrüllt. Es war schon immer mein Traum, einmal den Japan-Grand Prix zu gewinnen, aber ich hätte nie gedacht, daß er so schnell wahr werden würde«, freute sich Nakano. »Als Naoki überholte, dachte ich, er würde davonfahren. Offensichtlich hatten wir aber doch die besseren Reifen – es hat sich ausgezahlt, daß wir im Training so viele verschiedene Mischungen durchprobiert haben!«

Die Honda-Stars mußten sich nach ihrem Triumph in Malaysia geschlagen geben, waren mit den Plätzen zwei und drei aber immer noch hochzufrieden. Erst schien Loris Capirossi die besseren Karten zu haben, wurde fünf Runden vor Schluß aber von Tohru Ukawa überrumpelt. »Zu Anfang hatte ich Schwierigkeiten, das Hinterrad drehte beim Beschleunigen dauernd durch. Erst, als der Regen nachließ, wurde der Grip besser. Leider war das Fahrwerk ganz auf heftigen Regen abgestimmt, deshalb kam ich nicht mehr näher an Nakano heran«, berichtete der Shell-Honda-Werkspilot im Telegrammstil.

Capirossi gab zu Protokoll, er habe beim Aufholen seine Reifen ruiniert, genoß es aber, die Aprilia-Armada ein weiteres Mal hinter sich gelassen zu haben. Der mutige Italiener Franco Battaini, im durchweg nassen Zeittraining verwegen zur Pole Position gestürmt, war auf Platz vier noch der beste. Valentino Rossi ließ sich am Start zuviel Zeit, fuhr auch danach ganz auf

Ein Traum wird wahr: Shinya Nakano

Unangefochten zum nächsten Sieg: Masao Azuma

Nummer sicher und wurde Siebter, Marcellino Lucchi mußte sich wegen zu weicher Reifen gar nur mit Platz neun zufriedengeben.

Tomomi Manako, Star des Yamaha-Aral-Kurz-Teams, erlebte als Achter den ersten Lichtblick, doch wurde die Freude durch zwei kapitale Stürze seines Teamkollegen Lucas Oliver Bulto getrübt. Beim ersten Crash am Freitag zerschellte das Motorrad an der Boxenmauer zum Totalschaden, beim zweiten im Rennen zog sich Bulto einen Fußbruch zu.

Im Vergleich dazu war Alexander Hofmanns sicherer 18. Platz ein königliches Ergebnis, auch wenn der GP-Neuling anmerkte, er hätte gern ein paar Punkte von den ersten beiden Überseerennen mit nach Hause gebracht. »In der deutschen Meisterschaft habe ich im Regen alles gewonnen«, wunderte er sich, wie hoch die Latte in der Weltmeisterschaft lag.

125 ccm: Derbi im Galopp

Das bekamen auch die deutschen Helden der 125 ccm-Klasse zu spüren. Weil sein italienischer Teamkollege Simone Sanna gleich in der

Ein phantastisches Gefühl fürs Motorrad: Youichi Ui wurde Vierter

ersten Kurve stürzte, mußte GP-Neuling Reinhard Stolz übers Kiesbett ausweichen. Weit abgeschlagen Allerletzter, beendete der Bayer die erste Runde hinter dem Pace Car, gab aber nicht auf und kämpfte sich noch auf Platz 17.

Bernhard Absmeier verpaßte ein solches Happy-End: Der Schützling von Mario Rubatto mußte dem gestürzten Sanna ebenfalls ausweichen, verlor dabei die Konzentration und landete wenige Kurven später selbst im Kies. Absmeier kämpfte sich wieder bis auf Platz 22 und bis auf drei Sekunden an Reinhard Stolz heran, purzelte dann aber ein zweites Mal. »Damit war´s endgültig vorbei«, stellte er fest. Als einziger Deutscher brachte Steve Jenkner Punkte nach Europa zurück. Weil er sich am ersten Tag mit der Fahrwerksabstimmung verirrte, steckte der tapfere Sachse auf Startplatz 28 fest, machte im Rennen aber das beste aus seinem Startplatz in der siebten Reihe. »Ich sah viele Fahrer stürzen und hielt deshalb nicht so arg rein. Außerdem hatte ich Bremsprobleme und stellte den Hebel mit der linken Hand nach, um das Gas nicht zudrehen zu müssen. Alles in allem war der Regen das beste, was mir passieren konnte – denn im Trockenen wäre ich wohl

Der glücklose Weltmeister: Kazuto Sakata fuhr auch beim Heimspiel hinterher

kaum so weit nach vorn gekommen«, freute er sich über seinen 13. Platz.

Den Vogel schoß freilich Youichi Ui ab. Im einzig halbwegs trockenen Training am Freitag wegen Motordetonationen und eines festgebackenen Kolbenrings an seiner einzigen Maschine auf Startplatz 26 zurückgeworfen, preschte der Japaner mit seinem nagelneuen Derbi-Prototypen auf Platz vier und sorgte bei seiner weitgehend aus Italienern zusammengesetzten Mechanikertruppe für grenzenlose Begeisterung. »Sein Gefühl fürs Motorrad ist phantastisch. Er ist einer der talentiertesten Piloten, mit denen ich je gearbeitet habe«, war Konstrukteur Harald Bartol beeindruckt. Und umgekehrt war Ui begeistert, daß die neue Maschine so problemlos lief. »Wir haben in drei Monaten bei Derbi mehr erreicht als in drei Jahren bei Yamaha. Unglaublich«, schwärmte er.

Auch bei den Zuschauern wurde ausgelassen gefeiert, denn neben Ui setzte sich Malaysia-Sieger Masao Azuma mit einer reifen Leistung in Szene. Acht Runden lang hielt er sich versteckt, dann verdrängte der Honda-Star den Italiener Max Sabbatini von der Spitze und baute seinen Vorsprung bis zum zweiten Sieg im zweiten Rennen auf wackere 21,9 Sekunden aus.

Honda-Markenkollege Hideyuki Nakajoh preschte ähnlich verwegen vom siebten Platz nach vorn und holte Platz zwei, nur der von »Chupa Chups« unterstützte Spanier Emilio Alzamora konnte sich als Dritter hinter die japanische Phalanx schieben – und gönnte sich auf dem Siegerpodest den unvermeidlichen Lutscher.

Sanna stürzt – und Polini-Honda-Teamkollege Stolz macht einen Umweg

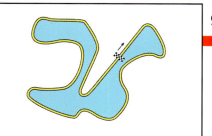

9. Mai 1999: Grand Prix Spanien in Jerez

Der Kampf ums Erbe

Ein schwerer Trainingssturz beendete die fünfjährige Vorherrschaft von Mick Doohan in der Königsklasse. Alex Crivillé und Max Biaggi lieferten sich einen erbitterten Kampf um das große Erbe.

Mick Doohan hatte nach den Niederlagen der ersten beiden Rennen Revanche geschworen und kündigte seinem Honda-Team an, die Gegner in allen vier Trainings zum Spanien-Grand Prix mit Bestzeiten zu demoralisieren.

Am Freitagmorgen hängte er Max Biaggi um drei Zehntelsekunden ab und war Erster. Später fing es an zu nieseln, und als der Weltmeister am frühen Nachmittag auf abtrocknender Piste zum ersten Zeittraining ausrückte, hatte er den Rest der Welt binnen vier Runden um eine volle Sekunde distanziert.

In der fünften Runde ereilte ihn dann das Verhängnis. Auf einem der immer noch glitschigen weißen Begrenzungsstreifen, vor denen Cheftechniker Jerry Burgess noch ausdrücklich gewarnt hatte, keilte die Repsol-Honda im vierten Gang bei Tempo 170 bösartig aus und schleuderte ihren Fahrer über den Lenker. Der spektakuläre Sturz, bei dem das Motorrad dem Fahrer wie ein Ping Pong-Ball durchs Kiesbett hinterherhüpfte, endete in der Streckenbegrenzung.

Jerez war eine schöne, klassische Arena, in der die Zuschauer auf Naturtribünen nah bei ihren Helden saßen, und weil die Auslaufzonen

König Alex Crivillé: Der dritte Jerez-Sieg hintereinander

Mick Doohan, Cheftechniker Jerry Burgess: Die letzte Warnung

Das Ende einer Ära: Mick Doohan nach seinem schweren Unfall

nicht überall modernen Maßstäben entsprachen, waren viele Gefahrenpunkte mit weichen Airfences gesichert. Ausgerechnet an jener Stelle ausgangs eines bergab führenden Linksknicks gab es diese Luftpolster nicht. Doohan landete in Reifenstapeln, die zu allem Überfluß auch noch durch solide Sperrholz-Billboards abgehängt waren, und während er nach vergleichbaren Stürzen normalerweise voll selbstkritischem Zorn in Richtung Box davonstapfte, blieb er diesmal regungslos liegen.

Es sah nicht gut aus, und es war auch nicht gut. Der Weltmeister war für rund 40 Sekunden bewußtlos, erlitt zahlreiche Prellungen, einen Schlüsselbeinbruch, eine durch eine Schraube an der Streckenbegrenzung verursachte Schulterverletzung, einen Bruch des linken Handgelenks, bei dem auch ein Nerv beschädigt wurde, sowie einen Trümmerbruch des rechten Schienbeinkopfes.

Doohan wurde zunächst in ein Krankenhaus in Sevilla gebracht, flog am Samstag dann in seinem neu gekauften Citation-Jet nach London und mit einer Linienmaschine nach San Francisco weiter, wo ein dreiköpfiges Ärzteteam unter Leitung des berühmten Sportchirurgen Arthur King eine Rekonstruktion der Kniegelenkspfanne mit organischem Zement vorbereiteten. 60 Tage Heilungszeit für das Schienbein wurden als absolutes Minimum veranschlagt, wann der Weltmeister wieder Kraft und Gefühl im zunächst tauben linken Hand entwickeln würde, vermochte niemand vorauszusagen. »Meine Karriere wird nicht in einem Ambulanzfahrzeug enden. Ich werde wieder fahren«, ließ Doohan kämpferisch wissen.

Kenny Roberts junior: Wir brauchen Mick

Öffentliche Zweifel daran, ob der fünffache Weltmeister, zigfacher Dollarmillionär und werdende Vater nochmals die mentale Kraft zur vollständigen Überwindung einer schweren Verletzung aufbringen würde, meldete ausgerechnet Doohans Freund Dr. Claudio Costa an. »Der Mick Doohan von 1999 ist nicht mehr der von 1992«, erinnerte Costa an den Beinbruch von Assen, der Doohan nach dem Pfusch der holländischen Ärzte einen mehrjährigen Leidensweg und ein weitgehend steifes rechtes Fußgelenk eintrug. »Damals war er 40 Tage nach einer Verletzung, die eigentlich ein Jahr Pause bedeutet hätte, wieder im Sattel. Doch diese Entschlossenheit sehe ich nicht mehr in seinen Augen.«

So sehr man über ein Comeback spekulieren konnte, so unstrittig war der Verlust des WM-Titels, und so schockiert war selbst die Konkurrenz, daß die Ära Doohan auf diese Weise zu Ende ging. »Mick ist immer noch der beste Fahrer der Welt, doch ich bin der beste 25jährige Fahrer der Welt, und die Zuschauer warten voller Spannung, wie dieses Duell weitergeht. Wenn es nach mir ginge, würden wir die Weltmeisterschaft so lange unterbrechen, bis er wieder gesund ist«, meinte Roberts, weil er wußte, daß ein Sieg im Rennen viel, ein Sieg über Doohan jedoch noch mehr bedeutete.

Die Werks-Suzuki war mittlerweile so perfekt ausbalanciert, daß Nobuatsu Aoki zu seinem berühmten Teamkollegen in die erste Startreihe stürmen konnte. Aoki auf Platz zwei, Roberts auf Rang drei, das war mehr, als sich Teamchef Garry Taylor in den kühnsten Träumen ausgemalt hatte.

Was dann passierte, glich freilich mehr einem Alptraum: Beide Fahrer wurden nach dem Start von der Menge verschluckt und waren nach einer Runde nur an achter und neunter Stelle. Eingangs einer Spitzkehre versuchte Aoki dann zu kühn, an Norick Abe vorbeizukommen und torpedierte statt dessen seinen eigenen Teamkollegen. Während der Sturz für Aoki einen Spießrutenlauf zurück zur Suzuki-Box und zu allem Überfluß auch noch ein angeknackstes Handgelenk bedeutete, bewahrte Roberts im Kiesbett mit viel Glück die Balance und fand als 20. wieder auf die Strecke zurück.

Mit einer energischen Jagd kämpfte er sich wieder an die achte Stelle vor, nur um auf den

Start aus der ersten Reihe – geradewegs ins Verhängnis: Suzuki-Stars Nobuatsu Aoki (9), Kenny Roberts (10)

Wie Paganini: Künstler Cadalora fuhr auf Platz acht

letzten Runden abermals zurückzufallen. Sein Motor hatte beim Ausritt zuviel Staub geschluckt und begann auf einem Zylinder auszusetzen. »Jetzt beginnt die WM für mich von vorn«, schnaubte Roberts nach dem 13. Platz. »Ich startete nicht schlecht, wurde dann aber von gewissen Leuten eingeklemmt, die nicht rennfahren können, aber trotzdem unbedingt für ein paar Kurven vorne sein wollen. Ich hatte mich seelisch schon auf allerhand Arbeit eingestellt, als ich in der Schikane unversehens gerammt wurde und durch den Kies mußte. Dabei habe ich einige Steine eingesammelt. Deshalb verabschiedete sich am Ende auch einer der Zylinder. Ich versuchte nur noch, mich ins Ziel zu retten.« Aoki war die Angelegenheit entsetzlich peinlich. »Ich machte einen Fehler, und ich fühle mich schrecklich. Ich möchte mich bei ihm entschuldigen!« gab der Japaner zu Protokoll.

Der Zwischenfall bedeutete auch den Verlust der Tabellenführung, denn Alex Crivillé ließ sich den Triumph beim Heimspiel durch nichts und niemanden verderben. Drei Runden

Sechs Mann überholt: Markus Ober

brauchte er, um sich gegen John Kocinski und den erstaunlich aufmüpfigen Regis Laconi freie Bahn zu verschaffen. So fehlerlos, wie er sich an die Spitze durchschaufelte, hielt er sich auch unter dem Dauerbeschuß von Max Biaggi, der am Hinterrad der Repsol-Honda auf seine Chance lauerte.

Dabei war das Rennen alles andere als eine Spazierfahrt. »Das Rennen war langsamer als im letzten Jahr, denn ab der dritten Runde hatte ich zuwenig Grip am Vorderrad. Je schneller ich fahren wollte, desto schlechter wurden die Rundenzeiten. Glücklicherweise konnte ich Max unter Kontrolle halten, obwohl ich natürlich keine Ahnung hatte, wie gut seine Reifen waren und ob er mich im Endspurt angreifen würde.«

Doch Crivillé schlug in der letzten Runde gekonnt alle Türen zu und blieb unangreifbar, wurde nach dem Zieleinlauf von 150 000 ekstatischen Fans förmlich auf Händen getragen und feierte nicht nur den dritten Sieg in Jerez, sondern auch die Führung in der Weltmeisterschaft. Sete Gibernau, der mit der V2-Werks-Honda Tadayuki Okada und Norick Abe auf Distanz hielt, feierte kräftig mit, und als einziger Wermutstropfen in der spanischen Fiesta blieb der blasse zehnte Platz von Carlos Checa, der das ganze Wochenende über mit Fahrwerksproblemen gekämpft hatte.

Doppelter Jubel: Crivillé siegte, Gibernau erbeutete Platz drei

Dafür fuhr sein Yamaha-Teamkollege Max Biaggi endlich aufs Podest. »Jemand rammte mich in der zweiten Runde, als Beweis trage ich immer noch Reifenspuren auf dem Leder«, schilderte der Italiener. »Danach hatte ich Mühe, den Anschluß zu finden, geschweige denn an Alex vorbeizukommen. Hier in Jerez ist er unerhört stark.«

Luca Cadalora bugsierte die MuZ-Weber vom 15. Startplatz auf Rang acht im Rennen und lieferte Motorenkonstrukteur Urs Wenger das beste Ergebnis seit dem sechsten Platz von Jürgen Fuchs in Brasilien 1997. Im Training war der dreifache Weltmeister wegen eines gebrochenen Kupplungskorbs an einem vorderen Startplatz gescheitert, im Rennen lief die MuZ dann aber einwandfrei und bescherte Cadalora »jede Menge Spaß«.

Dieser Schub an Motivation war der wichtigste Fortschritt, den das durch technische Rückschläge und die Launen seines sensiblen Stars gestresste Biland-Team erzielen konnte. »Cadalora ist wie der berühmte Geiger Paganini«, verglich ein italienischer Journalist. »Wenn sein Instrument auch nur ein bißchen verstimmt ist, läßt er irritiert den Bogen sinken. Doch wenn alles harmoniert, spielt er schöner als jeder andere«.

Markus Ober fehlte mit seiner V2-Honda hingegen vor allem Höchstleistung gegen die Stars der Königsklasse. »Ich habe sechs Mann überholt und bin beim Bremsen sogar Simon Crafar nähergekommen. Leider ist er mir beim Beschleunigen mit seiner V4-Maschine immer wieder entwischt!«

250 ccm:
Waldis Startprobleme

Neben Mick Doohan wurde auch Olivier Jacque zum Opfer der weißen Begrenzungslinie. Im freien Vormittagstraining am Samstag Schnell-

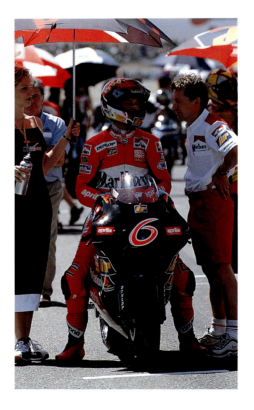

Ralf Waldmann am Start:
Bis aufs Losfahren lief alles perfekt

Zum dritten Mal Zweiter: Tohru Ukawa

ster, gab der Franzose im Abschlußtraining der 250 ccm-Klasse etwas zuviel Gas und wurde ausgangs einer Rechtskurve von seiner Yamaha abgeworfen. Zwei neue Brüche und überdehnte Bänder im bereits 1998 schwer demolierten rechten Knöchel bedeuteten eine neue Operation. »Ich fühlte, wie sich das Motorrad beim Beschleunigen querstellte, und dann spürte ich nur noch den Schmerz im Knöchel. Ich bin am Boden zerstört«, ließ Jacque mitteilen. Teamchef Hervé Poncharral beschloß, seinen Schützling diesmal definitiv so lange in Genesungsurlaub zu schicken, bis die Verletzung vollkommen ausgeheilt war. »Wenn er gesund und kräftig gewesen wäre, hätte er den Rutscher abfangen können«, erklärte er.

Weil ein Unglück selten allein kommt, wurde das bislang so erfolgreiche Tech 3-Yamaha-Team im Rennen endgültig aufgerieben: Teamkollege Shinya Nakano kam nur acht Runden weit, bevor er an zweiter Stelle liegend wegen einer gebrochenen Einlaßmembran ausschied.

Doch auch Ralf Waldmanns Renn-Premiere wurde nach zwei Rennen Zwangspause ein Schlag ins Wasser. Sein in Malaysia gebrochenes Handgelenk war zwar mit Salbenverbänden und Akupunkturbehandlung optimal versorgt und verursachte nur noch geringe Beschwerden, dafür spielte ihm jedoch die heimtückische Werks-Aprilia den nächsten Streich. »Am Vorstart habe ich alles versucht, den Motor richtig freizubrennen, beim Losfahren lief er trotzdem nur auf einem Zylinder. In der ersten Runde ging der Motor drei, viermal aus, und ich hatte Angst, mir würde jemand hintendrauf fahren. Es war haargenau das gleiche wie bei Jürgen Fuchs im letzten Jahr«, schilderte Waldmann. »Wir hatten das im Training nie. Deshalb ist mir die Sache völlig unerklärlich«, war auch Cheftechniker Sepp Schlögl ratlos.

Waldi kam an 21. Stelle aus der ersten Runde zurück, doch als die Maschine endlich rich-

Der erste WM-Punkt: Alex Hofmann

Hochverehrtes Publikum: Valentino Rossi feiert den ersten Sieg

tig lief, zettelte er eine verwegene Jagd an, fuhr Rundenzeiten wie Shinya Nakano und wurde noch gefeierter Sechster.

Den Sieg mußte er dem besser gestarteten Valentino Rossi überlassen, der den Honda-Stars Tohru Ukawa und Loris Capirossi nach dem verpatzten Saisonauftakt erstmals mühelos um die Ohren fuhr. Capirossi beschwerte sich nach dem dritten Platz über mangelnden Grip am Hinterrad; Ukawa hielt länger mit Rossi mit und drängte sich zu Rennmitte sogar einmal vorbei in Führung, machte dann aber einen Fehler und wäre fast im Kiesbett gelandet.

Das nutzte Rossi sofort zur Flucht. Wie eilig es der Italiener auf dem Weg zum Zielstrich hatte, zeigte sich nicht nur an seinem Vier-Sekunden-Vorsprung, sondern auch auf der Ehrenrunde: Statt ausgiebig mit den Fans zu feiern, lehnte Valentino Rossi seine Werks-Aprilia sachte an die Mauer, hüpfte über die Streckenbegrenzung und verschwand erst einmal in einer Latrine. »Ich hatte schon ab Rennmitte ein dringendes Bedürfnis«, entschuldigte sich der Italiener bei seinen verdutzten Fans.

Marcellino Lucchi konnte das Tempo Rossis nicht ganz mitgehen und mußte sich hinter seinem Markengefährten Franco Battaini mit einem einsamen fünften Platz abgeben. Dafür herrschte schon während der Trainingstage gehörig Aufregung in seiner Docshop-Box: Denn als die Mechaniker ihre Überseekisten auspackten, fiel ihnen eine armlange Viper entgegen, die sich beim Malaysia-Grand Prix ein ruhiges Plätzchen gesucht hatte. Derart jäh aus dem Schlaf gerissen, hielt die Giftschlange angriffslustig nach ausgestreckten Fingern Ausschau, konnte schließlich aber gestellt und eingefangen werden. Weil die holländische Medizinbedarfsfirma eine Schlange im Logo hatte, präsentierte Cheftechniker Lucas Schmidt das Dschungeltier als neues Teammaskottchen und päppelte es mit Delikatessen wie Käfern und Würmern auf. Trotzdem nutzte die Viper die erste Gelegenheit, über den verrutschten Deckel seines neuen Zuhause in die Freiheit zu entweichen. Für den Rest des Wochenendes trug jeder in der Box festes Schuhwerk und Handschuhe.

Alex Hofmann hatte seine Begegnung der dritten Art in der ersten Haarnadelkurve, als er

Auf dem Weg zum Podest: Cecchinello (5), Azuma (4), Alzamora (7)

mit Jeremy McWilliams zusammenstieß. Durch den Zwischenfall in eine der hinteren Gruppen zurückgeworfen, hatte der Honda-Nachwuchspilot zunächst Mühe, ebenso am Limit in die Kurven zu bremsen wie die erfahrene Konkurrenz, fand im Rennverlauf dann aber immer besser zu seinem Rhythmus und feierte als 15. den ersten WM-Punkt der Saison.

125 ccm: Azumas dritter Streich

Wie Waldi bei den 250ern trat auch Marco Melandri nach seinem Handgelenkbruch in Malaysia zu seinem ersten Rennen des Jahres an, doch die Premiere mißrat nach Kräften: Wegen einer überhitzten Kupplung schlecht vom Start weggekommen, machte der italienische Teenager zwar einige Positionen gut, stieß zwei Runden vor Schluß dann aber mit seinem Landsmann Max Sabbatini zusammen und beklagte den nächsten Nuller.

Teamkollege Masao Azuma holte die Kohlen alleine aus dem Feuer und setzte sich in einem turbulenten Vierkampf mit dem dritten Sieg hintereinander durch. »Nach meinem Trainingssturz wollte ich nicht allzu viel riskieren und ließ Cecchinello den Vortritt. Erst in der Schlußphase habe ich richtig Druck gemacht«, schilderte der Japaner.

In der letzten Kurve sahen die spanischen Fans schon Emilio Alzamora als Sieger, weil er sich mutig innen an Azuma vorbeizwängte. »Doch mein Motor lief nicht so gut, außerdem waren die Reifen am Ende. Ich wußte, daß ich nicht gewinnen konnte«, fand sich der Lokalmatador mit Rang drei im Fotofinish hinter Lucio Cecchinello ab.

Steve Jenkner, Reinhard Stolz und Bernhard Absmeier kamen nacheinander wie bei einem Lauf zur Deutschen Meisterschaft ins Ziel. Bei den Plätzen 17, 18 und 19 entsprach auch der Rückstand zur Weltspitze dem Niveau der DM, und das zeigte sich auch in der Stimmung der einzelnen Teams. »Kein Kampf, kein Biß«, wetterte Mario Rubatto und forderte, sein Schützling Bernhard Absmeier müsse »begreifen, daß er zum Rennfahren hier ist und nicht zum Herumrollen«.

Ließ Absmeier sich ohne große Gegenwehr überholen, als seine deutschen Landsleute von hinten anrückten, so hatten Stolz und Jenkner

Schon wieder Champagner: Azuma

vor allem am Start Probleme. »Mein Kühler war zu sehr abgeklebt, Motor und Kupplung überhitzten«, stellte Stolz fest, der nach einem Turboladerschaden an seinem Wohnmobil auf der Anreise im Team-Transporter hauste. Jenkner kam beim Losfahren besser vom Fleck, wurde aber abgedrängt und mußte in der ersten Kurve ins Kiesbett, worauf er dem Feld als abgeschlagener Letzter hinterherhetzte. »Steve war schuldlos und hatte keine Chance auf einen vorderen Platz. Aber wer glaubt die ganzen Erklärungen denn noch?« fragte sich Teamchef Dirk Raudies angesichts Jenkners schwarzer Serie.

Erfolgloser Angriff auf Cecchinello: Alzamoras (7) Reifen waren am Ende

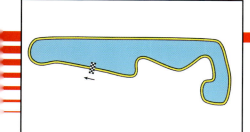

23. 5. 1999: GP Frankreich in Le Castellet

Die kleinen Strolche

Alex Crivillé zeigte sich abermals als würdiger Vertreter von Mick Doohan. Doch im Kampf um die Plätze warfen die leichtgewichtigen Zweizylindermaschinen von Aprilia und Honda die Rangordnung gehörig durcheinander.

Der berüchtigte Mistral fegte mit Geschwindigkeiten von bis zu 110 km/h über das Hochplateau des Circuit Paul Ricard hinweg und rüttelte so heftig an den Airfences, daß sie sich an ein paar Stellen von der Streckenbegrenzung lösten und die erste Qualifikation der 125 ccm-Klasse für eine Viertelstunde unterbrochen werden mußte.

Bei den 250ern legte sich der mutige Ralf Waldmann mit der vorläufigen Bestzeit ins Zeug und räumte ein, er habe vielleicht eine für ihn vorteilhafte Bö erwischt. »Doch auch sonst geht es immer besser. Der Handgelenkbruch von Malaysia ist längst vergessen, und mit dem Motorrad machen wir mit jeder Runde, die wir fahren können, einen kleinen Schritt vorwärts.«

Bei den offiziellen Tests der Teamvereinigung IRTA, die nach dem Jerez-Grand Prix auf der neuen Valencia-Strecke absolviert wurden, hatte sich Waldi hauptsächlich auf das Üben von Starts konzentriert und war zunehmend besser weggekommen. »Wenn du zuviel Gas gibst und den Motor voll ausdrehst, überfettet er genauso, wie wenn du die Drehzahl in den Keller fallen läßt. Deshalb mußt du beim Losfahren Geduld haben, und du darfst dich auf keinen Fall von der Meute um dich herum irritieren lassen, auch wenn sie flotter vom Fleck kommt. Denn sowie du die Kupplung zu schnell kommen läßt, ist es vorbei«, wußte Eurosport-Kommentator Jürgen Fuchs, der sich im Jahr zuvor mit dem heiklen Startverhalten der Werks-Aprilia abgeplagt hatte.

Doch Waldmanns Team mit Cheftechniker Sepp Schlögl an der Spitze bekam die Abstimmung der Maschine auch vergaserseitig immer besser in Griff, und die zunehmende Erfahrung mit der diffizilen Drehschiebertechnik schürte den Optimismus, auch in den Rennen endlich den Anschluß zu finden.

Diesen Optimismus verbreitete auch das Aprilia-Halbliterteam. Die niederschmetternden Resultate der ersten drei Rennen hatten zu einer Aussprache zwischen Aprilia-Konstrukteur Jan Witteveen und seinem Star Tetsuya Harada geführt, und dabei gelang es, dem immerhin mit vier Millionen Dollar für drei Jahre entlohnten Japaner frischen Mut und neue Motivation einzuimpfen.

Einer der Diskussionspunkte war das schwer schaltbare Getriebe, das in Jerez zur Aufgabe im Rennen geführt hatte. Witteveen forderte, Harada müsse notfalls heftiger auf den Schalthebel treten, um die Gänge sauber einrasten zu lassen. Gleichzeitig bereitete er ein neues, besonders intelligentes System für die Zündunterbrechung beim Hochschalten vor, die nach erfolgtem Schaltvorgang zunächst zehn Prozent, bei positiver Rückmeldung vom Ge-

Ein Fliegengewicht setzt sich durch: Aprilia-Star Harada erbeutet Platz drei

Freude über den Erfolg, Freudentränen am Podest: Tetsuya, Miyuki Harada

Erst Führung, dann Sturz: Kenny Roberts versuchte das Unmögliche

Reifen perfekt funktioniert«, strahlte Harada, während seine Frau Miyuki unter dem Siegerpodest vor lauter Glück Freudentränen vergoß. "Am Anfang habe ich mich mächtig ins Zeug gelegt, es dann aber etwas ruhiger angehen lassen, um die Reifen zu schonen. Nach etwa zehn Runden hat sich der Grip stabilisiert und war perfekt bis zum Rennende. Als ich Abe hinterherfuhr, habe ich gesehen, daß er weitaus schlimmer durch die Gegend rutschte als ich. Auch hinter Tadayuki Okada habe ich keinen Zentimeter an Terrain eingebüßt. Ich hatte zwar keine Chance, ihn zu überholen, bin aber auch nicht zurückgefallen. So etwas geht nur dank der berühmten Aprilia-Power – die Zweizylinder-Honda ist klar langsamer."

Trotzdem zeigte sich auch Sete Gibernau mit der Werks-NSR 500 V von seiner besten Seite. Im Training nur als 14. qualifiziert, knabberte sich der Spanier mit bemerkenswerter Beharrlichkeit durchs Feld, bevor er in der letzten Runde seinen Landsmann Carlos Checa demütigte und Platz vier übernahm. »Ich hatte auch Harada im Visier und dachte, ich hätte

triebe dann erst den Rest der Motorleistung freigab.

Weil das System einwandfrei funktionierte, schienen in Frankreich alle Sorgen aus der Welt. Vor Trainingsbeginn, am Donnerstagnachmittag, bekräftigte Harada in einer eigens zu diesem Zweck einberufenen Pressekonferenz seine hohen Ziele in der Halbliterklasse, und wie zur Bestätigung sorgte der Japaner tags darauf im ersten Zeittraining für die große Sensation, als sein Name plötzlich ganz oben auf der Liste über die Monitore flimmerte.

Wegen des Mistrals wurde Haradas Leistung von vielen Konkurrenten als kleine Laune des Schicksals abgetan, doch im Rennen schlug der Japaner abermals zu. Obwohl er mit den 150 PS seines Zweizylinders im Vergleich zu den 200 PS der besten V4-Maschinen Nachteile am Start hatte, hielt sich der Japaner beim Losfahren ehrgeizig in der Spitzengruppe, war nach einer Runde Vierter und dachte auch im weiteren Verlauf nicht daran, zurückzustecken. Dank ausgefeilter Aerodynamik auch auf den langen Geraden von Le Castellet so schnell wie etwa die Suzuki von Kenny Roberts, büßte er über die gesamte Renndistanz nur 14 Sekunden ein und zog als Dritter mit dem bislang besten Ergebnis in der fünfjährigen Geschichte des Projekts gleich, das Doriano Romboni 1997 in Assen gefeiert hatte. »Ich bin sehr, sehr zufrieden, denn heute haben das Motorrad und die

Elektrik defekt: Bayle hatte auch beim Heimspiel kein Glück

Alex Crivillé vor Luca Cadalora: Der nächste Sieg

noch eine Runde Zeit, ihn anzugreifen. Die schwarzweiß karierte Flagge kam für mich völlig überraschend. Statt mich über den Erfolg zu freuen, habe ich mich über den entgangenen Podestplatz geärgert«, erklärte der Enkel von Bultaco-Gründer Paco Bultó mit vorwurfsvollem Gesichtsausdruck.

Grund zu feiern gab es am Ende trotzdem, auch wenn die Erfolge der fliegengewichtigen V2-Maschinen an etliche prominente Ausfällen gekoppelt waren. Schon in der ersten Kurve krachte es, als die Privatfahrer Jose-Luis Cardoso und Michael Rutter kollidierten und Markus Ober mit zu Boden rissen. Mit einer halben Minute Verspätung machte sich der schuldlose Bayer wieder auf die Fahrt, hielt bis zum Ende durch und wurde als 14. noch mit zwei Punkten belohnt.

Max Biaggi, im Training Schnellster und nach den Niederlagen zu Saisonauftakt versessen auf den ersten Sieg, hatte sich vom Start weg in Führung katapultiert, leistete sich nach zwei Trainingsstürzen aber schon in Runde drei den dritten Crash des Wochenendes. Diesmal kam er nicht mit dem Schrecken davon: Der vierte und fünfte Finger der linken Hand wurden ausgerenkt, und während der vierte im Kli-

Ein toller zweiter Platz – und unverblümte Kommentare: John Kocinski

nomobil ohne Schwierigkeiten wieder an seinen Platz befördert werden konnte, wurde das mittlere Gelenk des kleinen Fingers wurde beim Aufprall so beschädigt, daß es im Krankenhaus von Toulon rekonstruiert und verdrahtet werden mußte. »Mein Start war perfekt, alles funktionierte nach Wunsch, und ich war drauf und dran, das Feld aus dem Windschatten zu schütteln«, berichtete Biaggi. »Doch dann brach plötzlich das Heck der Maschine aus. Ich versuchte noch, den Slide abzufangen, doch es passierte viel zu schnell.«

Nach Biaggis Abgang übernahm Kenny Roberts das Kommando, baute sich einen bekömmlichen Vorsprung von bis zu vier Sekunden auf und schien das Rennen mit seiner souveränen, kalkulierten Fahrweise unter Kontrolle zu haben. Alex Crivillé nutzte die bessere Motorleistung seiner Honda allerdings mit der gleichen kühlen Präzision und feilte Meter um Meter von Roberts´ Führung weg. Das unausweichliche Überholmanöver kam in der 21. Runde, und den Versuch, wenigstens im Windschatten der Repsol-Honda zu bleiben, bezahlte Roberts auf der an vielen Stellen tückisch glatten Paul Ricard-Piste schließlich mit einem Sturz. »Ich driftete überall, und in dieser Situation war es eben des Guten zuviel. Ich hatte darauf gesetzt, daß in der letzten Runde irgendetwas passieren könnte, deshalb wollte ich unbedingt an Alex dranbleiben. Ein dummer Fehler«, ging der unverletzte Roberts mit sich selbst ins Gericht. »Wir müssen hart arbeiten, um endlich die gleiche Motorleistung zu erzielen wie die Maschine von Alex. Denn nur der Rückstand auf den Geraden hat Kenny dazu verleitet, gegen seinen gesunden Menschenverstand das Unmögliche zu versuchen«, zog Teammanager Garry Taylor Bilanz.

Eigentlich wäre die Bahn frei gewesen für den ersten großen Erfolg des Biland-Teams. Luca Cadalora hatte sich für Startplatz sechs, sein Teamkollege Jürgen vd. Goorbergh an

Fehlerfrei auf Platz acht: Alex Hofmann (66)

neunter Stelle qualifiziert, und im Training waren die MuZ-Weber-Maschinen von technischen Problemen weitgehend verschont geblieben.

Doch nach gutem Start wartete im Rennen schon wieder neues Unheil auf die vom Pech verfolgte deutsch-schweizer Mannschaft. Luca Cadalora hatte sich schon von der achten auf die siebte Position vorgearbeitet, kämpfte aber mit der Gabel, die er vor dem Rennen unvorsichtigerweise hatte steiler stellen lassen, um noch mehr Handlichkeit zu erzielen. Eingangs der vierten Runde wurde der Italiener dann von einem heftigen Highsider aus dem Sattel katapultiert, landete zwar wieder im Sattel, zertrümmerte dabei aber Windschutzscheibe und Verkleidung und fuhr an die Box. »Ich war genau hinter ihm, als es passierte. Unglaublich, daß Luca nicht zu Boden ging«, berichtete Teamkollege Jürgen van den Goorbergh, der drei Runden später wegen defektem Zündungs-Impulsgeber stehenblieb und das Waterloo perfekt machte. »Heute hätten wir zuschlagen müssen. Denn solche Chancen kommen nicht alle Tage«, rang sich der enttäuschte Teamchef Rolf Biland einen Kommentar ab.

Wie man dank Willenskraft, Nervenstärke und technischer Perfektion zum Erfolg kommt, führte Alex Crivillé vor. Vom langen Schatten des verletzten Mick Doohan befreit, kam der Spanier schon mit besonders breiten Schultern in Frankreich an, und als er nach getaner Arbeit aufs Podest kletterte, strahlte er offener und zufriedener, als man es je bei ihm erlebt hatte. »Dieser Sieg war der Wichtigste meiner Laufbahn. Ich habe das mit meinen Kollegen getan, was Doohan früher mit mir und den anderen gemacht hat. Ich hätte mich leicht zum gleichen Ungestüm wie Biaggi und Roberts verleiten lassen können, blieb aber kühl und berechnend. Mit jeder Runde kam ich um drei Zehntel näher an Roberts heran und wußte, daß er mir gehörte«, beschrieb Crivillé. »Daß ich ihn schließlich erwischte, hat ihn zu einem Fehler verleitet. Ich dagegen hatte plötzlich zwölf Sekunden Vorsprung, und es gab nichts und niemanden, was mich gefährden konnte. Künftig werde ich überall so konzentriert auftreten – bei jedem Test, in jedem Training und in jedem Rennen.«

Crivillés Triumph war ein Erfolg aus dem Schulbuch, in den er seit seiner ersten Halbliter-Saison 1992 allmählich und getreu der Rangordnung bei Honda hineinwuchs. Als Außenseiter dagegen trat John Kocinski an, der nicht nur mit dem dritten Platz im Training und Rang zwei im Rennen, sondern auch durch immer unverblümtere Kommentare für Schlagzeilen sorgte. »Wir treten von der Ladefläche eines Lastwagens gegen die reichen Werke an, und dabei gelingen uns gelegentliche Achtungserfolge. Doch um ständig auf hohem Niveau mitzukämpfen, müßten wir technisch besser unterstützt werden. Allerdings sind wir ein privates Team, und jeder weiß: Wenn Erv zuviel Hilfe bekommt und an die Spitze vorstößt, dann stört das das eigentliche Werksteam, das alle Lorbeeren für sich in Anspruch nimmt«, ließ der Amerikaner Luft ab, der sanfter bremste als Crivillé oder Doohan, mehr Tempo in die Kurven mitnahm und wegen der Untersteuertendenz der NSR 500 ein eigens für ihn konstruiertes Fahrwerk gebraucht hätte.

Auch gegenüber Heijiro Yoshimura, Managing Director der Honda Racing Corporation, der nach dem hervorragendem zweiten Platz im Rennen seine Aufwartung machte, nahm John Kocinski kein Blatt vor den Mund. »Wozu möchten Sie mir gratulieren – etwa dazu, daß Ihr Team Erster und wir Zweiter sind?« fragte er eiskalt.

250 ccm: Waldis Happy-End

Während Kocinski nach Rang zwei immer noch haderte, wurde Ralf Waldmanns vierter Platz bei den 250ern in seinem Aprilia-Team gebührend gefeiert. »War doch gar nicht so

Rossis Augenzeuge: Tomomi Manako

Shinya Nakano an zweiter Stelle, warf seine Werksmaschine wenige hundert Meter vor dem Ziel aber aus lauter Begeisterung weg und rettete sich gerade noch als Elfter ins Ziel. »Im letzten Renndrittel hat die Hinterradbremse nicht mehr funktioniert. Wenn du zu schnell in eine Kurve einbiegst, kannst du sie normalerweise dazu verwenden, einen Vorderradrutscher abzufangen. Ich hatte diese Möglichkeit nicht«, berichtete der Ire.

Momente vorher hatte es bereits den bis dato haushoch überlegenen Valentino Rossi erwischt. Beim Versuch, Tomomi Manako zu überrunden, geriet der Italiener auf die Kerbs, unmittelbar danach jubelte sein Motor ohne Kontakt zum Hinterrad in höchsten Tönen – die durch die Belastung im Rennen gedehnte Antriebskette war abgesprungen. »Eine unglaubliche Sache«, seufzte Rossi, der Tohru Ukawas erstem Grand Prix-Sieg vor Shinya Nakano und Stefano Perugini tatenlos zusehen mußte. »Ich habe noch versucht, die Kette wieder auf den Zahnkranz zu streifen, doch leider war sie auch vom Vorderradritzel gehüpft, und das wieder hinzukriegen, ist ohne Werkzeug unmöglich.«

schlecht. Zumindest war ich schon mal schneller als das Pace Car«, schmunzelte Waldi nach seinem verhaltenen Start aus der zweiten Reihe, bei dem er sich wenigstens hatte ins Mittelfeld bugsieren können. Nach einer Runde noch 15., bugsierte er seine Maschine flugs an die achte Stelle und profitierte ansonsten von namhaften Ausfällen.

Erstes Opfer war Loris Capirossi, der seine Werks-Honda acht Runden vor Schluß beerdigte, nachdem ihn Honda-Markengefährte Tohru Ukawa auf Platz drei verwiesen hatte. »Mein Motor lief heute nicht richtig. Ich hatte keine Chance, an Rossi dranzubleiben, und als Ukawa überholte, hatte ich mich eigentlich mit meinem Schicksal abgefunden. Trotzdem lag ich urplötzlich am Boden«, berichtete Capirossi, der sich bei dem Aufprall eine Gehirnerschütterung zuzog.

Doch auch das Aprilia-Aufgebot blieb nicht ungerupft. So lag Jeremy McWilliams bis zur Schlußrunde um einige Motorradlängen vor

Links: Endlich ein Sieg: Tohru Ukawa

Rechts: Jacques Vertreter bei Frankreichs Fans: Shinya Nakano

Gegner verhext: Roberto Locatelli strahlte mit dem Teufel um die Wette

Aprilia-Testpilot Marcellino Lucchi war kurz zuvor aus dem gleichen Grund stehengeblieben, hatte aber wenigstens den kleinen Trost, daß sich die Kette in seinem Fall nur vom hinteren Zahnkranz gelöst hatte. »Ich habe angehalten und sie wieder aufgelegt. Für einen Radfahrer ist das ein Kinderspiel«, schmunzelte der 42jährige, der sich mit mindestens 50 Rennrad-Kilometern täglich für den harten Grand Prix-Alltag in Form hielt.

Ralf Waldmann gewann durch die Zwischenfälle von Rossi und McWilliams zwei Positionen, und weil er im Finale auch noch den Engländer Jason Vincent überholte, querte er als Fünfter hinter Franco Battaini die Ziellinie.

Kurz nach Rennende mußte er freilich um seinen Erfolg bangen: Vincent hatte gegen Waldi wegen Überholens bei gelber Flagge protestiert. Einen Videobeweis fand die Rennleitung nicht und ließ Waldi straffrei laufen. Weil sie aber gerade ohnehin beim Sichten der Fernsehbilder waren, entdeckten sie einen Verstoß von Franco Battaini und belegten den Italiener mit fünf Strafsekunden. Plötzlich war Waldi Vierter.

Feierte Waldi ein kurioses Happy-End, so erntete Alex Hofmann die Früchte solider, fehlerloser Arbeit auf seinem Honda-Production Racer. Schon in den ersten Kurven aggressiver reinzuhalten, hatte sich Deutschlands große Nachwuchshoffnung vorgenommen, und prompt sauste er nach einer Runde als Elfter an seiner Boxentafel vorbei. »Ich konnte das Tempo meiner Gruppe zwar nicht ganz halten, bin meine Zeiten anschließend aber konstant bis zum Ende durchgefahren«, rieb sich Alex nach dem achten Platz die Hände.

125 ccm: Hexer Locatelli

Platz acht war auch das Ergebnis von Steve Jenkner bei den 125ern – und wie seine 250er-Kollegen hatte auch der tapfere Sachse den Erfolg einem geglückten Start zu verdanken. »Um ganz nach vorn zu kommen, fehlen mir noch zwei, drei Zehntel pro Runde«, analysierte Jenkner. »Doch ich weiß, wo die stecken. Am Freitag hatten wir mechanische Probleme mit Motorpassungen, deshalb waren wir am Samstag beim Abstimmen einen Schritt hinterher, und im Rennen hat prompt der Hinterreifen abgebaut. Ich freue mich auf das Rennen, bei dem ich einmal ab Freitag bei der Musik bin!«

Davon lagen die anderen beiden Deutschen noch weit entfernt. »Du glaubst ja nicht, wie schwierig es ist, in einem Team zu arbeiten, wo ein anderer sauschnell ist«, schnaufte Reinhard Stolz im Hinblick auf seinen Polini-Teamkollegen Simone Sanna, der ohne große Zwischenfälle Zehnter wurde. Für Stolz, mit einem Blitzstart aus der sechsten Reihe ins Mittelfeld gesprintet, kam dagegen das vorzeitige Aus, als ihm in Runde sechs die trudelnde Honda des gestürzten Max Sabbatini in die Quere kam. »Ich könnte mich in den Hintern beißen«, resümierte Stolz nach seinem Sturz.

Bernhard Absmeier kam wenigstens ins Ziel, zeigte bei der Fahrt auf den 17. Platz aber wenig Durchsetzungskraft. »Da fehlt die Härte im Zweikampf. Doch ich halte mich künftig im Team zurück, denn die kommen mit meinem Druck gleich gar nicht zurecht«, beschloß Technik-Chef Mario Rubatto.

So unbedrängt, wie Absmeier hinterherkurvte, fuhr der Italiener Roberto Locatelli voraus und zog mit einer makellosen Fahrt zu seinem ersten Grand Prix-Sieg auf und davon. »Heute bin ich gefahren wie Doohan, Biaggi

Guter Start: Steve Jenkner (17)

oder Rossi zu ihren besten Zeiten«, triumphierte der 24jährige Blondschopf, der seine Kontrahenten ganz offensichtlich verhext hatte: Denn auf dem Podium lachte er plötzlich mit dem leibhaftigen Teufel um die Wette.

Um volle sechs Sekunden distanzierte Locatelli seine Verfolger, doch um Platz zwei gab es das bei den 125ern übliche Gerangel. Vor 55000 begeisterten Zuschauern zwängte der Franzose Arnaud Vincent eine zweite Aprilia am Honda-Establishment vorbei auf Rang zwei, und der Spanier Emilio Alzamora faßte sich ein Herz und vertrieb den bislang unangefochtenen WM-Leader Masao Azuma vom dritten Platz.

Der Jubel im spanischen Lager war trotzdem verhalten, denn Derbi-Pilot Youichi Ui zog ein hartes Los. Gleich nach dem Start eingangs der ersten Kurve von hinten gerammt, machte der Japaner einen spektakulären Abflug und brach sich das linke Schlüsselbein. »Unsere Abstimmung war perfekt. Heute hätten wir sicher gut ausgesehen«, haderte Ui.

Linke Seite: Ui hatte Pech

Fehlende Zweikampfhärte: Bernhard Absmeier

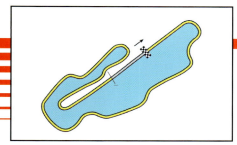

6. 6. 1999: Grand Prix Italien in Mugello

Flower Power

Blumenkind Valentino Rossi steuerte an den kriegerischen Auseinandersetzungen zwischen Loris Capirossi und Marcellino Lucchi gekonnt vorbei – und gewann mit »Peace and Love«.

Marcellino Lucchi sicherte sich die Pole Position der 250 ccm-Klasse, doch zum Feiern war dem 42jährigen Rennveteranen nicht zumute. Am gleichen Tag hatte man den Radrennfahrer Marco Pantani überhöhter Blutwerte überführt, und Lucchi, der gelegentlich mit Pantani trainierte, machte sich öffentlich für seinen Freund stark. »Ihm widme ich diese Pole Position. Drei Wochen den Giro d´Italia anzuführen und zwei Tage vor Schluß wegen Dopings disqualifiziert zu werden, ist unglaublich. Ich verstehe seine Enttäuschung, denn ich bin sicher, daß er unschuldig ist«, erklärte Lucchi.

Doch es sollte noch dicker kommen für den Aprilia-Testpiloten. Denn der Rennfavorit, der unbedingt den Erfolg von 1998 wiederholen und dem Docshop-Team den ersten Erfolg des Jahres bescheren wollte, kam nach dem Start keine 200 Meter weit. Loris Capirossi, zunächst hinter Lucchi, zuckte zum Überholen nach rechts, knallte der Docshop-Aprilia dann aber auf gleicher Höhe aus heiterem Himmel und ohne ersichtlichen Grund in die Seite. Lucchi stürzte, Yamaha-Pilot und Jacque-Vertreter Toshihiko Honma schanzte über die trudelnde Maschine hinweg und stürzte ebenfalls.

Capirossi setzte seine Fahrt unbeschadet fort und ignorierte bei seinen Überholmanövern etliche gelbe Flaggen. Auch, als er wegen gefährlicher Fahrweise disqualifiziert wurde

Laßt Blumen sprechen:
»Valentipeace & Love«

Schuldig oder nicht? Loris Capirossi beim Interview

und sein Team auf Geheiß der Renndirektion die schwarze Flagge schwenkte, fuhr er ungerührt weiter. Erst nach sieben Runden, als der Rennleiter mit einer großen schwarzen Boxentafel und der schwarzen Flagge am Zielstrich zum Ende der Boxenmauer marschierte und sie Capirossi förmlich unter die Nase hielt, gab der Italiener auf und fuhr an die Box.

Für die Zuschauer glich sein Rennen einer Amokfahrt, doch der Sünder selbst fühlte sich unschuldig. »Lucchis Motor hatte Aussetzer und wurde langsamer. Ich wich aus und dachte, ich wäre bereits an ihm vorbei, als ich mich wieder auf meine eigene Linie in Richtung erste Kurve einfädelte«, verteidigte sich der Weltmeister, der schon durch den Abschuß von Tetsuya Harada im WM-Finale 1998 ins Kreuzfeuer der Kritik geraten war. »Auch die schwarze Flagge sah ich nicht, und meine Boxentafel war von der des Ukawa-Teams verdeckt. Es war nichts zu erkennen«, beteuerte er.

»Völliger Blödsinn. Jeder, der will, kann unser Data Recording einsehen. Der Motor lief wie ein Uhrwerk«, konterte Marcellino Lucchi, der schon am Dienstag vor dem Rennen vom Rennrad gepurzelt war. »Glücklicherweise habe ich keine Knochenbrüche, sondern nur Prellungen. Von jemand, der seit zehn Jahren Grand Prix fährt und der Weltmeisterschaften gewonnen hat, ist ein solches Verhalten völlig unver-

*Endlich aufs Podest:
Waldi meldete sich zurück*

ständlich. Capirossi brachte jeden in Gefahr, nicht nur mich, und dafür muß er bezahlen. Weil er die schwarze Flagge ignorierte, sollte er für zwei oder drei Rennen gesperrt werden.«

Die Rennleitung entschied sich, den Bösewicht vom nächsten Grand Prix in Barcelona auszuschließen, außerdem wurde eine Geldstrafe von 2000 Franken verhängt, die Teamchef Fausto Gresini mangels entsprechender Währungsreserven auf einem Bittgang durchs Fahrerlager aufzutreiben versuchte. Etliche Piloten fanden, die Strafe sei zu milde ausgefallen, denn es war pures Glück, daß sich die beiden gestürzten Piloten nicht ernsthaft verletzt hatten.

Einer der wenigen Spitzenpiloten, die nicht mit einer Blitzreaktion um die Unfallstelle herumkurven mußten, war der raketengleich gestartete Jeremy McWilliams. Zur unheimlichen Begegnung mit Loris Capirossi kam es jedoch trotzdem noch. »Eingangs der zweiten Runde überholte er mich bei gelber Flagge«, berichtete der Ire, was auch von Ralf Waldmann bestätigt wurde. »Ich erwischte ihn wieder, doch in der nächsten Runde griff er vor einer der Schikanen abermals an und schlug mir derart die Tür vor der Nase zu, daß ich fast gestürzt wäre.«

McWilliams verpaßte vor lauter Schreck ein paar Schaltvorgänge und fiel zurück, blieb aber im Sattel und trug mit einem sauberen vierten Platz zum Happy-End für Aprilia bei.

Allerdings ging seine Freude im Jubel um Valentino Rossi unter. Der Spaßvogel und Volksheld, diesmal ganz in grellbuntem Stil der 70er Jahre mit großen grünen Pop-Blumen und der Aufschrift »Valentipeace & Love« unterwegs, fuhr um knapp drei Sekunden vor seinen Verfolgern in die Arme der Fans, die in der Auslaufrun-

*Italiener unter sich:
Battaini (21) bedrängt Perugini (7)*

Fast erdrückt: Valentino und seine Fans

de zu Hunderten auf die Strecke strömten und ihr Blumenkind nicht nur mit einem in Bonbonfarben getauchten Huhn, sondern auch mit einer kompletten Musikkapelle begrüßten. »Die hätten mich schier erdrückt«, hielt Rossi fest, der, kaum den Massen entronnen, auch noch von einem Kameramann zu Fall gebracht wurde.

Ralf Waldmann hatte sich über die Grasnarbe davongemacht und feierte lieber mit seinem Team. Sein zweiter Platz war der vorläufige Höhepunkt einer Saison, in der es seit dem Armbruch von Malaysia kontinuierlich bergauf ging. »Waldmann ist zurück«, gab er nach dem ersten Podestplatz seit dem Saisonfinale 1997 in Australien eine kämpferische Losung aus. »Ich komme immer besser in Fahrt, auch Aprilia steht voll hinter mir und hat uns hier mit neuen Zylindern versorgt. Jetzt geht's weiter aufwärts, denn fünf Prozent fehlen mir noch zu der Form, die ich Ende 1997 hatte. Auch die Superstrecken, die mir am besten liegen, kommen erst noch.«

Weil er seiner »kleinen Italienerin« schon im Training anmerkte, daß sie in Tausenden von Test-Kilometern auf der Mugello-Piste herangereift war, stellte er seine schwarze Werksmaschine ohne große Mühe in die erste Startreihe, und selbst der Start selbst klappte diesmal problemlos. »Ich bin super weggekommen und wäre bestimmt als Vierter in die erste Kurve eingebogen. Doch ich war direkt hinter Marcellino, als der Unfall passierte und mußte im Bruchteil einer Sekunde reagieren«, schilderte Waldi. »Ich wich nach links aus und ging vom Gas, deshalb fiel ich kurzzeitig an die elfte Stelle zurück.«

Dann gab es allerdings kein Halten mehr. Binnen vier Runden verschaffte er sich freie Fahrt, schloß auch die Lücke zum entschwundenen Trio an der Spitze im Nu und betrachtete genüßlich, wie Tohru Ukawa und Loris Capirossi mit mangelndem Hinterradgrip kämpften. »Die beiden habe ich nacheinander auf der Geraden gepackt, dann wollte ich Rossi einfangen – aber dazu hat's nicht mehr gereicht.«

Zeigte Waldi die bislang klar beste Leistung der Saison, so übertrieb Alex Hofmann diesmal seinen Ehrgeiz. Der Honda-Privatfahrer setzte sich in seiner Gruppe an die Spitze und nahm Platz elf ins Visier, als ihm unversehens das Vorderrad wegrutschte. Flugs sprang der durchtrainierte Teenager wieder in den Sattel und kämpfte sich ohne Hinterradbremse wieder auf Platz 14, fiel aber am Ende auf Platz 16 zurück, als auch die Vorderbremse zu versagen drohte.

500 ccm: V4 für Gibernau

War Rossis Überlegenheit bei den 250ern sportlich keine große Überraschung, so sorgte Aprilia-Halbliterstar Tetsuya Harada mit seiner leichtgewichtigen Zweizylindermaschine für eine Sensation nach der anderen. Dank superweicher 250 ccm-Qualifikationsreifen, die wie Kaugummi auf der Strecke klebten und wie in der Formel 1 auf einer fliegenden Runde zerschmolzen, dominierte er das Freitagstraining, und obwohl die Zeiten im Abschlußtraining am Samstag klar schneller waren, konnte der Japaner im Endspurt abermals kontern und setzte

Hoch hinaus: Gibernau stieg auf die Doohan-Honda um

sich wieder an die Spitze. »Ich versuchte, ihm hinterherzufahren, bin aber an den Falschen geraten – er war beim Einbiegen so schnell, daß ich die Ideallinie verpaßte und meinen Schlußspurt auf frischen Reifen ruinierte«, wunderte sich Luca Cadalora, der auch nicht langsam unterwegs war und die erste Startreihe mit seiner MuZ-Weber nur um vier Hundertstelsekunden verpaßte.

»Gut, gut – ich fange an, mich auf der 500er wohlzufühlen«, rieb sich Harada nach seinen Husarenstückchen die Hände und zählte nochmals die Vorteile seines 105 kg-Leichtgewichts auf. »Die Halbliter-Version fährt sich im Prinzip wie die 250er, hat aber viel mehr Power und läßt sich wegen des breiteren Hinterreifens schwerer durch S-Kurven fädeln. Der Schlüssel zum Erfolg liegt mehr im Beschleunigungsvorgang als im schieren Topspeed. Denn wegen des geringen Gewichts hebt die Aprilia leicht das Vorderrad. Du mußt in allen Situationen vorsichtig mit dem Gasgriff umgehen.«

Auf den Geraden um bis zu elf Kilometer pro Stunde langsamer als die schnellsten Vierzylinder, hatte die Zweizylinder-Aprilia eigentlich nur ein Manko: Harada wurde am Start regelmäßig verschluckt und mußte sich dann erst wieder mühsam nach vorn arbeiten. »Ein kleiner Vorsprung am Start, dann wäre die Sache geritzt«, malte er sich vor dem Rennen aus.

Denn wie erwartet fiel er beim Aufflammen des Grünlichts abermals zurück und kurvte nach einer Runde noch an zwölfter Stelle herum. Von dort schwirrte er dann allerdings wie ein lästige Fliege um die schwerfällige Konkurrenz, überholte fast jeden, der Rang und Namen hatte und lief nach einer furiosen Jagd als Vierter ein. Trotzdem war er nicht restlos begeistert, denn fürs Heimspiel seiner Aprilia hatte er sich noch mehr vorgenommen. »Am Start

Reifen wie Kaugummi: Pole Position für Tetsuya Harada

Wundersame Heilung: Biaggi fuhr trotz Handverletzung auf Platz zwei

hatte ich Aussetzer, und für den Rest der ersten Runde verschluckte sich der Motor noch zwei weitere Male. Wenn das nicht passiert wäre, hätte ich sicher mit der Spitze mitfahren und einen weiteren Podestplatz anvisieren können«, gab Harada zu bedenken. »Dieses Problem hatten wir noch nie, es passierte nur gestern im Training für einen Moment. Ansonsten war alles okay, meine Reifen funktionierten perfekt, und das Motorrad war auch auf den Geraden pfeilschnell«.

Selbst die Vierzylinder-Suzuki von Kenny Roberts junior war an diesem Tag langsamer, worauf sich der Amerikaner von Harada demütigen und auf Platz fünf verdrängen lassen mußte.

Auch das MuZ-Weber-Team wurde den im Training hoch gesteckten Erwartungen nicht gerecht. Vor den Augen des auf einer Harley-Davidson angereisten Sponsors Albert Weber schied Jürgen van den Goorbergh wegen gebrochenem Kolben aus, und Luca Cadalora beklagte sich nach seinem mageren zehnten Platz über das Fahrverhalten seiner MuZ mit vollem Kraftstofftank. »Meiner Meinung nach hat er den Start versiebt. Luca hatte den falschen Fuß am Boden, und weil er die zu früh losrollende Maschine nicht mit der Hinterbremse halten konnte, mußte er nochmals zur Kupplung greifen«, analysierte der siebenfache Weltmeister Rolf Biland, der dank seiner Erfahrung keine Schwierigkeiten hatte, die Ausflüchte der Fahrer zu durchschauen. »Außerdem ist es seine Aufgabe, die Maschine auf ein vernünftiges Fahrverhalten mit vollem Tank zu trimmen. Er muß sich im freien Training nur mal die Mühe machen, auftanken zu lassen.«

Trotz Cadaloras lustlosem Auftritt kam es am Ende doch noch zu einem italienischen Freudenfest. Max Biaggi, dem erst am Freitagmorgen ein Draht aus dem kleinen Finger der in Frankreich schwer lädierten linken Hand gezogen worden war, hatte sich mit einem verkürzten Kupplungshebel, einem zusätzlichen Stützkissen am Tank und jeder Menge Schmerzen auf den 13. Trainingsplatz gequält, tauchte nach einem fulminanten Start im Rennen jedoch plötzlich an der Spitze auf und ließ auch dann nicht locker, als Alex Crivillé zum Überholen ansetzte.

Bis zum Schluß blieb Max hartnäckig am Hinterrad des Spaniers, holte zwischendurch sogar noch ein paarmal zum Gegenschlag aus und wurde mit seinem tollen zweiten Platz zum Held des Tages. »Dr. Costa und sein Team haben mich Tag und Nacht versorgt und wie ihren eigenen Sohn behandelt. Ihnen verdanke ich diesen Erfolg. Was mich betrifft, bin ich überrascht davon, was pure Willenskraft ausrichten

Cadalora vor vd. Goorbergh: Guter Start – mageres Ergebnis

kann«, beschrieb er ein medizinisches Wunder, das ähnlich harten Dopingproben wie im Fahrradsport wohl kaum standgehalten hätte.

Doch trotz aller Schmerzmittel war Biaggi nach Erreichen der Zielflagge körperlich am Ende, und die Heerscharen der Fans, die nun zum zweiten Mal auf die Strecke stürmten, mußten ihre Party ohne Stargast feiern. Denn Biaggi entzog sich dem Zugriff der wilden Meute gekonnt: Erst fuhr er im Slalom durch den Aufmarsch hindurch, dann parkte er seine Yamaha auf der Zielgeraden, sprang vor der hinterherrennenden Meute über die Boxenmauer und verschwand hinter einem herunterratternden Garagentor.

Daß Alex Crivillé den dritten Sieg hintereinander eingestrichen hatte, fiel bei dem turbulenten Ansturm auf Max Biaggi gar nicht weiter auf. »Max überholte mich kurz vor Schluß, und ich schnappte ihn wieder. Doch das war keineswegs ein geplantes Manöver. Denn ich war voll am Limit, und Max machte das ganze Rennen über enormen Druck. Weil es heute heißer war, verwendeten wir eine andere Reifenmischung, und damit war das Motorrad viel schwieriger zu kontrollieren«, berichtete der Spanier. »Im Endspurt sah ich eine kleine Lücke und beschloß, sie zu nutzen. Ich hätte natürlich auch mit einem sicheren zweiten Platz vorlieb nehmen können – doch es ist noch viel zu früh, um über die Weltmeisterschaft nachzudenken.«

War Crivillé angesichts der langen Verletzungspause von Mick Doohan wild entschlossen, sich künftig überall als der beste Fahrer in Szene zu setzen, so ging es seinem Repsol-Honda-Teamkollegen Sete Gibernau um etwas ganz anderes. Die Honda Racing Corporation, in allen Straßen-Rennkategorien engagiert und bis an die Kapazitätsgrenzen ausgelastet, plante, das V2-Projekt NSR 500 V fallenzulassen und sich ganz auf die Weiterentwicklung der Vierzylindermaschine sowie um das Grundlagenstudium für die am Horizont heraufziehende Viertakt-Zukunft des Grand Prix-Sports zu kümmern. Nach dem Frankreich-Grand Prix hatte Gibernau deshalb die V4-Maschine Doohans probefahren dürfen, und HRC-Chef Heijiro Yoshimura hatte ihm in Aussicht gestellt, bei vielversprechenden Resultaten auch nach Doohans Rückkehr nicht mehr auf die Zweizylindermaschine zurückrüsten zu müssen.

Ein kalkuliert ins Ziel gebrachter sechster Platz war dafür die richtige Empfehlung. »Für mich kam es hauptsächlich darauf an, das Rennen zu Ende zu bringen. Derzeit bin ich WM-Vierter, und damit brauche ich mich nicht zu verstecken«, erklärte der 25jährige. »Bei meinem ersten Rennen auf der V4-Maschine kämpfte ich gleich mit Kenny Roberts, der die ersten beiden GP gewonnen hat. Ich denke, das ist kein schlechtes Resultat.«

Einer der etablierten Vierzylinderpiloten hatte viel schlimmere Sorgen. Simon Crafar, Überraschungssieger des England-Grand Prix 1998, war zu Beginn der neuen Saison von Dunlop auf Michelin umgestiegen, fand kein Vertrauen zum Vorderrad und fuhr pausenlos als Langsamster aller V4-Piloten hinterher, diesmal mit einem wenig erbaulichen zwölften Platz in Nähe des tüchtigen Markus Ober, der als 15. abermals einen Punkt ins Ziel brachte. »Das Motorrad fühlt sich völlig fremd an, keine Einstellung paßt mehr, und was wir auch versuchen: Es wird nichts besser«, klagte der Neuseeländer.

Weil Crafar auf der Stelle trat, wurde Teammanager Peter Clifford aktiv und machte sich auf die Suche nach einem schnellen Ersatzfahrer. Clifford verhandelte sogar mit Daryl Beattie, doch das Comeback des früheren Suzuki-Piloten scheiterte an den unverschämten Geldforderungen des in seiner letzten Saison 1997 nicht gerade durch ehrgeizigen Einsatz aufgefallenen Australiers. Der sensible Crafar versuchte derweil, seinen Job weiterzumachen, brach bei Fragen nach seiner Zukunft jedoch fast in Tränen aus. »Die Situation ist für jeden schrecklich. Doch wir brauchen Ergebnisse«, erklärte Clifford.

125 ccm:
Ueda mit Töchterchen

Die lieferte der kleine Teufel Roberto Locatelli in der 125 ccm-Klasse fast schon am Fließband. Seinem Sieg in Frankreich ließ er die Pole Position in

Masao Azuma (4): Erst am Schluß verpaßte der Japaner den Anschluß

*Noboru Ueda:
Töchterchen Karin feierte mit*

Mugello folgen, und im Rennen hatte er abermals den richtigen Riecher. Vier Runden vor Schluß noch an zehnter Stelle, brachte er bei jedem Zieldurchlauf zwei, drei seiner Kollegen zur Strecke und war auch beim Herausbeschleunigen aus der Zielkurve in der optimalen Position. »Auch die Leute, die mich nicht leiden können, mußten nach dem Frankreich-Sieg zugeben, daß ich gut gefahren bin. Jetzt kann ich wieder für zwei Wochen feiern – und erstmals über die Weltmeisterschaft nachdenken«, strahlte der Aprilia-Star, der in der Wertung immerhin schon auf Rang drei vorrückte und den Rückstand zum führenden Masao Azuma auf 36 Punkte verkürzte.

Beim Zieleinlauf eines dichten Pulks, in dem die ersten elf Piloten nur um 1,4 Sekunden

Jubel bei Simone Sanna – Ärger bei Teamkollege Reinhard Stolz

getrennt waren, zog der clevere Japaner diesmal eine Niete. Acht Runden vor Schluß noch in Führung, wurde Azuma vor einer Kurve derart eingeklemmt, daß er den Anschluß an die Spitze verpaßte und am Ende mit Platz sieben vorlieb nehmen mußte. Lucio Cecchinello, in der Anfangsphase ebenfalls kurz in Führung, landete auf Rang neun; Arnaud Vincent, in der vorletzten Runde noch Erster, mußte sich mit Platz fünf zufriedengeben, der als Mitfavorit gestartete Gianluigi Scalvini fiel schon nach einer Runde wegen gebrochener Zündkerze aus.

Dafür wurden ein paar Helden nach vorn gespült, die von ihren Fans bislang schmerzlich vermißt worden waren. Noboru Ueda, von seiner schweren, ein Jahr zuvor erlittenen Handverletzung genesen, stürmte auf Platz drei und widmete den ersten Podestplatz des Jahres seiner kleinen Tochter Karin, die er vor lauter Begeisterung gleich mit aufs Treppchen stemmte. Marco Melandri, bislang vom in Malaysia erlittenen Handbruch gehandicapt, feierte als Zweiter den ersten Erfolg des Jahres und war vor allem von seinem kräftig beschleunigenden Motor begeistert.

Sachsens Hoffnung Steve Jenkner teilte diese Freude nicht. Wieder waren wegen technischer Probleme drei der vier Trainings ohne großen Nutzen verstrichen, und als er nach dem Start aus der fünften Reihe auch noch aufgehalten wurde, gab es mit schlecht laufendem Motor keine Chance, an die zwölf Mann starke Führungsgruppe heranzukommen. »Mich kotzen solche Wochenenden allmählich an«, erklärte Jenkner nach seinem mageren 14. Platz deprimiert.

Während der Bayer Reinhard Stolz mit einem Kolbenklemmer strandete, strahlte sein Teamkollege im italienischen Polini-Rennstall mit den Siegern um die Wette: Der kleingewachsene WM-Newcomer Simone Sanna erbeutete Platz vier. Auch Bernhard Absmeier tankte mit Platz 21 und einer starken Fahrt im ersten Renndrittel das lange vermißte Selbstvertrauen. »Ich war pro Runde um eine Sekunde schneller als im Training. Es hat Spaß gemacht, mich an die Gruppe vor mir heranzubeißen. Erst nach einem Verbremser verlor ich den Anschluß«, schilderte Absmeier, der ausnahmsweise auch von Ex-GP-Pilot Bernd Kassner, Sohn seines Motorentuners Helmut Kassner, betreut wurde. »Der Hauptunterschied zu den ersten Rennen liegt nicht an der Maschine – sondern im Kopf!«

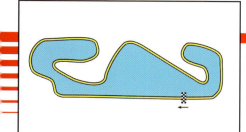

20. 6. 1999: Grand Prix Katalonien in Barcelona

Der Fliegende Holländer

Der Fliegende Holländer Jürgen van den Goorbergh takelte sein müdes Geisterschiff zum stolzen Regattasieger auf – und stürmte unter vollen Segeln auf die Pole Position.

Stierkämpfe wurden immer umstrittener, Fußball-Paradeclubs wie Real Madrid schossen zuwenig Tore, seit dem Rücktritt der Tour de France-Legende Miguel Indurain hatte sich auch das Fahrradfieber gelegt, und die spanischen Formel 1-Rennfahrer waren ohnehin nur Statisten.

Doch im Motorradsport waren die Spanier mit nicht weniger als vier konkurrenzfähigen Halbliter-Werkspiloten die klare Nummer eins, und die Wellen der Begeisterung, die den Volkshelden auf zwei Rädern entgegenschwappten, türmte sich zu immer höheren Wogen auf. Die Zuschauerzahlen an den Strecken schossen ebenso nach oben wie die vor den Bildschirmen, und die Rekordeinschaltquoten jenseits von 45 Prozent entsprachen dem Auflagenboom der Fachzeitschriften, die dank einer ungeahnten Anzeigenflut in der Stärke mittlerer Telefonbücher an den Kiosken hingen.

Auch die Prominenz fand Motorradrennen chic. Seine Majestät König Juan Carlos I., selbst ein hartgesottener Motorradfan, gab sich die Ehre und lud die schnellsten seiner Untertanen zu einer offiziellen Audienz. »Die letzte Runde in Italien hat mich nervös gemacht, denn ihr seid meine Freunde, und ich fiebre mit Euch«, ließ er die Halbliter-Werksfahrer wissen. Miß Spanien kam zu einem flüchtigen Stelldichein in die Boxen der Stars, die Torjäger des FC Barcelona maßen sich mit den Motorrad-Profis beim fröhlichem Toreschießen auf der Zielgeraden.

Carlos Checa und Torjäger Boudewijn Zenden gewannen den Wettbewerb, doch der unbestritten größte Held der Iberischen Halbinsel blieb Alex Crivillé, der nach drei Siegen hintereinander als klarer WM-Favorit der Königsklasse und damit erfolgreichster Spanier aller Zeiten in sein Heimatland zurückgekehrt war. Don Juan Carlos hatte ihm zugeflüstert, sein Überholmanöver gegen Max Biaggi im Finale des Mugello-Rennens sei ein perfektes Manöver und ganz nach seinem Geschmack gewesen, und natürlich erwarteten König und Volk von Crivillé, daß er bei seinem Heimspiel mit dem vierten Triumph aufwarten und den unrühmlichen, wenngleich unverschuldeten Abgang des letzten Jahres gleich in der ersten Kurve vergessen machen würde.

Nur im Abschlußtraining schwenkte die Aufmerksamkeit von der Box des mächtigen Repsol-Honda-Teams in die Garage einer kleinen Außenseiter-Mannschaft. Denn einige Minuten vor Schluß flimmerte plötzlich der Name MuZ-Weber an erster Stelle auf den Qualifikationslisten der Streckenmonitore, und er hielt sich auch tapfer dort oben, als die japanischen Werksteams mit frischen Reifen zu einem letzten, verzweifelten Gegenangriff ausrückten.

Völlig überraschend war dem Biland-Team die Pole Position auf der schnellen, schwierigen Catalunya-Strecke geglückt, worauf Heerscharen südländischer Journalisten ihre Crivillé- und Biaggi-Stories auf MuZ-Hintergrundreportagen umtrimmten und die Fahrerlagerprominenz zu

Start aus Pole Position: Favoritenschreck Jürgen van den Goorbergh

*Champagnerfete in der Box:
Der Fliegende Holländer und sein
MuZ-Weber-Team*

Platz sieben – und Besuch von Miß Spanien: Carlos Checa

Dutzenden in die MuZ-Weber-Box strömte. Hände wurden geschüttelt und Küsse ausgetauscht, Champagnerkorken knallten, und Teammanager Rolf Biland steckte sich eine dicke Zigarre an. »Das Rennen ist ein anderes Thema, denn der Erfolg dort hängt von vielen Faktoren wie den richtigen Reifen, einem guten Start, und einfach auch vom Glück ab. Doch im Qualifying zeigt sich die wahre Performance eines Motorrads. Nur dort kannst du echten Speed beweisen«, schwärmte Biland von dem unerwarteten Erfolg. «Geissenzüchter aus dem Tösstal halten Japans große Werke in Schach», kicherte der Schweizer Simon Suter, dessen Bruder Eskil maßgeblich am Design des neuen MuZ-Weber-Fahrwerks beteiligt war.

Trennung von Simon Crafar: Red Bull-Pilot Régis Laconi war in Barcelona auf sich selbst gestellt

Noch überraschender als das Fabrikat auf Startplatz eins war freilich der Fahrer. Denn der unergründliche Luca Cadalora hatte nicht sein bestes Wochenende erwischt und gab dem Team wie auch sich selbst mit dem 14. Startplatz Rätsel auf. «Wir haben den Tank tiefer gelegt und so das Handling mit voller Spritladung verbessert. Eigentlich fühlte sich das Motorrad gut an, und ich versuchte wirklich, schnell zu fahren. Doch die Zeit kam einfach nicht», grübelte der Italiener. »Jürgen hat beim Set-Up offensichtlich bessere Register gezogen und ist obendrein hervorragend gefahren. Ich möchte ihm gratulieren«.

Der Superstar gab sich einen Ruck und schlenderte zur Nachbarbox, um seinem jungen Stallgefährten die Hand zu schütteln, doch angesichts des übermütigen Rummels um die Nummer zwei im Team stiegen dem empfindsamen Italiener am Ende doch die Tränen in die Augen: Den Triumph, von dem er ahnte, daß er irgendwann kommen würde, hatte er eigentlich für sich selbst ausgemalt.

Denn während Cadalora nach Beginn der Europasaison wenigstens einzelne Highlights mit guten Trainingsresultaten setzte, so schien Jürgen van den Goorberghs Motorrad wie verhext. In den ersten Rennen von Zündproblemen aufgehalten, in Italien wegen eines Kolbenbruchs ausgefallen und am ersten Trainingstag in Barcelona wegen eines verpatzten Reifenwechsels auf Rang 16 abgerutscht, war es dem Team endlich einmal gelungen, alle Fehlerquellen auszumerzen und das müde Geisterschiff des »Fliegenden Holländers« zum stolzen Regattasieger aufzutakeln. »Ich war schon am Vormittag auf Platz zehn und fühlte mich so

Erst Führung, dann Sturz: Max Biaggi (2)

wohl im Sattel, daß ich meine Fahrwerkstechniker bat, das Set-Up für den Nachmittag unverändert zu lassen. Wieder kam ich gut in Schwung und war eine Viertelstunde vor Schluß bereits an fünfter Stelle«, berichtete van den Goorbergh. »Mein Team empfahl mir daraufhin, nicht weiter zu forcieren. Doch ich hatte soviel Zutrauen ins Motorrad, daß ich weiter Gas gab. Ein paar Runden vor Schluß wurde mir dann 1.46,1 gezeigt. Ich wußte, daß die bisherige Bestzeit bei 1.46,3 lag – und dachte, damit muß ich wohl auf Pole Position sein«!

Schon 1997 hatte Goorbergh mit einer privaten Zweizylinder-Honda bei seinem Heimspiel in Assen mit einem Startplatz in der ersten Reihe für Furore gesorgt. »Damals war ich in jeder Kurve über dem Limit, es war eine richtige Chaosrunde«, erinnerte sich Goorbergh. »Doch diesmal hatte ich immer noch Reserven. Es war eine optimale Runde ohne jeden Rutscher, ohne jede Gewaltaktion. Sie zeigte, daß unser Motorrad voll konkurrenzfähig ist. Nicht besser und nicht schlechter als die japanischen Vierzylinder – sondern genauso gut«.

Weil die Barcelona-Strecke für starken Reifenverschleiß sorgte und die 200 PS starken Vierzylindermaschinen schon nach drei schnellen Runden zu rutschen begannen, rechnete van den Goorbergh vorsichtshalber nicht mit einem Sieg oder Podestplatz. »Es gibt Leute, die eine rutschende 500er besser kontrollieren können als ich, denn ich bin immer noch ein Anfänger auf einer solchen Maschine. Wenn ich Siebter oder Achter werde, bin ich vollauf zufrieden«, hielt er den Ball tief.

Alex Crivillé übernimmt die Führung - und die Fans sind schon halb auf der Strecke

Jagd nach Originalreliquien: Crivillé im Reisswolf der Souvenirjäger

So präzise wie bei seiner Pole Position war Goorbergh auch bei seiner Vorhersage. Gut am Start weggekommen und in der ersten Kurve Vierter, ließ er ein paar der schnellsten Kollegen vorbei und wartete auf die Piloten, die ein ähnliches Tempo vorlegten wie er selbst. Während sich drei Honda-Stars und Max Biaggi auf seiner feuerroten Yamaha an der Spitze davonmachten, schlug sich die Verfolgergruppe mit Borja, Kenny Roberts, Carlos Checa und John Kocinski erbittert um die Positionen, und Goorbergh steckte mittendrin. »In der letzten Runde habe ich Checa angegriffen und auf einen Fehler spekuliert. Ich jagte ihn bis zum Zielstrich«, schilderte Goorbergh nach dem achten Platz zufrieden. »Kocinski, Checa, Roberts, das sind alles mehrfache Grand Prix-Sieger. Und Jürgen hat auf den vierten Platz nur 3,5 Sekunden verloren. Ein absoluter Hit«, jubelte Swissauto-Motorenkonstrukteur Urs Wenger. Da war auch zu verkraften, daß der rätselhafte Luca Cadalora mal wieder vorzeitig zur Box steuerte und doch wieder die gewohnte Leier von Handlingsproblemen mit vollen Tank absonderte.

Ein absoluter Hit war aber auch das, was an der Spitze vor sich ging. Max Biaggi führte bis zur elften Runde, wurde dann von Alex Crivillé und dem flugs mit durch die Lücke schlüpfenden Sete Gibernau gestellt und stürzte beim

Spannung bis zum Schluß: Valentino Rossi, Tohru Ukawa

Versuch, an den überlegen abgestimmten Werks-Honda dranzubleiben, wenig später übers Vorderrad.

Es war insgesamt kein gutes Wochenende für Yamaha: Schon am Donnerstagabend war es zwischen Simon Crafar und seinem englischen Teamchef Peter Clifford wegen der anhaltenden Erfolglosigkeit des Neuseeländers zum endgültigen Bruch gekommen. Crafars Red Bull-Yamaha blieb unbenutzt stehen, Teamkollege Regis Laconi machte das Debakel mit einem Sturz im Rennen perfekt. Auch Norick Abe ging im Rennen zu Boden, und so blieb der magere siebte Platz von Carlos Checa als einzige Ausbeute.

Dafür schoben sich wieder einmal die Repsol-Honda-Stars in den Vordergrund. Crivillé, der nach Biaggis Sturz für vier Runden das Kommando übernommen hatte, wurde zum Entsetzen der 83000 Zuschauer von Tadayuki Okada abgelöst, der ohne jede Rücksicht auf den Tabellenstand davonbrauste und seinen Kollegen eine Radlänge nach der andern abknöpfte. Noch zwei Runden vor Schluß hatte er ein Guthaben von über einer Sekunde, was auf der Zielgeraden einem Vorsprung von rund 70 Metern entsprach.

Doch plötzlich kam Crivillé wieder näher heran. Zu Beginn der letzten Runde hatte er den Rückstand bereits um die Hälfte verkürzt, und je näher er sich ans Heck des Japaners heransaugte, desto lauter wurde der Jubel rund um die Barcelona-Piste. Im richtigen Moment gelang Crivillé ein waghalsiges Ausbremsmanöver, und als er wenige Kurven später knapp vor Okada als Sieger über die Linie flitzte, entlud sich der Orkan. Zu Tausenden fluteten die Fans auf die Strecke, begruben ihren Helden unter sich, trommelten ihm vor Begeisterung auf den Helm und zerfledderten die Verkleidung mit ihrer Jagd nach Originalreliquien zur Unkenntlichkeit.

Daß Sete Gibernau im zweiten Rennen auf Mick Doohans Vierzylinder-Honda Dritter wurde und in der Auslaufrunde wie ein Schimpanse am Tribünenzaun hinaufkletterte, machte die Party perfekt. »Ich hatte einen defekten Vorderreifen erwischt, und beim Tausch am Startplatz war in der Eile nur eine weichere Mischung verfügbar. Wenn ich in den letzten Runden nicht so viele Vorderradrutscher gehabt hät-

Gemeinsam sind wir stark: Rossi-Fans stemmen ihren Helden

te, hätte ich sogar um den Sieg mitkämpfen können«, jubelte der Senkrechtstarter begeistert.

Crivillés Erfolg war schon umstrittener, denn manche Neider glaubten, Okada habe am Ende doch Rücksicht auf dessen WM-Chancen genommen. »Stimmt nicht«, insistierte der Japaner, »Ich versuchte wirklich, zu gewinnen, und fuhr in der letzten Runde immer noch so flott wie zuvor. Alex war einfach noch schneller«!

Tatsächlich gab es keinerlei Stallorder im Repsol-Team. Crivillé, der seit Mick Doohans Verletzung volle Rückendeckung vom Werk genoß und bei kleinsten technischen Problemen an seiner Maschine nicht nur von seinen Mechanikern, sondern von einem Troß japanischer Ingenieure umsorgt wurde, war dank seiner Erfolge mental stärker als jeder andere. Während die Konkurrenten sich an der Spitze abwechselten, schonte er klug seine Reifen, hatte am Ende mehr Grip und spielte diesen Joker mit lässiger Gelassenheit. »Drei Repsol-Honda auf dem Podium – das ist phantastisch. Ich wußte

Alex Hofmann (66): Bis zu Portos (12) Wahnsinnsattacke lief alles gut

nicht genau, wieviel Runden noch zu fahren waren, deshalb habe ich irgendwann beschlossen, kräftig Druck zu machen und Tady einzuheizen. Das hat wunderbar geklappt«, freute sich der WM-Favorit nach dem vierten Sieg hintereinander. »Dann kam die Auslaufrunde – und die war ein härterer Kampf als das ganze Rennen«!

250 ccm: Waldi Vater

Um den für den Barcelona-Lauf gesperrten Loris Capirossi statt bösartigen Angreifer als eine Art Mutter Theresa darzustellen, wollte ihn sein Gresini-Team zu einer Amnesty International-Mission ins Kosovo schicken. »Ich habe mich bei Marcellino Lucchi für die Attacke in Italien entschuldigt und will nicht mehr darüber reden. Es gibt schlimmere Probleme in unserer Welt«, erklärte Capirossi geschickt. Leider scheiterte die Mission: Weil er aus Sicherheitsgründen kurzfristig vom Militär gestoppt wurde, kam Capirossi nur bis zu einem Flüchtlingslager in Apulien.

Weil Capirossi gesperrt war, sah es fast danach aus, als könne Marcellino Lucchi endlich einmal unbeschwert ein Rennen zu Ende fahren. Bis zur 17. Runde war er Dritter und heizte den führenden Valentino Rossi und Tohru Ukawa genüßlich ein, schlingerte dann aber geradeaus

Trotz Sturz nicht unglücklich: Vater Waldi mit Cheftechniker Sepp Schlögl, Teamchef Dieter Stappert

Der Senkrechtstarter: Arnaud Vincent (21) schlug alle Angriffe kaltblütig zurück

ins Kiesbett – wegen einem Gehäuseriß hatte sein Motor Wasser angezogen und mit einem letzten Schluckauf den Geist aufgegeben.

Ukawa hatte das Rennen neun Runden lang angeführt, und obwohl Rossi dann zum Überholen ansetzte, blieb das Rennen spannend bis zum Schluß Der Japaner hielt sich hartnäckig in des Italieners Windschatten, fand aber auch im Endspurt keinen Weg vorbei, weil Rossi gekonnt alle Türen zuschlug.

Alex Hofmann trug zu der Show mit einer weiteren tollen Fahrt gegen die besten Privatfahrer bei und hätte Neunter werden können. »Doch Sebastian Porto ist mir zwei Runden vor Schluß mit einer solchen Wahnsinnsattacke reingestochen, daß ich eine Menge Zeit verlor. Bei dieser Gelegenheit ist auch Luca Boscoscuro vorbeigehuscht«, schilderte er nach seinem elften Platz.

Ralf Waldmann fuhr dagegen ins Desaster. Am Start drehte er den Motor seiner Aprilia etwas zu hoch, worauf einer der Zylinder wieder einmal beleidigt ablöschte. Ruckelnd fuhr er als Letzter weg, kreuzte beim Versuch, aufzuholen, schon in der vierten Kurve den Weg des Argentiniers Mathias Rios und ging zu Boden. »Starts mit der Aprilia bleiben eine Gratwanderung. Das Aufholen auch – denn die da hinten fahren einen Sülz zusammen«, stellte Waldi fest. Obwohl er er seine Titelhoffnungen endgültig aufgeben mußte, reiste er gutgelaunt nach Deutschland zurück: Seine Freundin Astrid Grünfelder hatte am Donnerstag vor dem Barcelona-Grand Prix einen gesunden Jungen namens Leo Erich zur Welt gebracht.

125 ccm:
Azumas kurioser Ausfall

Arnaud Vincent, französischer Meister 1997, war einer der Senkrechtstarter der turbulenten neuen Grand Prix-Saison. Stets in der Nähe zur Spitze und beim Heimspiel in Le Castellet erstmals auf dem Podest, lief in Barcelona erstmals alles perfekt für den 24jährigen. Von Platz acht zügig nach vorn gefahren, schlug der Star im Aprilia-Team der spanischen Rennlegende Jorge Martínez alle Angriffe kaltblütig zurück und hielt auch Lokalmatador Emilio Alzamora souverän unter Kontrolle, der im Endspurt mehrmals zum Überholen ansetzte.

Der Spanier verpaßte zwar den Sieg im Heimspiel, übernahm dafür aber die Führung in der WM-Tabelle. Denn der bisherige WM-Leader Masao Azuma erlebte den ersten kuriosen Ausfall der Saison. Teamchef Olivier Liegois hatte die Gabel an Azumas Honda steiler gestellt und persönlich ein paar Dellen in den Wasserkühler gehämmert, um Platz fürs Vorderrad zu schaffen. Leider beulte Liegois den Kühler an der falschen Stelle aus: Nach sieben Runden hatte der Vorderreifen ein Loch in den Kühler radiert.

Kein Glück fürs Derbi-Team: Pablo Nieto stürzte (Bild), bei Youichi Ui brach die Kurbelwelle

Ein verdienter Schluck: Sieger Vincent

Pannen und Rückschläge bestimmten auch das Geschehen im deutschen Lager. Kam Reinhard Stolz trotz lockerem Schalthebel noch als 16. ins Ziel, so schied sein bayerischer Landsmann Bernhard Absmeier in der letzten Runde wegen eines Kolbenklemmers aus. Knüppeldick kam's für Steve Jenkner: Nach schlechtem Start nur an 23. Stelle, hatte der Sachse auch noch Bremsprobleme, weil der Druckpunkt zu nahe am Lenker lag. »Ich hatte eine solche Wut, daß ich trotzdem voll reinhielt«, schilderte Jenkner. Um eingangs einer Kurve nicht mit Alessandro Branetti zusammenzustoßen, wollte er seine Aprilia wie die Supersport-Cracks mit der Hinterradbremse querstellen. Leider brach das Heck zu wild aus und schleuderte Jenkner aus dem Sattel. Bei dem Sturz zog er sich einen Kahnbeinbruch im linken Handgelenk zu.

Jenkner hielt voll rein – und erlitt einen Kahnbeinbruch

Links: WM-Führung statt Sieg: Emilio Alzamora

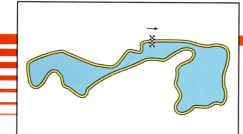

26. Juni 1999: Grand Prix Holland in Assen

Weiche Landung

Fast wäre die Dutch TT in Assen wieder einmal zum Schicksals-Grand Prix geworden. Doch Alex Crivillé und Jürgen van den Goorbergh hatten bei ihren Stürzen Glück im Unglück.

Mick Doohan trat in Assen erstmals seit seinem Jerez-Unfall öffentlich auf, erklärte, er werde noch einen Monat brauchen, bis er sein gebrochenes linkes Bein erstmals belasten könne, und gab seine Meinung über die Thronfolge in der Königsklasse bekannt. »Jetzt ist Alex Crivillé der beste Fahrer der Welt. Er erledigt seine Aufgabe, Rennen zu gewinnen, bravourös. Biaggi, Kocinski und Cadalora haben alle bereits Titel gewonnen, doch keiner kann ihm das Wasser reichen«, anerkannte der Australier.

Wenig später humpelte er an seinen Krücken durch die Honda-Box, und Crivillé gab sich alle Mühe, gleichgültig zu bleiben. Während Doohans Vertreter Sete Gibernau leutselig und interessiert mit Doohan plauderte und dessen Ratschläge zur Kenntnis nahm, drehte sich Crivillé nach einem flüchtigen Kopfnicken ab, demonstrierte die gewohnte Distanz und nahm sich alle Zeit der Welt, um vor Beginn des ersten Zeittrainings nochmals sein Visier zu polieren.

Der Spanier hatte Jahre gebraucht, um dem langen Schatten des Australiers und dessen einst beißender Kritik an Crivillés Fahrweise davonzufahren, und in der Anwesenheit seines einstigen Paradegegners war die vorläufige Pole Position ein Genuß, den Crivillé begeistert auskostete. »Diese Bestzeit kommt mir vor wie ein Sieg. Seit dem Sturz, bei dem ich mir hier 1997

Im Stil des Weltmeisters: Tadayuki Okada vor Kenny Roberts

Gewohnte Distanz: Crivillé wandte sich von Besucher Doohan ab

die Hand zerstörte, habe ich eine Menge Respekt vor dieser Strecke, trotzdem gelingen mir nun Rundenzeiten in der Nähe des alten Rekords. Ich schätze, daß ich gute Chancen auf meinen fünften Sieg hintereinander habe«, erklärte Crivillé.

Doch Assen war schon immer eine Strecke, auf der Triumph und Tragödie eng beieinander lagen. Im Abschlußtraining fiel Crivillé hinter Okada, Kocinski und Roberts auf den vierten Startplatz zurück, und als am Samstag das Rennen gestartet wurde, lief der bislang so geradlinige Kurs des Spaniers böse aus dem Ruder. Wegen einer schlecht trennenden Kupplung am Start zurückgefallen, setzte der Spanier zu einer waghalsigen Aufholjagd an und stürzte in der fünften Runde aus vierter Position. »Das Motorrad schlug in die Airfences ein und hob sie mitsamt den dahinterliegenden Reifenstapeln an. Leider erwischte ich genau diesen Moment und rutschte in die Lücke«, schilderte Crivillé. »Für eine volle Minute war ich unter hundert Kilo Reifen begraben, die mir die Luft abdrückten, und es gab wirklich einen Moment, in dem ich dachte, ich würde sterben. Die Schmerzen in meinem linken Bein waren unbeschreiblich.« Der Spanier kam alles in allem noch glimpflich davon. Crivillé zog sich eine partielle Hüftluxation und einen Kapselschaden im Hüftgelenk zu, sein Start bei den nächsten Rennen war aber nicht in Gefahr.

Noch mehr Glück im Unglück hatte Jürgen van den Goorbergh. Die Trainingsbestzeit in Barcelona hatte einen riesigen Rummel um den Holländer entfacht, doch schon im ersten Zeittraining erhielt der Optimismus des MuZ-We-

Kollision mit Cadalora: Markus Ober

spekt, beim Anbremsen bin ich jedesmal etwas zu früh dran«, räumte er schon nach dem Abschlußtraining ein. »Wenn er im Kopf völlig frei wäre, könnte er noch eine Sekunde pro Runde zulegen«, schätzte auch Teammanager Rolf Biland.

Andererseits gab es auch Grenzen beim Motorrad selbst. »Ich konnte nicht schneller fahren als im Training. Sowie ich versuchte, härter Gas zu geben, schüttelte und bäumte sich die Maschine wie wild«, schilderte van den Goorbergh. Daß die 110000 Fans rund um die Assen-Piste ihren Helden nach dem Zieleinlauf trotzdem begeistert hochleben ließen, war ein Tribut an dessen Tapferkeit – und ein »Happy-End für den Motorsport in Holland«, wie Goorbergh selbst formulierte.

Für seinen Teamkollegen Luca Cadalora gab es ein solches Happy-End nicht. Im Abschlußtraining gestürzt, weil er auf einer Auslaufrunde vor dem Einbiegen in die Box unvorsichtig vor dem deutschen Privatfahrer Markus Ober aufkreuzte, verzichtete der kapriziöse Italiener wieder einmal auf den Start und machte die Schmerzen einer angeknacksten Rippe sowie eines Blutergusses unter dem Arm als Ursache geltend.

Andere Fahrer traten mit ganz anderen Verletzungen an, und Cadalora hätte auch die Zähne zusammenbeißen und sich eine Spritze verpassen lassen können. Doch solcher Einsatz wurde von seinem Team und von Teammanager Rolf Biland schmerzlich vermißt. »Der will doch gar nicht«, meinte einer seiner Mechaniker frustriert, als der Italiener die Maschine nach unaufhörlichen Boxenstopps am Freitagvormittag in der Box geparkt hatte.

Auch nach dem Sturz und dem mageren 16. Platz im Abschlußtraining wirkte Cadalora nur froh, den Tag hinter sich zu haben. »Ich bin

ber-Teams und seiner Fans einen gewaltigen Dämpfer. Goorbergh verlor am Ende der Gegengeraden bei exakt Tempo 286 wegen einer zerborstenen Bremsscheibe am Vorderrad die Kontrolle über seine Maschine, war aber geistesgegenwärtig genug, sich wie ein Käfer auf den Rücken fallen zu lassen und den Tempoüberschuß mit nach oben gespreizten Armen und Beinen wegzuradieren. Minuten später kehrte der «Fliegende Holländer» zerzaust, bis auf leichte Verbrennungen wegen der Reibungshitze aber wundersamerweise unverletzt zur Box zurück, schwang sich kaltblütig auf die Ersatzmaschine und schaffte sogar noch eine Zeitverbesserung.

Bei Trainingsplatz 13 und Rang 13 im Rennen war freilich das Limit erreicht. Denn einerseits hatte der Horrorsturz trotz des coolen Auftretens van den Goorberghs mentale Spuren hinterlassen. »Vor dieser Geraden habe ich Re-

Glück im Unglück: Der Fliegende Holländer blieb unverletzt

Überraschungs-Comeback: Garry McCoy war statt Simon Crafar am Start

es müde, immer wieder vergeblich nach einer anderen Motorcharakteristik zu fragen«, diktierte er italienischen Journalisten wegen des immer noch vergleichsweise abrupt einsetzenden Swissauto-Triebwerks in die Notizblocks. »Vielleicht sind wir hier in Assen nicht so gut wie Honda oder Yamaha. Aber so schlecht, wie uns Luca verkauft, sind wir sicher auch nicht. Von seiner Erfahrung und seinem Können her müßte er mindestens eine Sekunde vor van den Goorbergh liegen«, konterte Rolf Biland.

Während das Biland-Team intensiv darüber nachdachte, wer den lustlosen Cadalora ersetzen könne, hatte das Red Bull-Team aus der Trennung von Simon Crafar bereits die Konsequenzen gezogen. Kurzfristig wurde der Australier Garry McCoy eingeflogen, der 1998 als mutiger Bruchpilot einer privaten Zweizylinder-Honda aufgefallen war, für 1999 aber keinen Startplatz mehr erhalten hatte. »Ich bin in den letzten Monaten fleißig Moto Cross gefahren, habe seit dem Phillip Island-Grand Prix letztes Jahr aber kein Rennmotorrad mehr bewegt und brauche Eingewöhnungszeit«, entschuldigte McCoy seinen 20. Startplatz, brachte sein Motorrad im Rennen aber schon mal unbeschadet als 15. ins Ziel.

Max Biaggi konnte sich abermals als bester Yamaha-Pilot in Szene setzen und erreichte trotz einer Kollision mit John Kocinski und trotz Beschwerden im linken Unterarm Rang fünf. »Jetzt müssen wir den England-Grand Prix noch hinter uns bringen, dann können wir uns über dringend erforderliche Tests Gedanken machen. Uns fehlt Traktion, außerdem schiebt das Vorderrad in den Kurven nach außen. Ich bin wie auf Eiern gefahren«, erklärte Max.

Während der Italiener in einer dichten Verfolgergruppe mitkämpfte und dort nur ganz all-

Podestplatz verspielt: Barros stürzte im Kampf mit Roberts

mählich Boden verlor, hatten sich Tady Okada und Kenny Roberts junior frühzeitig an der Spitze davongemacht. Erst in der Schlußphase des Rennens wurde Roberts noch von Alex Barros unter Druck gesetzt. Der Brasilianer stürzte allerdings bei einem Überholversuch in der letzten Runde, wodurch der nach schlechtem Start fleißig aufgerückte Sete Gibernau den zweiten Podestplatz im dritten Rennen auf Doohans Vierzylindermaschine erbte.

War Gibernau im Ziel nur um Hundertstelsekunden von Roberts entfernt, so blieb Okada fehlerfrei und unangefochten. »Motor, Federung, Reifen – heute war alles perfekt«, freute sich der Japaner nach seinem ersten Sieg seit dem Indonesien-Grand Prix 1997. »Nach der Erfahrung des letzten Rennens habe ich trotz meines Vorsprungs bis zum Ende Druck gemacht. Manche Leute haben gesagt, ich hätte das Rennen im Stile von Mick Doohan gewonnen. Wenn das so ist, dann möchte ich genau so weitermachen!«

250 ccm: Waldis Bremsprobleme

Assen war eine von Ralf Waldmanns Lieblingsstrecken, und als er auf der Fahrt zum dritten Trainingsplatz nur drei Zehntelsekunden auf die Pole Position verlor, strotzte der deutsche Aprilia-Werkspilot vor Tatendrang. »Rossi hat in meinem Windschatten mit der Bestzeit zugeschlagen. Das ist okay – denn wenn er mir folgen will, bedeutet das, daß ich schnell unterwegs bin«, schmunzelte Waldi. »Wenn ich einen guten Start erwische, kann ich gewinnen«, fügte er hinzu und gab sich zufrieden, beim Aufflammen des Grünlichts »nicht stehenzubleiben«.

So gesehen, war sein Start in Ordnung. «Ich bin schön gepflegt weggefahren, sensationell gut für meine Verhältnisse – schneller als das Pace Car«, flachste er. Nach einer Runde 14., fuhr er förmlich Slalom durchs Feld und hatte

Schon wieder aufs Podest: Sete Gibernau

Der erste Saisonsieg: Tadayuki Okada

sich bereits nach drei Runden an die sechste Stelle katapultiert.

Eine Führungsgruppe mit Loris Capirossi vor Valentino Rossi, Jeremy McWilliams, Tohru Ukawa und Shinya Nakano hatte sich bereits deutlich abgesetzt, doch auch diese Lücke schloß Waldi im Hurra-Stil. »Ich bin Zeiten gefahren, das war ja horrormäßig«, schilderte er im Ziel. Zu Rennmitte hatte er bereits Nakano gestellt und lag an fünfter Stelle mit guten Aussichten, den Lauf zu gewinnen.

Doch anstatt weiter vor zu fahren, fiel Waldmann wieder zurück und verlor zu allgemeiner Überraschung sogar den Windschatten seiner Gegner. Mit über sechs Sekunden Rückstand auf Nakano lief Waldi als geschlagener Sechster ein, allerdings waren weder frühzeitig verschlissene Reifen noch Motorprobleme schuld an der unerwarteten Niederlage. «Erst dachte ich: Warum geht der Motor plötzlich so zäh? Ich bin mehrmals quergestanden und fürchtete einen Kolbenklemmer. Erst allmählich merkte ich, woran es wirklich lag: Die Hinterradbremse ging fest«, berichtete er. »Weil ich die Hinterradbremse stärker benutze als die anderen Aprilia-Piloten, hatten wir ähnliche Probleme schon öfter. Bei mir wird die Scheibe zu heiß, die Beläge laufen schräg ab und backen fest. Zwischendurch war es so schlimm, daß ich in einer Kurve, die ich normalerweise mit Tempo 140 im dritten Gang durchfahre, bis in den ersten zurückschalten mußte. Deshalb bin ich in der Schlußphase ganz ohne Hinterradbremse gefahren. Danach drehte das Rad wieder frei, doch sich auf eine andere Fahrweise umzustellen, geht auch nicht ohne Zeitverluste«!

Freilich landete auch sein Markengefährte Valentino Rossi nicht den erwarteten Volltreffer. Honda-Star Loris Capirossi, nach der Zwangspause in Barcelona mit flammendem

Kampf bis zum letzten Meter: Loris Capirossi (1) gegen Valentino Rossi (46)

Ehrgeiz an die Rennstrecken zurückgekehrt, erwischte einen glänzenden Start und führte die meiste Zeit. Auch, als Rossi in der letzten Runde nochmals angriff und in der letzten schnellen Linkskurve der schwierigen Sechs-Kilometer-Piste die Spitze eroberte, behielt Capirossi die Nerven. Rechtzeitig vor der letzten Durchfahrt der Schikane schlug er zurück, machte sich in der engen Kurvenkombination so breit wie nur möglich und rettete einen knappen Vorsprung über die Linie. »Ich habe gezeigt, daß ich auch auf faire Art und Weise gewinnen kann«, lautete Capirossis wichtigste Botschaft ans Publikum. »Die Honda haben ein angenehmeres Handling, können engere Linien fahren und dank des sanft einsetzenden Membranmotors besser beschleunigen«, verwies Rossi auf technische Ursachen seiner Niederlage.

Während Jeremy McWilliams als Dritter den größten Erfolg seit seinem Umstieg von Honda

Auch das Umlackieren nützte nichts: Marcellino Lucchi blieb das Pech treu

auf Aprilia feierte, zog Marcellino Lucchi auch beim Heim-Grand Prix seines Sponsors Docshop eine Niete. Obwohl seine Maschine zur Abwendung des Dauerpechs von blau-weiß auf weiß-blau mit spiegelverkehrten Schriftzügen umlackiert worden war, blieb seine Aprilia schon in der dritten Runde stehen – diesmal wegen einem gebrochenen neuen Kolbentyp. Alex Hofmann,

nach einer Runde toller Siebter im Windschatten von Lucchi, steuerte seine TSR-Honda dagegen abermals sicher in die Punkteränge. Ab der dritten Runde war er in ein spannendes Gefecht mit dem Honda-Markengefährten Anthony West verstrickt und zwängte sich mit Rekord-Schräglagen immer wieder an dem Australier vorbei, zog auf der Geraden aber den

kürzeren und mußte am Ende mit Platz elf hinter West zufrieden sein. »Im Training war unser Motor besser, aber fürs Rennen haben die anscheinend noch irgend etwas gefunden. Es machte aber trotzdem jede Menge Spaß!«

Wie Hofmann hatte auch Yamaha-Werkspilot Shinya Nakano unter einem Mangel an Motorleistung zu leiden und machte als Fünfter das beste aus der Situation. Kein Glück hatte Teamkollege Naoki Matsudo, Vertreter des weiterhin verletzten Olivier Jacque: Bei einem Trainingssturz renkte er sich den rechten Knöchel aus, überdehnte mehrere Bänder und verzichtete wegen der Schmerzen auf den Start.

Horrormäßige Rundenzeiten – und wieder kein Sieg: Diesmal streikte Waldis Hinterradbremse

125 ccm: Alzamoras Zickzack-Kurs

Dagegen biß Marco Melandri, der junge Held im Honda-Playlife-Team des Belgiers Olivier Liegois, nach einem Trainingssturz auf die Zähne. Wegen eines Kolbenklemmers abgeworfen, hatte sich der Teenager drei Mittelfußknochen gebrochen, stieg im Rennen aber trotzdem in den Sattel und wurde Achter. Ab der fünften Runde in ein ermüdendes Duell mit dem hart, aber nicht sehr flüssig fahrenden Emilio Alzamora verstrickt, ließ er seinem Ärger über die Fahrweise des Spaniers nach Rennende freien Lauf. »Mein Fuß machte keine allzu großen Probleme, das Motorrad war perfekt, und ich hätte nach meinem guten Start ums Podium mitfahren können. Doch alles war umsonst! Durch Alzamoras Schuld habe ich schon früh den Kontakt zur Spitze verloren, und auch im weiteren Verlauf hat er mich ständig derart behindert, daß ich immer wieder in Sturzgefahr geriet. Wer so fährt, gehört disqualifiziert«, regte er sich auf. »Ich hatte zuwenig Hinterradgrip und kam der Führungsgruppe nicht hinterher. Gemeinsam mit Melandri hätte ich vielleicht aufholen können. Doch er hat mich eher behindert«, formulierte Alzamora seine Sicht der Dinge.

Melandris Teamkollege Masao Azuma war dank einer neuen Federungsabstimmung über derartige Auseinandersetzungen weit erhaben. Erster nach einer Runde, fuhr er mit Nobby Ueda und Roberto Locatelli im Schlepptau auf und

Alles unter Kontrolle: Masao Azuma

Kampf auf der Strecke - und ein Rededuell: Alzamora (7), Melandri (13)

fett laufenden Motors auf Platz 23 zurückgefallen, ging die Polini-Honda von Reinhard Stolz im Rennen wegen einer zu mageren Einstellung fest. »Ein Witz. Die machen immer genau das Gegenteil dessen, was ich vorschlage. Und als Quittung fahre ich Leuten hinterher, an die ich früher in der Europameisterschaft keinen Gedanken verschwendet habe«, grantelte der Bayer entrüstet.

Bernhard Absmeier zeigte zwar zunehmenden Kampfgeist und fuhr vom 19. Platz nach einer Runde zornig auf Rang 14, landete dann aber im Abseits statt in den Punkterängen. In einer schnellen Linkskurve lief er zu rasch auf einen Nachzügler auf, mußte aufrichten, geriet auf den Grünstreifen und fuhr mit Tempo 180 in Richtung Strohballen. Kurz vor dem Aufprall trennte er sich von seiner Aprilia, schlug mit dem Rücken voran in die Streckenbegrenzung ein, kam aber mit Glück ohne Verletzungen davon.

Während Steve Jenkner nach seinem Kahnbeinbruch in Barcelona eine Genesungspause einlegte, präsentierte sich Derbi-Star Youichi Ui nach vier Nullern hintereinander wieder in bester Verfassung. »Endlich wieder Punkte«, freute sich der kleine Japaner, der nach der seltsamen Beobachtung, daß seine Derbi im Windschatten anderer Piloten langsamer wurde anstatt an Tempo zuzulegen, modifizierte Verkleidungsteile erhalten hatte. »Ich hatte einen glänzenden Start und konnte mich in der zweiten Gruppe halten. Im Schlußspurt habe ich nochmals Druck gemacht, um näher ans Podium zu kommen«, fügte der sechstplazierte Ui hinzu, der in den letzten beiden Runden immerhin vier seiner Gegner zur Strecke brachte.

davon, ließ die beiden zwischendurch aber vorbei, um sich das Rennen und die Taktik der letzten Runde in Ruhe einteilen zu können.

Auf den entscheidenden letzten Kilometern war er freilich wieder zur Stelle und schlug Ueda im Endspurt clever alle Türen zu. »Ich habe wirklich alles aus meiner Maschine herausgeholt. Doch Azuma gab sich keine Blöße«, anerkannte Ueda, der sich trotzdem über das bislang beste Resultat der Saison freute und wie schon beim dritten Platz in Italien mit Töchterchen Karin aufs Podest kletterte. »Phantastisch, mein vierter Sieg in dieser Saison – so kann´s weitergehen«, freute sich Azuma. »Ich habe Ueda und Locatelli mühelos kontrollieren können, denn mein Motorrad lief perfekt und war auch auf den Geraden sehr schnell. Ich habe gewartet und alle meine Karten auf die letzte Runde gesetzt. Alles hat wunderbar geklappt«!

Das konnte die deutsche Fraktion nicht von sich sagen. Im Abschlußtraining wegen eines zu

Vier Gegner auf einen Streich: Youichi Ui

4. 7. 1999: Grand Prix England in Donington Park

Familienfeier

Mick Doohan wurde in England als stolzer Vater gefeiert. Alex Crivillé und Tadayuki Okada garnierten die Party der Repsol-Honda-Familie mit einem hart erkämpften Doppelsieg.

Beim »Day of Champions«, der traditionellen Wohlfahrtsveranstaltung am Donnerstag vor dem Donington-Grand Prix, wurden 112000 Dollar erwirtschaftet, und den absolut höchsten Preis bei der alljährlichen Auktion von Rennfahrer-Memorabilia erzielte ein Helm von Kenny Roberts junior, der für sage und schreibe 11800 Dollar den Besitzer wechselte. «Die dachten wohl, sie würden das ganze Team ersteigern», staunte Kenny.

Vielleicht war es ganz gut, daß die Auktion vor dem Rennen stattgefunden hatte, denn nach dem vorläufig zweiten Trainingsplatz am Freitag ging es für den Suzuki-Star kontinuierlich bergab. »Seit dem Assen-Grand Prix ist unser Motorrad besser ausbalanciert und leichter am Limit zu bewegen. Diese Federungseinstellung funktioniert auch hier perfekt. Wir sind wieder Herr der Lage«, hatte sich Roberts zu früh gefreut. Denn am Samstag rutschte er als Fünfter aus der ersten Startreihe, und am Sonntag im Rennen wurde er nach kurzem Strohfeuer gar an die achte Stelle zurückgereicht. »Wer ist heute happy? Sicherlich nicht ich. Wir wurden in allen Bereichen ausgestochen. Ich erwischte einen guten Start und konnte meine Position so lange halten, bis die Reifen nachließen. Dann versuchte ich, das Rennen wenigstens mit konstanter Fahrweise zu Ende zu bringen. Doch es war nicht gerade angenehm, Leute vorbeiflitzen zu sehen, die ich normalerweise locker unter Kontrolle habe«, seufzte der Amerikaner. Sein japanischer Teamkollege Nobuatsu Aoki, be-

Wieder da: Alex Crivillé steckte den Assen-Sturz gelassen weg

reits im Training schwer gestürzt, wurde in der ersten Runde des Rennens von der Strecke torpediert, und Teamchef Garry Taylor blieb nichts, als von einem schlechten Tag zu reden.

Auch Yamaha hatte sich auf der kurvenreichen Donington-Piste mehr ausgerechnet als den mageren vierten Platz von Max Biaggi, und

Vaterfreuden: Mick Doohan

am offensten nahm Biaggis Teamkollege Carlos Checa zu der Krise Stellung. »Wir haben 25 km/h mehr Topspeed als 1991, trotzdem war Wayne Rainey damals auf der schnellen Paul Ricard-Rennstrecke nur um drei Zehntelsekunden langsamer. Das zeigt, woran es fehlt«, rechnete der Spanier vor, der im Vorjahr bei einem schweren Trainingssturz in Donington seine Milz eingebüßt hatte. »Beim Einbiegen in die Kurve schieb ständig das Vorderrad nach

außen. Ich könnte versuchen, mich damit abzufinden und die Saison mit ein paar ordentlichen Resultaten retten. Doch ich konzentriere mich lieber weiter auf die Abstimmung – ein Problem zu lösen ist besser, als es zu verdrängen«. Von einer solchen Problemlösung war Checa freilich weiter entfernt denn je: Schon im Rennen von Assen gestürzt, kippte er bei einem Spätbremsmanöver an der berüchtigten Melbourne-Haarnadelkurve abermals um.

Ganz aufgerieben wurde das Red Bull-Team, und die Stürze beider Piloten waren spektakulär. Garry McCoy, eigentlich schon wegen eines Frühstarts weitgehend aus dem Wettbewerb, erinnerte sich, wie er »hoch in die Luft aufstieg und blauen Himmel erblickte«, bevor er auf den Asphalt klatschte und mit viel Glück unverletzt davonkam. Régis Laconi schlug am Ende der Zielgeraden wuchtig in die Airfences ein und erinnerte sich, Biaggi habe beim Anbremsen seine Spur gekreuzt. »Er hat mich von hinten gerammt«, bestätigte der Italiener die Feindberührung. »Ich konnte mich mit Glück im Sattel halten, doch irgend etwas war am Hinterrad beschädigt, denn das Motorrad funktionierte für den Rest des Rennens nicht mehr wie gewohnt«.

Im Vorjahr hatte das Red Bull-Team mit Simon Crafar einen Überraschungssieg davongetragen, doch nach diesem Glanzlicht war es unaufhaltsam bergab gegangen. Daß sich der an Dunlop gewohnte Neuseeländer weder bei ausgiebigen Tests noch bei den ersten Rennen der Saison auf Michelin-Reifen umstellen konnte, führte vor dem Barcelona-Grand Prix zum Bruch mit dem Team.

Doppelsieg für Repsol-Honda: Tadayuki Okada stürmte auf Rang zwei

Weil Luca Cadalora keine Lust und eine angeknackste Rippe hatte, war in dem kleinen Karussell erfolgsversprechender Halbliter-Piloten absehbar, daß sich die Wege von Crafar und dem MuZ-Weber-Rennstall kreuzen würden. Teamchef Rolf Biland gelang es, den Neuseeländer bei Tests für die Acht Stunden von Suzuka in Japan aufzustöbern und verpflichtete Crafar vorläufig für ein Rennen. Ernsthafte Hoffnungen, er könne den Coup aus dem Vorjahr wiederholen und MuZ-Weber mit einer Alleinfahrt wie damals im Sattel seiner Yamaha zum ersten Sieg verhelfen, hatte zwar niemand. Immerhin blieb die theoretische Möglichkeit, Crafar würde dank des gutmütigen Handlings der MuZ-Weber Vertrauen zum Vorderradgrip und den ungeliebten Michelin-Pneus finden.

Doch Wunder gibt es selten. In Donington war eine besonders feinfühlige Kontrolle des Gasgriffs gefragt, und wie Jürgen van den Goorbergh klagte auch Crafar über den monströsen Schub des bärenstarken Swissauto-Motors, der mit seinem abrupten Einsatz das Fahrwerk ins Schlingern brachte. Nur mit einer harten Fahrwerksabstimmung blieben die Hinterradslides sicher zu kontrollieren, doch die wiederum ging zu Lasten von Grip und Rundenzeiten. Crafars Gefühl, das Vorderrad würde unbarmherzig nach außen wandern und ihm alsbald einen Sturz bescheren, blieb auch mit der MuZ-Weber erhalten.

Der zehnte Platz im Rennen kam nur zustande, weil insgesamt elf Piloten ausgefallen waren, und weil Crafar auf jeder Runde zwei Sekunden auf die Bestzeiten verlor, sah Biland von einem weiteren Engagement ab. Trotzdem zog Motorenkonstrukteur Urs Wenger eine positive Bilanz. »Wir wissen besser denn je, wo wir stehen, denn Luca fuhr auf allen Konkurrenzfabrikaten, und dank Simon haben wir den direkten Vergleich mit der diesjährigen Yamaha. Leistung haben wir übers gesamte Drehzahlband mehr als genug, auch beim Pick-Up, dem ersten Krafteinsatz beim leichten Öffnen des Gasgriffs, sind wir überlegen. Nur bei der direkten Verbindung zwischen Gasgriff und Hinterrad, die du zum kontrollierten Driften brauchst, sind wir im Nachteil«, erläuterte er.

Das Honda-Werksteam zeigte sich einmal mehr als unbezwingbar, und neben der Tatsache, daß Mick Doohans Freundin Selina Simes ein gesundes, 1,6 Kilogramm schweres Töchterchen namens Alexis zur Welt gebracht hatte, gab es im Repsol-Team auch sportliche Erfolge zu feiern. So steckte Alex Crivillé die Schmerzen seiner Muskel- und Sehnenzerrungen vom Assen-Unfall gelassen weg, qualifizierte sich schon wieder für den zweiten Startplatz und blieb auch im Rennen keinen Beweis seiner körperlichen und mentalen Fitneß schuldig. Abermals nur mit der Verfolgergruppe weggekommen, zwang sich der sieghungrige Spanier diesmal zur Geduld, weil er den Fehler von Assen auf keinen Fall wiederholen wollte. »Ich ha-

Regis Laconi: Absturz für Red-Bull-Yamaha

Zuwenig Vorderradgrip: Simon Crafar scheiterte auch bei seinem Einsatz im Biland-Team

be mir unter dem Helm immer wieder eingeredet, wie lang das Rennen ist. Ich zwang mich, auf meine Chance zu warten«, erklärte Crivillé.

Sie kam, als den Gegnern allmählich die Luft ausging. Crivillé überholte Régis Laconi, überwältigte Max Biaggi und nahm gleich darauf Kenny Roberts und Tadayuki Okada ins Visier. In der elften von 30 Runden übernahm er die Führung, und obwohl sein linker Oberschenkel beim Slalom auf der kurvigen Donington-Piste zunehmende Schmerzen verursachte, hielt er für den Rest des Rennens allen Attacken stand und sicherte sich den fünften Sieg der Saison.

Tadayuki Okada, der Held von Assen, hatte die Trainingsbestzeit erobert und auch die ersten zehn Rennrunden angeführt. Danach fiel er zwar für eine Weile auf die dritte Position zurück, raffte sich im richtigen Moment aber zu einem Endspurt auf und stellte einen Doppelsieg für sein Team sicher. Einziger Wermutstropfen bei Repsol-Honda war der Sturz von Sete Gibernau im Warm-Up am Sonntagmorgen: Der Spanier kugelte sich die linke Schulter aus und verzichtete auf den Start, kam aber ohne Knochenbrüche davon.

Ausgestochen: Kenny Roberts, Cheftechniker Warren Willing

Statt Gibernau schob sich im Rennen Tetsuya Harada ins Rampenlicht. Vom achten Platz nach dem Start schlängelte er sich mit der leichten Zweizylinder-Aprilia nach vorn, lag ab Runde 20 an zweiter Stelle und blies zu einer sensationellen Jagd auf den Spitzenreiter. »Erstmals seit meinem Wechsel in die Halbliterklasse spürte ich eine echte Siegchance. Es war ein riesiges Gefühl. Leider machte in den letzten fünf Runden mein Hinterreifen schlapp, sonst hätte es hier womöglich die große Überraschung gegeben«, triumphierte der Japaner nach seinem dritten Platz. »Okada hat mich am Schluß noch erwischt, doch ich bin trotzdem überglücklich. Wir haben die Tendenz zu

Platz drei trotz Schmerzen: Shinya Nakano

Waldmanns Werksmaschine nicht mehr auftrat. Außerdem hatte die Donington-Strecke zwei enge Spitzkehren, die einen besonders kurzen ersten Gang nötig machten und damit auch das Losfahren hätten erleichtern sollen.

Doch trotzdem fuhr Waldi wieder ins Desaster. Als einer der Letzten weggekommen, kam er in dem wegen eines Regenschauers zweigeteilten Lauf abermals nur auf den achten Platz und fragte sich, warum er sich im Training eigentlich noch solche Mühe gebe. »Ich komme doch eh immer als Letzter weg«, meinte er frustriert.

Als Hauptgrund für die verheerenden Starts machte er mittlerweile die Umgebung verantwortlich. »Bei Tests habe ich nie ein Problem, denn da kann ich mich ganz auf den Drehzahlmesser konzentrieren. Doch im Rennen muß

Wheelies beim Gasgeben weitgehend unter Kontrolle, insgesamt ist das Motorrad seit Saisonbeginn deutlich besser, vor allem aber zuverlässiger geworden. Derzeit fehlt uns noch ein Rest an Beschleunigung. Doch im Werk wird auf Hochtouren gearbeitet«!

**250 ccm:
Rossis schwarzer Tunnel**

Aprilia brachte neue Bremszangen, Bremsscheiben und Beläge mit, mit denen das Problem einer überhitzten Hinterbremse an Ralf

Das große Duell: Capirossi vor Rossi

lentierte Shinya Nakano Punkte weg. Bei einem Highspeed-Sturz im ersten Donington-Training hatte sich der Japaner schmerzhafte Prellungen zugezogen und das rechte Handgelenk verdreht, was ihm im Rennen zunächst nicht davon abhielt, fröhlich um die Führung mitzukämpfen. Weil wegen der Regenunterbrechung die Wirkung seiner Schmerzmittel nachließ, fuhr er das Rennen mit zusammengebissenen Zähnen zu Ende. Doch dank der 1,3 Sekunden Vorsprung auf Ukawa, die er aus dem ersten Lauf mitgebracht hatte, brauchte er sich nur im Windschatten seines Landsmanns aufzuhalten. «Ich wußte in jedem Moment genau, was ich zu tun hatte – ich brauchte nur Ukawas Boxentafel

Sturz im Training, Platz 13 im Rennen: Alex Hofmann

ich die Ampel und meine Konkurrenten beobachten und fahre deshalb nach Gehör los. Doch sowie du den Motor auch nur um eine Spur überdrehst, setzt er aus»!

Markengefährte Valentino Rossi hatte nicht mit dem Losfahren, sondern mit dem letzten Streckenstück in Donington seine liebe Not. «Diese beiden Spitzkehren sind für mich so, als ob ich schlagartig in einen schwarzen Tunnel fahren würde. Wenn ich in der letzten Runde 20 Sekunden Vorsprung habe, habe ich vielleicht eine Chance», seufzte der zur Abwechslung mit grasgrünen Haaren angereiste Italiener nach dem dritten Trainingsplatz.

Eine Sekunde reichte am Ende auch: Um nicht wie in Assen wieder in die Falle von Loris Capirossi zu tappen, gab Rossi schon fünf Runden vor dem Abwinken kräftig Gas, schüttelte seinen Verfolger aus dem Windschatten und verteidigte seinen Vorsprung trotz des schwarzen Lochs bis ins Ziel.

Tohru Ukawas Vorsprung in der WM-Wertung schrumpfte weiter, denn neben Rossi und Capirossi nahm ihm diesmal auch der hochta-

Sieg über Capirossi – und den schwarzen Tunnel: Valentino Rossi

Griff ins Klo: Steve Jenkner packte nach dem Training zusammen

Robinson, 1997 Werks-Pilot auf der Suzuki 250 und 1998 nur noch sporadisch im Einsatz, erreichte Platz zwölf.

Direkt hinter ihm querte Alex Hofmann den Zielstrich und war trotz weiterer WM-Punkte unzufrieden mit sich und der Welt. Am Start außen abgedrängt, fiel er fast ans Ende des Feldes zurück und war 17., als der Lauf nach zehn Runden unterbrochen wurde. Auch bei der Weiterfahrt machte er zunächst kontinuierlich Boden gut, scheiterte aber ein weiteres Mal an seinem Paradegegner Anthony West, den er das halbe Rennen über vor der Nase hatte. «Ich bin schlechter aus den beiden Spitzkehren herausgekommen», gestand Hofmann, der dort am ersten Tag einen Trainingssturz fabriziert hatte.

125 ccm: Jenkner reist ab

Zwölf Tage nach dem Kahnbeinbruch von Barcelona reiste Steve Jenkner versuchshalber wieder zu einem Rennen an, packte aber am Samstagabend zusammen und schiffte sich noch in der gleichen Nacht zur Heimfahrt auf die Kanalfähre ein. Denn weder der Tapeverband am Freitag noch die schmerzstillenden Injektionen am Samstag hatten den gewünschten Effekt gezeitigt. «Ein Griff ins Klo – die Spritzen haben nicht einmal angesprochen», erklärte Jenkner, der satte vier Sekunden auf die Bestzeit verloren hatte. »Wenn es auf der Strecke schüttelt und vibriert, verkrampft sich der Unterarm so, daß ich jede Kraft und Kontrolle verliere«.

Auch Bernhard Absmeier verpaßte in England das Ziel. Dank seiner wachsenden Zweikampfstärke torpedierte er schon in der zweiten

zu lesen», verriet Nakano listig. »Shinya ist endlich wieder dort, wo er hingehört – auf dem Podest«, entfuhr es dem erleichterten Teamchef Hervé Poncharral, der zur Abwechslung auch die Zielankunft seiner zweiten Maschine verbuchen konnte: Der 24jährige Engländer Jamie

Gemischte Gefühle im italienischen Givi-Honda-Team: Nobby Ueda (6) stürmt aufs Podest – Lucio Cecchinello stürzt

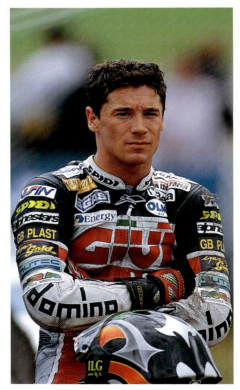

Reinhard Stolz: Die Standpauke wirkte

Runde den Italiener Manuel Poggiali von der Piste, stürzte und blieb zur Halbzeit der Weltmeisterschaft immer noch ohne WM-Punkte.

Dafür feierte Reinhard Stolz als 13. den ersten echten Lichtblick als GP-Pilot. Die Kanal-Überfahrt nach England hatte der Bayer zu einer Aussprache mit seinem italienischen Polini-Team genutzt und mit Rücktritt gedroht, falls die Mechaniker nicht endlich ernsthaft auf seine Wünsche eingehen würden. Die Standpauke wirkte, die Honda lief ab dem ersten Training einwandfrei und ermöglichte Stolz nach schlechtem Start eine bemerkenswerte Aufholjagd. »In jeder Bremspassage habe ich zwei auf einmal geschnappt. Eine Runde noch, dann hätte ich Sakata erwischt. Wenn es so weitergeht, kann ich mein Saisonziel, einen festen Startplatz fürs nächste Jahr, vielleicht doch noch erreichen«!

Während die deutschen Fahrer ums sportliche Überleben kämpften, marschierte Masao Azuma weiterhin klar voraus. Von Bridgestone mit neuen, etwas breiteren und stabileren Spezialreifen ausgestattet, hielt der Japaner das Feld abermals mühelos unter Kontrolle, suchte sich aber diesmal einen früheren Moment zum Angriff. Schon vier Runden vor Schluß nahm Azuma Reißaus und feierte am Ende mit knapp zwei Sekunden Vorsprung den fünften Sieg der Saison. »Ein phantastisches Rennen! Ich kann kaum glauben, daß ich ausgerechnet auf dieser Strecke, die ich am wenigsten mag, schon wieder gewonnen habe. Doch alles lief wie am Schnürchen: Ich war vom Start weg in der Spitzengruppe mit Ueda und Locatelli, und als Alzamora hinzustoß, war mir klar, daß ich abwarten, das Rennen kontrollieren und auf den richtigen Moment zum Angriff warten mußte. Und genau das habe ich getan«, freute sich der Japaner und redete erstmals öffentlich von der Weltmeisterschaft.

Ebenso spannend wie der Kampf um den Titel waren die Fortschritte der kleinen, hauptsächlich vom österreichischen Konstrukteur Harald Bartol betriebenen Derbi-Rennabteilung. Im Training schob sich der mutige Youichi Ui gar mit der drittschnellsten Runde in die erste Startreihe. Im Rennen fiel er wegen zu hoher Motortemperaturen auf Platz sieben zurück, kam mit seinem Schalk aber schnell über die Enttäuschung hinweg. »Mein Rennen«? blinzelte er. »Laß uns lieber über das Wetter reden...«

Zu wild attackiert: Bernhard Absmeier

18. 7. 1999: GP Deutschland / Sachsenring

Der 5000-Lire-Trick

Luca Cadalora überzeugte im Training und stellte die MuZ-Weber mit einem 5000-Lire-Trick in die erste Reihe. Ralf Waldmann glänzte im Rennen und holte nach einem Trick am Start Rang drei.

Simon Crafars ernüchternde Fahrversuche beim England-Grand Prix hatten die Fronten klargerückt. Der Neuseeländer bestand darauf, er könne nur mit Dunlop-Reifen richtig schnell fahren. MuZ-Weber-Teamchef Rolf Biland berief sich auf seinen gültigen Vertrag mit Michelin und die vorzügliche Betreuung durch die Franzosen, und damit war die kurze Zusammenarbeit auch schon wieder beendet.

Weil er keine Alternative hatte, fuhr Biland zu dem großzügig renovierten italienischen Landsitz Luca Cadaloras, um in der Seele des alternden Stars nach Restspuren von Motivation zu suchen. »Muß ein schönes Gefühl sein, nie mehr arbeiten zu müssen«, meinte Biland angesichts des Wohlstands des 34fachen Grand Prix-Siegers, der rund acht Millionen Dollar auf seinen Konten gespeichert hatte und sich in seinem prächtigen Zuhause von der Familie umsorgen ließ.

Ungewöhnlich gutgelaunt und dank auskurierter Rippe hatte Cadalora trotzdem wieder Lust, der Konkurrenz eine Lektion zu erteilen, und das ausgerechnet am Sachsenring, der mit seinem Kurvengeschlängel nur sechs Sekunden Vollgas zuließ und auf dem er noch nie zuvor gefahren war. Überrascht von dem »ganz neuen Luca« betrieb Biland die Rehabilitierung des inoffiziell eigentlich schon gefeuerten Exweltmeisters, und erklärte, es sei nie von etwas anderem als einer Verletzungspause die Rede gewesen.

Ganz wohl war den Team-Strategen bei ihrer Entscheidung trotzdem nicht. »In diesem verrückten Geschäft macht man Kompromisse, die man sonst nirgends eingehen würde«, murmelte Motorenkonstrukteur Urs Wenger, der sich zu Beginn des Projekts engagierter als jeder andere für Cadaloras Engagement eingesetzt hatte, vom mangelnden Einsatzwillen der Diva dann aber auch umso mehr enttäuscht wurde. »Eskil hat auch eine Lederkombi dabei«, machte sich Rolf Biland Mut, als von dem Star am Donnerstagabend noch jede Spur fehlte.

Doch eine Viertelstunde vor dem ersten Training am Freitagmorgen tauchte Cadalora an der Strecke auf, und nach wenigen Proberunden hatte er mit dem 3,5 Kilometer-Kurs bereits innige Freundschaft geschlossen. »Es macht Spaß, hier zu fahren. Die Piste erinnert mich an die alten Strecken wie Maggione in Oberitalien, auf denen ich meine ersten Rennen gefahren bin. Das muß so ungefähr 20 Jahre her sein«, feixte Cadalora.

Auch technisch sprühte er vor Pioniergeist. »Der Motor hat Leistung im Überfluß, setzt aber immer noch zu abrupt ein. Wir könnten es verantworten, ein paar PS zu opfern, wenn wir dafür eine flachere Leistungskurve bekämen«, überlegte er und schlug dem Team vor, es mit weniger hohen Überströmkanälen zu versuchen.

Wenger ließ die Auspuffanlagen um drei Millimeter verlängern, die Zylinder um 0,3 Millimeter kürzen und die Zylinderköpfe entsprechend ausdrehen, um wieder genügend

Trotz Ausritt Dritter:
Waldi vor Nakano

Glückwünsche von
»König Kurt«: Luca Cadalora,
Ministerpräsident Biedenkopf

Der Anfang vom Ende: Cadaloras (7) Start aus der ersten Reihe

Platz für die oszillierenden Kolben zu schaffen. Die Maßnahme wurde zum Volltreffer: Mit einem Aufwand von, so Luca Cadalora, »5000 Lire und einer Stunde Arbeit« hatte die MuZ plötzlich jene Leistungscharakteristik, die sich der Italiener »seit drei Monaten gewünscht« hatte.

Schon am Vormittag Dritter, bestätigte er die Sensation am Nachmittag mit dem dritten Platz im offiziellen Abschlußtraining, und MuZ-Geschäftsführer Petr-Karel Korous notierte befriedigt, daß man Cadaloras Position auf der Piste ohne jedes Hinschauen am Applaus der tobenden Fans erkennen konnte. Gleichzeitig war Cadalora von einer Schar italienischer Journalisten umringt und gab die köstlichsten Antworten auf die Frage, warum er mal schnell, mal langsam war, mal durch Engagement überzeugte und dann aus heiterem Himmel wieder durch Abwesenheit glänzte. »Von einem großen Künstler kannst du auch nicht erwarten, daß er jedesmal ein perfektes Bild produziert«, lachte er. Nicht viel schlechter war die Stellungnahme in der offiziellen Pressekonferenz für die Startreihe eins-Teilnehmer. »In Assen habe ich mir eine Rippe gebrochen, und ich wußte aus Erfahrung, daß ich auch eine Woche später noch nicht fit sein würde. Ich weiß wirklich nicht, warum die Medien aus solchen Dingen gleich verrückte Gerüchte stricken. Doch es stört mich nicht - wir leben in einer Demokratie, und jeder kann sagen, denken und schreiben, was ihm beliebt!«

Die Welt war wieder in schönster Ordnung, und die Stimmung erreichte ihren Höhepunkt, als Landesvater »König Kurt« Biedenkopf dem Star am Startplatz auf die Schulter klopfte und anmerkte, dieses großartige Team sei aus der Region nicht mehr wegzudenken.

Doch leider folgte auf die glanzvolle Eröffnungsparty abermals der Katzenjammer. Perfekt gestartet, klebte Cadalora bis zur zweiten Runde am Hinterrad von Norick Abe, gab in einer schnellen Bergab-Linkskurve aber dann doch etwas zuviel Gas. »Als ich ihn stürzen sah, galt für mich nur noch eins: Die zweite Maschine heil ins Ziel zu bringen«, kommentierte Teamkollege Jürgen vd. Goorbergh nach der Fahrt auf Rang zwölf. »Für mich ist das Wichtigste, daß Cadalora Biß und Speed gezeigt hat. Wenn ein Fahrer im Kampf um die Spitze stürzt, geht das absolut in Ordnung«, fand Rolf Biland.

Immerhin war Cadalora mit seinem Mißgeschick in illustrer Gesellschaft, denn schon in

Meister des Kurvenlabyrinths: Roberts vor Crivillé und Kocinski

Sturz im Kampf mit Kenny Roberts: Alex Barros wurde noch Achter

der ersten Runde hatte es seinen Freund Max Biaggi erwischt. Der Yamaha-Star bog an fünfter Stelle zu schnell in die letzte Doppel-Linkskurve vor Start und Ziel ein und rutschte ins Kiesbett. «Ich weiß nicht, warum das passierte, ich bin aber sauer auf mich selbst, daß ich das angestellt habe», ging er mit sich selbst ins Gericht. Auch Cheftechniker Mike Sinclair gab sich keine Mühe, seine Enttäuschung zu verbergen. »Wir hatten die goldrichtigen Reifen gewählt – das Rennen wäre zur Spazierfahrt geworden«, bemerkte er.

Der Rückschlag traf Biaggi zu einem ungünstigen Moment. Bislang hatte er den Groll über das langsame Entwicklungstempo und die seit Saisonbeginn ungelösten Fahrwerksprobleme der Halbliter-Werks-Yamaha höflich unterdrückt. Als ihm Carlos Checa im Training zum Deutschland-Grand Prix davonfuhr, machte er seinem Ärger erstmals Luft und polterte, die Maschine seines Teamkollegen sei in Kurven stabiler als die eigene. »Max soll mehr Gas geben, dann stabilisiert sich das Fahrwerk schon«, konterte Checa, der zwei Trainingsstürze ungerührt wegsteckte und in der Qualifikation und im Rennen wie ein wilder Stier Platz vier erbeutete.

Dagegen wartete auf Tadayuki Okada, nach vier Podestplätzen hintereinander zum heimlichen Mitfavoriten im Titelkampf avanciert, eine unliebsame Überraschung. Zu Rennmitte an Checa vorbeigedüst, verlor Okada kaum zwei Runden später das Gleichgewicht und landete im Kiesbett. »Ich habe zuviel Druck gemacht und das Vorderrad überfordert. Es ist ein Jammer, denn ich fühlte mich wohl im Sattel und hätte am Ende bestimmt mit um den Sieg gekämpft«, zürnte der Honda-Werkspilot.

Nicht minder jäh wurde der energische Vorwärtsdrang von Alexandre Barros gestoppt. Bei einem Angriff auf den führenden Kenny Roberts bog der Brasilianer zu schnell in eine Linkskurve ein. Roberts stach innen in die Lücke, beim Herausbeschleunigen kamen sich das Hinterrad der Werks-Suzuki und das Vorderrad der MoviStar-Honda ins Gehege. Barros stürzte, fuhr noch auf Platz acht weiter und war beleidigt. »Ich war klar schneller und hatte das Rennen in der Tasche. Ich werde mir Kennys Manöver für zukünftige Begegnungen merken«, schimpfte der Brasilianer. »Ich war auf der Innenspur und hatte damit die Vorfahrt«, hakte Roberts das Thema ab.

Für den langen Rest des Rennens wurde Roberts von Alex Crivillé belästigt, verteidigte sich gegen die Vorstöße des Spaniers jedoch mit einer perfekten Fahrt. »Hart bremsen, am richtigen Punkt beschleunigen und trotz nachlassender Reifen auch in der Kurvenmitte nicht den Schwung verlieren«, zählte Kenny auf. »Ich mache mir trotz dieses Sieges keine Illusionen. Wir haben auch weiterhin zuwenig Beschleunigung und Topspeed, auf dieser engen

Vorgewarnt: Markus Ober fuhr vorsichtig als Letzter hinterher

Okada am Boden: Das Sachsenring-Kiesbett verschluckte fünf Superstars

Strecke hat sich das nur weniger ausgewirkt. Doch es kommen auch wieder schnellere Pisten«, war sich Roberts im klaren.

Mit seiner magischen Anziehungskraft hatte das Sachsenring-Kiesbett insgesamt fünf namhafte Piloten verschluckt, und der durch zwei Trainingsstürze vorgewarnte Markus Ober machte das einzig richtige, indem er sein Rennen vorsichtig als 17. und Letzter zu Ende brachte.

Auch WM-Leader Alex Crivillé brauchte eigentlich gar nichts anderes zu machen, als fest im Sattel sitzen zu bleiben. »Die Stürze von Biaggi, Cadalora und Barros haben mir einen ordentlichen Schreck durch die Glieder gejagt. Als auch noch Okada draußen war, habe ich an die Weltmeisterschaft gedacht und beschlossen, sichere Punkte ins Ziel zu bringen. Roberts zu

Heil im Ziel: Jürgen van den Goorbergh

überholen, wäre ein zu großes Risiko gewesen. Doch nach fünf Siegen brauche ich wohl niemandem zu beweisen, daß ich Rennen gewinnen kann«, erklärte der Spanier, warum er den Suzuki-Star so auffällig in Ruhe ließ.

Es war auch so erstaunlich, wie weit Crivillé trotz eines Trainingsdesasters nach vorne kam. Nach dem zehnten Platz im Abschlußtraining hatte sich das Team mit der Federung derart verrannt, daß man am Sonntag auf die Abstimmung des Vorjahres zurückgriff, um die Maschine halbwegs fahrbar zu machen. »Ich habe meine Leute zwischen Warm-Up und Rennen noch nie so besorgt gesehen. Doch das Motorrad hat wunderbar funktioniert«, strahlte Crivillé.

Freilich tat auch der WM-Leader alles für den Erfolg: Beim Üben perfekter Starts, auf der engen Sachsen-Piste besonders entscheidend, verbrannte Crivillé nicht weniger als vier Kupplungen.

250 ccm: Tabakfan Rossi

Ralf Waldmann war bei seinem Heimspiel nur für die zweite Startreihe qualifiziert, ließ sich fürs Losfahren aber einen guten Trick einfallen. »Ich habe mich auf den Drehzahlmesser konzentriert und aus den Augenwinkeln nach meinem Nachbar geschielt. Als der wegfuhr, bin auch ich losgedüst – und für meine Verhältnisse super weggekommen«, schilderte Waldi. Elfter nach einer Runde, gab er begeistert Fersengeld und ritt alsbald zur Attacke auf den drittplazierten Shinya Nakano, übernahm sich jedoch und donnerte geradeaus durchs Kiesbett. Mit Glück fand er unbeschadet auf die Strecke zurück und legte sich nach zwei Dritteln der Distanz ein zweites Mal, und diesmal erfolgreich, mit dem Japaner an. »Beim ersten Mal habe ich ihn berührt, doch beim zweiten Mal hat er mich nicht einmal gesehen. Ich habe

Comeback nach Verletzungspause: Olivier Jacque wurde Achter

Verletzung im Training, Vierter im Rennen: Shinya Nakano

ihn total überrumpelt«, schwärmte er. Damit war ein Podestplatz und der größte deutsche Erfolg am Sachsenring perfekt, den die 62200 Zuschauer mit begeistertem Applaus und der Publikumsliebling mit einem gebührenden Burn-Out in der Auslaufrunde feierte.

Allerdings hatte Nakano nicht nur mit Waldi, sondern auch mit den Folgen eines Trainingssturzes zu kämpfen, bei dem er tiefe Schürfwunden im rechten Ellbogen und einen gebrochenen Knochen in der rechten Hand davongetragen hatte. »Ich hatte schlimme Schmerzen im Arm, doch Dr. Costa und sein Team haben auch über Nacht alles versucht, mich fürs Rennen einigermaßen hinzukriegen. Zu Rennbeginn wollte ich nur ein paar Runden drehen und sehen, wie es meinem Arm ging, doch je länger das Rennen dauerte, desto höhere Ziele habe ich mir gesteckt«, berichtete der zähe kleine Japaner. »Ich hatte eine Schrecksekunde, als mich Waldmann bei seinem Überholmanöver rammte, denn noch ein Sturz wäre meinem Arm sicher nicht gut bekommen. Zum Glück hat er richtig reagiert und ist im letzten Moment in Richtung Kiesbett abgebogen.«

Valentino Rossi und Loris Capirossi waren zu diesem Zeitpunkt schon uneinholbar weit entwischt. Obwohl Rossis gefährlichster WM-Rivale Tohru Ukawa schon in der dritten Runde gestürzt war, verzichtete Rossi auf jede taktische Zurückhaltung und gab tüchtig Vollgas, bis er schließlich eine Zehntelsekunde vor Capirossi über die Linie huschte. »Er hat mir im Endspurt die Tür zugeschlagen, und ich mußte alles auf eine Karte setzen, um wieder heranzukommen. Doch es reichte nicht«, beschwerte sich Capirossi, während sein Gegner den knappen Triumph genüßlich auskostete. »In Assen habe ich den Sieg durch übertriebene Vor-

Der zweite Heim-GP: Aral-Kurz-Pilot Manako wurde 14.

Sieger Valentino Rossi: Bald Raucher?

Endlich wieder vorn: Marco Melandri

sicht verspielt. Wenn du mit 100 Prozent Einsatz fährst, machst du viel weniger Fehler. Außerdem liebe ich es, für den Augenblick zu leben«, ließ Rossi nach seinem fünften Saisonsieg wissen.

Dann kletterte der Spaßvogel mit einem Strohhut und dem Aufkleber »Nazionali Esportazione senza filtro«, einer seiner Phantasie entsprungenen Tabakmanufaktur, aufs Podest. »Alle anderen Piloten tragen Kappen mit Tabakwerbung. Auch ich wollte ein richtiger Fahrer sein«, strahlte Valentinik treuherzig.

Alex Hofmann hatte sich am ersten Trainingstag mit der fünftbesten Zeit auf seiner TSR-Honda verdient gemacht. »Hier gibt es nur zwei, drei Beschleunigungsecken, wo du auf die Werksmaschinen Boden verlierst, anderswo gibt es zehn davon«, rieb sich Hofmann die Hände. Im Abschlußtraining bezahlte er seinen Ehrgeiz mit zwei Stürzen und fiel in die dritte Reihe zurück. »Beim ersten Mal rutschte mir nur das Vorderrad weg. Doch beim zweiten Mal hatte ich einen Highsider, und danach war ans Weiterfahren nicht zu denken. Zum Glück bin ich nicht ernsthaft verletzt«, schilderte der 19jährige. Im Rennen aus der dritten Reihe gestartet, katapultierte sich Hofmann nach vorn und hielt bis zur neunten Runde Rang sechs, lief am Ende aber als Neunter ein. »Die Blessuren haben sich mit Krämpfen gemeldet, auch meine Oberschenkelzerrung hat zu ziepen begonnen«, klagte Hofmann.

Mike Baldinger setzte sich nicht nur durch seinen prominenten Betreuer, den ebenfalls in Merdingen residierenden Tour de France-Sieger Jan Ullrich, sondern auch als bester Wild Card-Pilot in Szene. Nach einem Sturz in einer Bergab-Linkskurve schnell wieder in den Sattel gehüpft, rettete er noch den 17. Platz.

125 ccm: Dirks Donnerwetter

Das war auch das schwer erkämpfte Ergebnis von Steve Jenkner in der 125 ccm-Klasse. Schon im ersten freien Training ging der angeschlagene Lokalmatador wegen der umhertrudelnden Maschine des gestürzten Mirko Giansanti zu Boden und büßte den Nagel seines rechten Ringfingers ein, und an der linken Hand plagten ihn die Schmerzen von dem Kahnbeinbruch, der am Montag nach dem Donington-Grand Prix mit einer Schraube fixiert worden war. »Wenigstens kann ich mich beim Autogramme geben zurückhalten«, brummte er, fuhr wegen der Schmerzen und der »komischen Stellung« seiner Kupplungshand am Nachmittag zögerlich auf den 29. Platz und hätte auf Empfehlung eines Psychotherapeuten hin fast das Handtuch geworfen.

Berater Dirk Raudies und Cheftechniker Ulli Maier reagierten mit einem Donnerwetter. »Härte ist nicht Steves Stärke, deshalb braucht er Leute, die ihn anschubsen und keine, die ihn bemitleiden«, merkte Raudies an. »Er muß versuchen, die Schmerzen zu ignorieren und vor seinem Publikum Punkte zu holen. Denn für seinen WM-Startplatz wie auch bei seinen Sponsoren ist Gefahr im Verzug. Es kann nur noch eine Marschrichtung geben: Vollgas voraus!«

Diese Marschrichtung wurde Bernhard Absmeier zum Verhängnis. Während Reinhard Stolz erfolgreich an Weltmeister Kazuto Sakata vorbeifuhr und 18. wurde, fühlte sich der

Tapferkeit bis zum Schluß: Steve Jenkner fuhr auf Platz 17

Mayer-Rubatto-Pilot von Sakata in den Kurven behindert. Weil er »irgendwann einen dicken Hals« kriegte, versuchte es Absmeier mit Gewalt und erlebte einen Highsider.

Dagegen schwebte Marco Melandri schon nach seiner Pole Position vor lauter Selbstvertrauen im siebten Himmel. »Wir verwenden ein Standardfahrwerk mit der letztjährigen Federung, und das funktioniert auf dieser Piste perfekt. Doch vor allem fahre ich gut. Diese Strecke ist phantastisch«, schwärmte der italienische Teenager und fand nach seinem Rennsieg die nächsten Superlative. »Das war ein phantastisches Rennen, das schönste meiner Karriere«.

Im Schwitzkasten: Sieger Melandri, Manager Loris Reggiani

Ab der ersten Runde in Führung, versuchte Melandri vergeblich, davonzufahren, und versteckte sich wegen zunehmender Rutscher für eine Zeitlang an zweiter Stelle. Auch bei seinem Endspurt in den letzten acht Runden hatte er Reifenprobleme, setzte sich aber trotzdem gegen Verfolger Emilio Alzamora durch. WM-Leader Masao Azuma gönnte sich bei seinem Gipfelsturm eine Verschnaufpause. Nach einem Trainingssturz kam er auf der von ihm ungeliebten Strecke schlecht in Fahrt, und weil alle

Talentprobe:
Klaus Nöhles bewies WM-Reife

Bridgestone-Piloten Schwierigkeiten hatten, passende Reifen zu finden, kam auch Azuma im Rennen nicht über Platz sechs hinaus.

Weil sein Hinterreifen bei den sonntäglichen Hochsommertemperaturen völlig in sich zusammenschmolz, wurde auch Klaus Nöhles von weiteren Großtaten abgehalten. Der 22jährige Wild Card-Pilot bewies seine WM-Reife schon im Training mit einem tollen sechsten Rang. Im Rennen hielt er vier Runden lang den siebten Platz, rutschte dann aber allmählich an die 14. Position zurück. »Vom Gefühl und vom Speed her hätte ich vorne mithalten können. Das gibt mir Selbstvertrauen«, erklärte Nöhles.

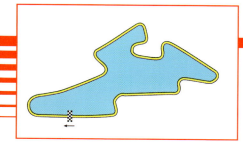

22. 8. 1999: Grand Prix Tschechien in Brünn

Jagdsaison

Masao Azuma erlegte bei der ersten Ausfahrt in Brünn ein Reh - und auch in den Rennen herrschte Jagdfieber in allen Klassen: Melandri hetzte Locatelli bei den 125ern, Rossi folgte Waldis Fährte bei den 250ern, und Okada brachte bei den 500ern gleich zwei Gegner auf einmal zur Strecke.

Mick Doohans Renn-Comeback ließ auch nach der vierwöchigen Grand Prix-Sommerpause auf sich warten. Nicht nur im gebrochenen Bein, sondern auch im linken Unterarm fehlten dem Weltmeister Kraft und Gefühl. Doohan konnte «nicht mal eine Cola-Dose öffnen», geschweige denn die Kupplung ziehen. Statt in Brünn an den Start zu gehen, wurde Doohan abermals in Kalifornien operiert und zur Entlastung von Sehnen und Nervensträngen die zunächst eingesetzte Platte aus dem Unterarm entfernt.

Ebenso ungewiß wie Doohans Zukunft war auch die von Markus Ober. Der einzige deutsche Halbliter-Pilot hatte sich bei einem Superbike-DM-Lauf auf dem Nürburgring Ende Juli an einer Thiede-Honda versucht und bei einem Sturz das Kahn- und Mondbein im linken Handgelenk gebrochen. In seinem holländischen Dee Cee-Jeans-Team wurde Ober durch den spanischen Neuling David de Gea ersetzt.

Machte sich Ober noch vage Hoffnungen auf ein Comeback vor Saisonende, so war Jean-Michel Bayles Engagement im Roberts-Team endgültig zu Ende. Wegen rätselhafter Gemütsschwankungen ohnehin nur sporadisch bei den Grand Prix aufgetaucht, hatte sich der Franzose nun einen komplizierten Knöchelbruch beim Mountainbike-Fahren zugezogen. Bekannte ließ Bayle wissen, er verspüre nur wenig Ehrgeiz, sich je wieder in den Sattel einer Rennmaschine zu schwingen, werde sich die Sache aber überlegen, falls fürs nächste Jahr gute Angebote ins Haus flatterten.

Die Modenas-Crew traf die Hiobsbotschaft zum denkbar ungünstigen Zeitpunkt. Denn nach Jahren kleiner, schrittweiser Verbesserungen an der immer noch übergewichtigen und immer noch zu kurzatmigen Dreizylindermaschine hatten die Mechaniker erstmals eine radikale Neukonstruktion mit an die Rennstrecke gebracht, verfügten aber über keinen Fahrer, der bei den für die folgende Woche geplanten ersten Funktionstests verläßliche Aussagen treffen konnte.

Wieder verstrich kostbare Zeit ungenutzt, denn eigentlich hatte King Kenny das neue Projekt nur gestartet, um in allerletzter Minute vor dem Saisonende ein paar kurzfristige Erfolge feiern und vielleicht doch wieder einen großen Sponsor für sein Team begeistern zu können. Deshalb griff er beim Motor auch nicht mehr nach den Sternen, sondern ins Regal: Statt eines revidierten V3-Prototypen wurde der neuen »KR 4« das bewährte Swissauto-Triebwerk eingepflanzt, das weniger Gewicht auf die Waage brachte als die klotzigen Modenas-Motoren, trotzdem aber mühelos mit den stärksten Konkurrenzfabrikaten Schritt halten konnte. »Kann man die leasen?« zeigte sich selbst Yamaha-Grand Prix-Manager Shuji Sakurada als einer der neugierigen Bewunderer des Motorrads,

Das bislang beste Rennen: Ralf Waldmann vor Rossi und Ukawa

Tolle Technik – aber keine Fahrer: Modenas KR 4 mit Swissauto-Motor

Das Ende der Experimente: BSL-Pilot Mark Willis sattelte auf die Modenas um

dessen Chassiskonstruktion bewußt an die Dreizylindermaschine angelehnt war und mit der MuZ-Weber nur geringe Ähnlichkeit hatte.

Weil Testfahrer Randy Mamola nach einem Unterschenkelbruch immer noch an Krücken humpelte und weder Jamie Whitham noch Mike Hale oder der von der maroden BSL auf Modenas umgesattelte Australier Mark Willis die nötige Qualifikation aufbrachten, erkundigte sich Teammanager Chuck Aksland vorsichtig bei MuZ-Weber-Teammanager Rolf Biland, ob Luca Cadalora vielleicht für ein paar Proberunden zu haben wäre.

Das Team hatte nichts dagegen, doch der launische Superstar winkte dankend ab. «Auf solchen ersten Probefahrten fallen gewöhnlich jede Menge Einzelteile vom Motorrad. Die sollen ihre Kinderkrankheiten selbst ausmerzen», brummte er.

Allerdings fehlte Luca auch auf seiner eigenen Maschine die Lust. Motorenkonstrukteur Urs Wenger hatte die am Sachsenring bewährte neue Motorcharakteristik mit niedrigeren Überströmkanälen so optimiert, daß die MuZ-Weber trotz besserem Durchzug willig überdrehte. Cadalora beschwerte sich trotzdem, seit dem Sachsenring seien zu viele Veränderungen ohne entsprechende Tests auf der Strecke vorgenommen worden. »Es fehlt die richtige Verbindung zwischen Gasgriff und Hinterrad. Außerdem habe ich ständig das Gefühl, das Vorderrad rutsche weg«, klagte er und ließ sich im Training auf den 17. Platz zurückfallen.

So schlecht konnten die jüngsten Modifikationen an dem Motorrad nicht gewesen sein. Denn Teamkollege Jürgen van den Goorbergh, bereits in Barcelona für seine sensationelle Pole Position gefeiert, gelang erneut die große Überraschung. Schon zehn Minuten vor dem Ende des Abschlußtrainings legte er zwei Superrunden hin, auf die keiner der anderen wie auf einer Perlenschnur aufgereihten Stars und Marken – Crivillé auf Honda, Biaggi auf Yamaha, Harada auf Aprilia und Roberts auf Suzuki – eine Antwort wußten.

Auch im Rennen schien es zunächst, als könne Goorbergh seine grandiose Form bestätigen. Beim Start um ein paar Meter zurück-

Außen an der Konkurrenz vorbei: Jürgen van den Goorberghs Super-Start

Jamie Whithams Feuer-Unfall: Szenen wie in einem Rambo-Film

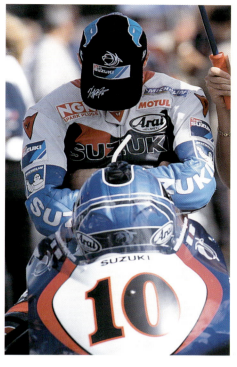

Konzentration vor dem Neustart: Kenny Roberts

gefallen und beim ersten Bremsmanöver noch hinter einem Pulk verbarrikadiert, scherte er plötzlich aus der Gruppe aus und fuhr in der langgezogenen ersten Rechtskurve tollkühn an allen seinen Gegnern außen herum vorbei.

Doch als das Biland-Team gerade vom bislang besten Rennergebnis zu träumen begann, kam es in der zweiten Runde zu einem spektakulären Unfall. Jamie Whitham stürzte, der losgerissene Tank seiner Modenas spie einen gewaltigen Feuerball, und das flammende Inferno des ausgelaufenen Benzins setzte sogar die Airfences neben der Strecke in Brand. Der unmittelbar hinter Whitham fahrende Jose-Luis Cardoso erlebte eine Szene »wie in einem Rambo-Film«, stürzte ebenfalls und erlitt schmerzhafte Arm- und Schulterprellungen.

Ausgetrickst: Max Biaggi vor der Attacke von Crivillé und Okada (8)

Mußte der Spanier auf den Neustart sowie auf geplante Testfahrten mit der MuZ-Weber verzichten, so war nun auch für den zweiten Modenas-Piloten Jamie Whitham die Saison zu Ende: Der Engländer erlitt einen Beckenbruch sowie einen angeknacksten fünften Lendenwirbel und wurde für mehrere Wochen ins Gipsbett verfrachtet.

Erst 75 Minuten nach dem Unfall, als notdürftig Strohballen aufgeschichtet waren und die Renndirektion die trotz aller Bindemittel immer noch gefährliche Stelle zur Überholverbotsregion erklärt hatte, erfolgte der Neustart. Neben den Startplätzen von Whitham und Cardoso klaffte im Hinterfeld freilich noch eine weitere Lücke: Luca Cadalora, der am Vormit-

tag schon das halbe Warm-Up verschlafen hatte, war schon nach einer Runde, also bereits vor dem Whitham-Unfall, aus Mangel an Motivation an die Box zurückgeknattert und saß mit seiner Freundin längst im Mietauto zum Wiener Flughafen.

Weil Cadalora auch eine Einladung zu Testfahrten in Brünn ausgeschlagen hatte, zog Rolf Biland die längst überfällige Konsequenz und beschloß, sich diesmal endgültig von der alternden Diva zu trennen.

Allerdings war es beim Neustart des Rennens auch mit der Konzentration Jürgen van

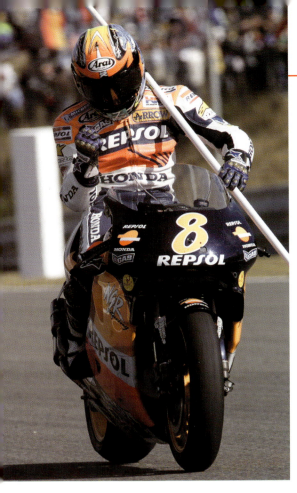

Alles riskiert – und alles gewonnen: Tadayuki Okada

Biaggi, von Yamaha mit einem verstärkten Rahmen und von Öhlins mit einer neuen, gasdruckunterstützten Vordergabel ausgerüstet, diktierte bis weit über die Halbzeit hinaus das Tempo und wurde dann von dem unerschütterlichen Alex Crivillé an der Spitze abgelöst. Doch wenn zwei sich streiten, freut sich der Dritte: In der letzten Runde scherte Tadayuki Okada zu einem Überrumpelungsmanöver aus Biaggis Windschatten aus, setzte unmittelbar darauf auch im Kampf gegen seinen Teamkollegen Crivillé alles auf eine Karte und hätte fast zu hoch gepokert, weil seine Repsol-Honda mitten in der Kurve böse auskeilte. Doch der Japaner brachte seine Maschine wieder unter Kontrolle und feierte mit geballter Faust den zweiten Sieg der Saison. »Erst die Acht Stunden von Suzuka, dann das hier – die letzten paar Wochen waren gut zu mir«, strahlte Okada.

Und für Biaggi sollte es noch dicker kommen. Denn wo sich schon Crivillé und Okada vorbeigestohlen hatten, wollte auch Suzuki-Star Kenny Roberts nicht hintanstehen. Der Amerikaner zog zu einem Duell im Western-Stil: Auf dem Bergaufstück zur letzten Schikane krachte er dem Italiener immer wieder in die den Goorberghs vorbei. »Mein Start war nicht so gut, ich wurde abgedrängt, und auch danach kämpfte ich mehr mit mir selbst als mit meinen Gegnern«, haderte er nach dem elften Platz.

Und einmal mehr blieb der Kampf um den Sieg den etablierten Stars überlassen. Max Seite, zwang ihn beim Einbiegen zu einem weiten Bogen und fuhr innen vorbei. »Ich hoffe, er ist nicht sauer auf mich«, entschuldigte sich Kenny.

Doch Biaggi suchte die Ursache seiner Niederlage nicht bei den anderen. «Okada hat nicht nur mich überrascht. Er kam so schnell angeflogen, als habe er einen siebten Gang zur Verfügung! Doch Roberts hat mich kalt erwischt – um ihn unter Kontrolle zu halten, habe ich zu spät gebremst. Mein eigener Fehler», ging Biaggi mit sich selbst ins Gericht.

250 ccm: Waldi gegen Rossi

Ralf Waldmann fuhr zur ersten Pole Position des Jahres und sprühte Funken vor lauter Ehrgeiz und Begeisterung. »Ich fahre hier eine ganz andere Linie als meine Konkurrenten. Ich ziele direkt und gerade auf den Kurvenscheitelpunkt. Wo die anderen weit ausholen, bin ich längst innen durch«, verriet er.

Seine schwarze Werks-Aprilia funktionierte so perfekt, daß das Team nicht einmal an einem stabileren, auf Wunsch von Valentino Rossi gebauten neuen Rahmen interessiert war. Und weil Waldi bei Tests in Mugello über 50 erfolgreiche Startprozeduren exerziert hatte und auch beim Training in Brünn weiter fleißig das Losfahren übte, konnte eigentlich nichts mehr schiefgehen. Ohne nervös zu werden, stürmte er auch im Rennen problemlos mit der Spitzengruppe weg, legte sich sieben Runden lang auf die Lauer, jagte Valentino Rossi in Runde acht die Führung ab und schaffte es sogar, den WM-Favoriten um einige Pferdelängen abzuhängen. »Ich hätte nicht geglaubt, daß er fahrerisch noch so stark ist nach seinem schwierigen Jahr bei den 500ern«, anerkannte Cheftechniker Sepp Schlögl.

Denn obwohl Rossi im Endspurt doch noch die Nase nach vorn brachte, blieb die Entschei-

Das Beste seit Jahren: Portos neue Yamaha TZM 250

dung um den Sieg ein offener Schlagabtausch, in dem beide Stars jenseits aller Limits fuhren. Der unverdrossene Rossi bezahlte seine Angriffslust mit einem gefährlichen Abstecher über die Grasnarbe. Umgekehrt hatte Waldi einen heftigen Rutscher, als er sich in der Schlußrunde zu ehrgeizig an die Fersen seines Markengefährten heftete.

Daß es nicht zum ersten Saisonsieg reichte, hatte technische Ursachen. Vom Start weg streikte die elektronische Zündunterbrechung, die das Hochschalten mit voll geöffnetem Gasgriff erlaubte. »Ich mußte wie beim normalen Motorrad jedesmal das Gas zurückdrehen und konnte deshalb nicht so effektiv beschleunigen wie die andern. Um das auszugleichen, mußte ich später bremsen und schneller durch die Kurven fahren. Das wiederum beschädigte die Reifen. Ich versuchte alles, Rossi nochmals zu erwischen, hatte aber einen Riesenrutscher. Es war unmöglich«, hakte Waldi die Niederlage ab und gab sich kameradschaftlich. »Es zählt, daß zwei Aprilia vorne sind. Wenigstens habe ich Rossi geholfen, seinen Vorsprung in der WM auszubauen«.

Durchblick dank Oma-Brille: Waldi (mit Jürgen Fuchs) wurde nur knapp geschlagen

Denn Tohru Ukawa mußte sich zwei Sekunden hinter dem Aprilia-Duett mit einem einsamen dritten Platz begnügen. »Die Aprilia waren klar schneller, außerdem hatte auch ich Reifenprobleme«, knirschte der Japaner. Auch Loris Capirossi mußte kleine Brötchen backen. »Ich hatte einen guten Start, merkte aber schnell, daß mein Motor nicht richtig lief. Deshalb wurde ich nach hinten durchgereicht», beschwerte sich der Weltmeister nach Platz sieben.

Blieb Capirossis Leistungsschwund mysteriös, so war PS-Mangel ein gewohnter Dauerzustand für die Yamaha-Piloten Shinya Nakano und Olivier Jacque, die auf dem Weg zu Platz vier und fünf das Letzte aus ihren schwachbrüstigen Werksmaschinen herausquetschten und weiter auf ein Wunder aus der Yamaha-Entwicklungsabteilung hofften.

Dafür war Yamaha der Bau eines neuen Production Racers geglückt. Ursprünglich hatte das schwäbische Kurz-Team mit Tomomi Manako auf den ersten GP-Einsatz der neuen TZM 250 gesetzt, doch wegen seiner besseren Platzierung in der WM-Tabelle fiel die Wahl auf Sebastian Porto. Obwohl der Argentinier im Rennen stürzte, war das Debüt vielverspre-

Start der 250 ccm-Klasse: Ukawa (4) führt vor Capirossi und Waldmann (6)

chend. »Die neue TZM hat ein Sandgußgehäuse, ist kleiner und kompakter geworden, hat eine logischere Ansaugordnung und endlich ein quadratisches Bohrung-Hub-Verhältnis. Das Beste, was ich in zehn Jahren von Yamaha gesehen habe«, stellte Derbi-Konstrukteur Harald Bartol fest.

Während die Kurz-Piloten Manako und Lucas Oliver Bulto mit ihren alten Motorrädern ohne Zwischenfälle auf die Plätze 14 und 19 fuhren, hatte Alex Hofmann bei einem spektakulären Unfall Glück im Unglück. Im Kampf mit seinem australischen Paradegegner Anthony West hob er in der sechsten Runde mitten im Pulk zu einem Highsider ab, wurde wie durch ein Wunder nicht von der Meute überrollt und kam mit ein paar blauen Flecken davon. «Das war kein Highsider, sondern ein Highflyer», beschrieb er den Zwischenfall. «Ich war vorne und hatte die Gruppe mit West bereits niedergerungen, als es mich erwischte. Ich habe wohl das Gas etwas zu früh aufgedreht».

Abdrehen mußte dagegen Marcellino Lucchi. Am Montag vor dem Brünn-Grand Prix zog sich das Docshop-Team offiziell aus der Weltmeisterschaft zurück, weil Co-Sponsor Crusader pleite gegangen war und Docshop-Besitzer Henk van Asselt von Steuernachzahlungen heimgesucht wurde. Für den Rest der Saison sprang das englische Team Sabre Sport mit Fahrer Scott Smart und Geld von »Sabre Airways« in die Bresche. Smart übernahm die laufenden Kosten des Teams, brachte aber seinen eigenen, über Jahre hinweg ausgelutschten Aprilia-Production Racer mit, bei dem immer dann, wenn ein Teil ersetzt war, dafür ein anderes auseinanderbröselte. Im Rennen fiel Smart wegen Motorschadens aus.

Dem Himmel sei Dank: Melandri feierte den nächsten Sieg

125 ccm: Jäger Azuma

Ein friedlich äsendes Reh, das sich am Samstagmorgen auf der Suche nach süßem Gras auf die Brünn-Piste wagte, bezahlte seine Unvorsichtigkeit mit dem Leben: WM-Leader Masao Azuma konnte nicht mehr rechtzeitig bremsen und erlegte das Tier mit dem Vorderrad, wobei er selbst schwer stürzte und seine Benetton-Honda förmlich zu Stücken zerfetzt wurde.

Wegen der Prellungen und einem steifen Genick reichte es im Rennen nur zu Platz zwölf, doch dafür sprang sein Teamkollege Marco Melandri in die Bresche. Fast das ganze Rennen hielt er sich hinter Roberto Locatelli auf, suchte sich in Ruhe die passende Stelle zum Angriff und sauste in der letzten Runde schwungvoll zu seinem zweiten Sieg hintereinander an seinem Landsmann vorbei.

Locatelli versuchte verzweifelt, zu kontern, riskierte aber zuviel und rutschte aus. »Marco hat seine Sache fein, gemacht – bravo! Auch ich wollte gewinnen, habe den Sieg aber in den Sand gesetzt. Es gibt keine Entschuldigung. Schade für die ganze Arbeit, für das Team und für die Weltmeisterschaft«, verabschiedete sich Locatelli aus dem Titelrennen.

Durch seinen Sturz traf sich das Givi-Honda-Duo Nobby Ueda und Lucio Cecchinello unverhofft auf dem Podium und machte Späße über das Überholmanöver, mit dem Ueda seinen Teamkollegen und Teammanager kurz vor dem Ziel überwältigt hatte. »Ich hoffe, daß ich keine Gehaltskürzung kriege«, kratzte sich Ueda am Kopf, »doch ich kann nichts dafür, auf der Strecke verwandele ich mich in eine Bestie. In der letzten Runde wuchsen mir die Eckzähne, und ich habe meinen Boß ins Bein gebissen!«

Fast den gleichen Jagdeifer legte Steve Jenkner an den Tag und wiederholte jenen siebten Platz, mit dem er schon in seiner ersten Saison als Privatfahrer in Brünn geglänzt hatte. 13.

Ueda vor Cecchinello:
Ärger mit dem Boß?

Wie einst im Mai:
Steve Jenkner erkämpfte Platz sieben

nach einer Runde, hangelte er sich im Windschatten von Azuma an die Verfolgergruppe, bremste in den letzten Runden zwei Fahrer aus und scheiterte nur an dem abgebrühten Emilio Alzamora, der Jenkners Angriff sofort parierte.

Klaus Nöhles fuhr nach dem Sachsenring-Grand Prix den zweiten Einsatz des Jahres und bestätigte seine WM-Form mit Platz 13 erneut. Vor allem wußte er nach dem Rennen, wo er hinzulernen konnte. «Diese Jungs halten gnadenlos rein, am Anfang wurde ich ständig ausgebremst. Wenn du dann noch von deiner Linie gedrückt wirst, fehlt der Schwung für die folgende Gerade, und dann zischen gleich nochmals zwei oder drei Gegner vorbei», wunderte er sich über den harten Alltag der Grand Prix-Piloten.

Immerhin hielt er Reinhard Stolz in Schach, dessen Angriffspläne in der letzen Runde durch die gelbe Flagge vereitelt wurden. «Ich habe am Anfang schnell zu dieser Gruppe aufgeholt, kam dann aber nicht mehr weiter – mein Motor wurde zu heiß, außerdem war die Übersetzung zu kurz», haderte der Bayer.

Nahm Stolz wenigstens noch zwei Punkte mit, ging Bernhard Absmeier abermals leer aus. Teamkoordinator Mario Rubatto hatte Motorentuner Horst Kassner nach dem Sachsenring-Grand Prix entlassen und durch zwei italienische Mechaniker ersetzt, die die Gebraucht-Aprilia freilich auch nicht über Nacht in eine Rakete verwandeln konnten. Am Freitagmorgen bewies der Passauer als Neunter kurzzeitig WM-Niveau, ließ am Samstag jedoch zwei Stürze folgen und fuhr im Rennen wegen Motoraussetzern hinterher.

Dafür kündigte ein neues Team künftige Großtaten an: Andy Leuthe, einstiger WM-Globetrotter und seit einem Jahr Vordenker, Teamchef, Konstrukteur und Cheftechniker des Italjet 125-Projekts, feierte in Brünn das Grand Prix-Debüt seines neuen Renners. Weil der auf Honda-Basis entstandene, 49 PS starke Magnesium-Motor eine neue Benzinsorte von Agip nicht vertrug, schied sein tschechischer Pilot Jaroslav Hules im Rennen zwar wegen eines festgebackenen Kolbenrings aus. Trotzdem versprühte Leuthe Optimismus. »Nächstes Jahr planen wir die erste volle WM-Saison. Anderthalb Millionen Mark brauchen wir, eine habe ich schon!«

Heute Wild Card, morgen eine ganze
GP-Saison: Andy Leuthes Italjet-Projekt

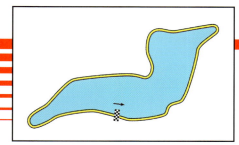

5. 9. 1999: Grand Prix der Stadt Imola

Rotkäppchens Rache

Rotkäppchen Loris Capirossi wurde beim Imola-Grand Prix zum reißenden Wolf - und zeigte nicht nur Paradegegner Valentino Rossi, sondern dem ganzen Aprilia-Werk die Zähne.

Knapp fünf Kilometer schlängelte sich das »Autodromo Enzo e Dino Ferrari« bergauf, bergab, an Parks und Appartmentblocks vorbei mitten durch die Stadt Imola, und ebenso einzigartig wie die Atmosphäre war die Kombination schneller Hochgeschwindigkeitskurven und enger Schikanen, die die Grand Prix-Piloten vor die schwierige Aufgabe stellte, beim Set-Up den richtigen Kompromiß zwischen Stabilität und Handlichkeit zu finden.

Obwohl die superschnelle Tamburello-Linkskurve entschärft worden war, verlangte die Imola-Strecke immer noch ein großes Herz und war damit ganz nach dem Geschmack des mutigen Franzosen Olivier Jacque. Erstmals seit seinem Umstieg auf Yamaha und erstmals seit seiner langwierigen Knöchelverletzung glühte er auf die Pole Position und war von seinem Überraschungsschlag ebenso begeistert wie sein Team. »Ich bin schockiert! Ich verstehe die Yamaha YZR 250 immer besser, habe auf dieser Strecke das nötige Gefühl fürs Vorderrad und rechnete schon mit einem Platz in der ersten Reihe. Aber gleich die Bestzeit...«

Beim Rennstart tags darauf war der Vorteil freilich schnell verspielt: fiel im Waldmann-Stil zurück, erreichte die erste Kurve als 20. und sah nicht mehr wie ein Kandidat fürs Podium aus. Doch dann bewies «Jacque attack» abermals, was an guten Tagen in ihm steckte: Nach einer Runde schon Zwölfter, fuhr er in Runde sieben bereits an seinem Teamkollegen Shinya Nakano vorbei auf Platz sechs, zu Rennmitte hatte er dann bereits Stefano Perugini vom dritten Platz verdrängt. »Die Yamaha benimmt sich beim Losfahren völlig anders als die Honda, und deshalb war mein Start verheerend. Ich war so wütend, daß ich schon in den ersten Runden jede Menge meiner Kollegen überholte«, schilderte Jacque.

Ralf Waldmann startete hingegen gut, preschte aus der zweiten Reihe Seite an Seite mit Marcellino Lucchi und Franco Battaini los, merkte dann aber schnell, daß sich der Rückstand zur Spitze nicht verkürzen ließ. Statt dem insgeheim eingeplanten ersten Saisonsieg blieb er auf Platz sieben sitzen und mußte einsehen, daß sein Imola-Triumph 1996 auch mit der damaligen Motorradmarke zu tun hatte. »Das ist halt eine Honda-Strecke. Die engen Ecken liegen denen besser, da haben die mehr Traktion«, analysierte er den überlegenen Start-Ziel-Sieg von Loris Capirossi. »Ich hatte beim Beschleunigen mit einem durchdrehenden Hinterrad zu kämpfen. Wir haben bei der Fahrwerksabstimmung einen Fehler gemacht und die Federvorspannung härter gedreht, ohne die Dämpfung anzugleichen«, fügte er hinzu.

Daß Imola eine Honda-Strecke war, bekam auch Valentino Rossi zu spüren. Gut, aber nicht ganz so gut gestartet wie sein Erzrivale Loris Capirossi, versuchte er in den ersten Runden alles, dem Weltmeister hinterherzukommen, erlebte dabei etliche haarige Momente und steckte schließlich zurück. »Ein paar mal dachte ich schon: So, das war´s für heute. Irgendwie schaffte ich es aber doch, auf zwei Rädern zu bleiben. Irgendwann hat sich mein Gehirn zurückgemeldet, ich erinnerte mich an den Stand in der Weltmeisterschaft, an meine Mama und an ein paar andere Dinge, und bin gefahren wie die Kollegen der 125er Klasse. Denn Capirossi zu verfolgen, hatte keinen Sinn, und hinter mir war längst niemand mehr, der mir das

Ab durch die Mitte: Loris Capirossi (1) fegt zum Start-Ziel-Sieg davon

Jacque attack: Die Imola-Piste war ganz nach dem Geschmack des Franzosen

Capirossi im Glück: Champagnerbad von Rossi, möglicher Geldregen von Aprilia

Leben schwer machen konnte«, erläuterte der gesprächige Aprilia-Star.

Und so blieb Loris Capirossis Start-Ziel-Sieg lupenrein und geriet zu keiner Sekunde der 23-Runden-Distanz in Gefahr. »Ich bin superzufrieden – es war eine großartige Fahrt! Schon gestern abend habe ich mir vorgenommen, vom Start weg anzugreifen und wegzufahren, und heute morgen war ich nur deshalb unsicher, weil ich nasse Flecken rund um die Strecke sah. Doch dann kam die Sonne hinter den Wolken hervor, und alles lief wie geschmiert«!

Doch nicht nur sportlich zeigte sich das »Rotkäppchen« als reißender Wolf. Auch gegenüber dem Aprilia-Werk, das ihn Ende der Saison 1998 unehrenhaft entlassen und damit auch einen gültigen Vertrag für 1999 gebrochen hatte, zeigte er die Zähne.

Neun Sekunden knöpfte er Rossi ab, neun Milliarden Lire oder rund neun Millionen Mark forderte er bei Aprilia ein. Die Hälfte davon errechnete sich aus seinem nichtbezahlten Jahresgehalt für 1999 von 2,4 Millionen Dollar plus Verzugszinsen, die andere Hälfte war als Schmerzensgeld wegen Rufschädigung gedacht. Die Anwälte Capirossis erwirkten eine einstweilige Verfügung gegen die für Fahrerverträge zuständigen »Aprilia World Services«, zwei Konten der Firma mit Sitz in Holland und Filiale in der Schweiz wurden von Gerichten in Rotterdam und Lugano vorläufig beschlagnahmt.

Daß der Fall öffentlich diskutiert wurde und in sämtlichen italienischen Gazetten in die Schlagzeilen geriet, verdankte Aprilia-Direktor Ivano Beggio der eigenen Unvorsichtigkeit. Denn noch beim Brünn-Grand Prix hatte Beggio vor den Mikrofonen des italienischen Fernsehens von »Harmonie« mit seinem früheren Piloten gesprochen, und genau diese Äußerung war der Tropfen, der ein Faß zum Überlaufen brachte. »Aprilia will die Schulden an mich immer noch nicht bezahlen, erklärt aber öffentlich, alles sei in bester Ordnung. Das ist zu bequem. Ich werde einmal mehr an der Nase herumgeführt. Ich habe alles versucht, den Rechtsweg zu vermeiden und die Angelegenheit mit der gebotenen Zurückhaltung zu bereinigen. Schon in Assen hätte ich die Aprilia-Werksmaschinen beschlagnahmen lassen können, habe aber darauf verzichtet. Doch jetzt habe ich es satt«, wetterte Capirossi in einer eigens für dieses Thema anberaumten Pressekonferenz.

Schon im Frühjahr 1998, der zweiten Saison eines Drei-Jahres-Vertrages zwischen Capiros-

Farben und Formen: Valentino Rossi trat mit froschgrünem Motorrad und dem Haarstil von Cheftechniker Rossano Brazzi an – nur aus dem Sieg wurde nichts

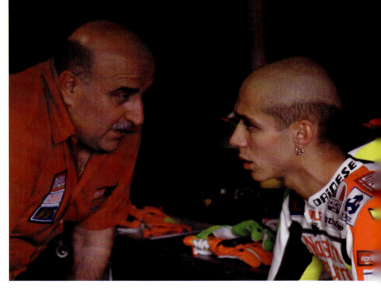

Glück zu dritt: Waldi tröstete sich mit Freundin Astrid und Sohn Leo Erich über den verpaßten Podestplatz hinweg

si und Aprilia, begannen die ersten Unstimmigkeiten. Ab dem zweiten Rennen fühlte sich Capirossi gegenüber seinen Teamkollegen Valentino Rossi und Tetsuya Harada technisch benachteiligt, und bereits zu Saisonmitte machten Gerüchte die Runde, Aprilia habe zu viele Superstars unter Vertrag und suche nach einem Weg, Capirossi loszuwerden.

Die Gelegenheit kam beim Saisonfinale in Argentinien. Harada führte im Rennen, Capirossi stach mit einer Verzweiflungsaktion in eine vermeintliche Lücke, brachte den Japaner zu Fall und den eigentlich schon verlorenen WM-Titel unter Dach und Fach. Aprilia wertete die Aktion als »enormen Imageverlust«, berief sich auf eine Vertragsklausel, in der die Piloten zu «höchster Loyalität und sportlicher Korrektheit» verdonnert wurden, und schickte Capirossi in die Wüste.

»Wir folgten mit dieser Entscheidung unseren sportlichen Idealen. Wir hielten sein Verhalten in Argentinien für unsportlich, und wir konnten nicht mehr mit einem Fahrer zusammenarbeiten, der sich unserer Ansicht nach schlecht benommen hatte«, bestätigte Ivano Beggio, der vom Urlaub in San Diego zur Schadensbegrenzung nach Imola jettete.

Doch die Kündigung wurde zum Bumerang. Denn das Schiedsgericht der FIM wertete Capirossis Attacke als hart, aber korrekt, und schmetterte die Proteste gegen seinen Sieg in Argentinien im Nachhinein ab. Aprilia hatte es fortan schwer, den Vertragsbruch zu rechtfertigen, und bot Capirossi im Februar 1999 kurioserweise sogar ein neues Drei-Jahres-Engagement an – freilich ohne Garantie auf erstklassiges Material.

Capirossi hatte zu diesem Zeitpunkt schon bei Honda unterschrieben. Sensationell gewann er das erste Rennen, wurde in Mugello aber schon wieder zum Sündenbock, weil er Aprilia-Werksfahrer Marcellino Lucchi aus dem Sattel torpedierte. »In Argentinien war es Harada, der die Tür offenließ, nicht ich habe die Situation provoziert, und das Schiedsgericht hat mir rechtgegeben. Trotzdem wurde ich öffentlich massakriert«, erinnerte sich Capirossi. «Auch in diesem Jahr, nach dem Vorfall in Mugello, erlebte ich eine schreckliche Zeit. Ich stieß ohne jede Absicht mit Lucchi zusammen, wurde disqualifiziert, und daraufhin wollte ich den Löffel fallen lassen und aufhören. Aber mir wurde klar, daß das das Schlechteste war, was ich in diesem Moment tun konnte«.

Die Honda-Strecke: Stefano Perugini führt in der Verfolgergruppe

Max Biaggi, Öhlins-Techniker: Mehr Traktion dank tiefer gelegter Hinterradschwinge

Jetzt genoß der geschmähte Weltmeister wieder Respekt, und selbst Paradegegner Valentino Rossi, der sich zu Ehren seines Cheftechnikers Rossano Brazzi eine Dreiviertels-Glatze hatte rasieren lassen, bewunderte Capirossis Coup. »Wenn man durchs Herunterfahren eines Kollegen neun Milliarden Lire verdienen kann, will ich das auch versuchen. Man muß mir nur sagen, auf wen ich zielen soll«, ulkte er.

Neben Capirossi gab es in der 250er Klasse freilich noch einen zweiten Sieger: Der 19jährige Aprilia-Pilot Roberto Rolfo kam bei einem von BMW inszenierten Fahrradrennen knapp vor Alex Hofmann ins Ziel und schnappte ihm die Siegprämie in Form eines 6000 Mark teuren Full Suspension-Bikes vor der Nase weg. Auch im Rennen war der Italiener deutlich vor dem Deutschen: Während Rolfo Platz zehn holte, mußte sich Hofmann wegen Problemen mit dem Vorderradgrip auf den vielen Bodenwellen mit Platz 17 abfinden.

500 ccm: Glückspilz Max Biaggi

Max Biaggi stand klar im Schatten des großen Duells bei den 250ern. An seiner Yamaha flatterte bei schnellen Richtungswechsel nervös das Vorderrad, aus engen Kurven heraus machte die Maschine Wheelies, und wenn er mehr Gewicht aufs Vorderrad verlegte, fehlte hinten die Traktion. Startplatz sieben war die ernüchternde Bilanz im Training, eine deprimierende Niederlage vor den italienischen Fans lag in der Luft.

Doch als er fürs Rennen den Drehpunkt der Hinterradschwinge niedriger setzen ließ, war die Yamaha plötzlich gefügiger. Biaggi hielt lange Platz sechs, arbeitete sich dann sogar auf Rang vier vor und erbte einen Podestplatz, als Norick Abe zwei Runden vor Schluß zu Boden ging. «Endlich einmal hat mir das Glück die Hand gereicht», schwärmte der Superstar nach seinem schmeichelhaften dritten Platz.

Dieses Glück war bei Alex Crivillé längst kühler Überlegenheit gewichen. Bedächtig sicherte er sich die Pole Position und testete dabei noch eine voluminösere Hinterradschwinge, die Honda für die im Jahr 2000 erwartete Neuauflage der NSR 500 konstruierte. Im Rennen tastete er den besser gestarteten Kenny

Der beste Start: Noch führt Kenny Roberts (10)

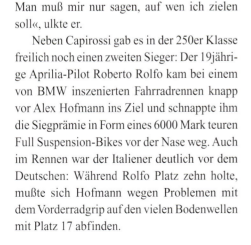

Weiße Weste: Crivillé tankte vor dem Valencia-Heimspiel nochmals volle Punktzahl

Brünn-Sieger Tadayuki Okada verspielte seine Chancen mit einem schweren Trainingssturz, bei dem er wuchtig auf dem Brustkorb landete. Der Japaner blieb zwar von Rippenbrüchen verschont, doch waren die Prellungen stark genug, daß er für den Rest des Wochenendes mit Atemnot zu kämpfen hatte und bei jeder Richtungsänderung auf dem Motorrad stechende Schmerzen spürte.

Sicherte sich Okada wenigstens noch Rang vier, so blieb dem sechstplazierten Kenny Roberts wieder einmal nur die Hoffnung auf bessere Zeiten. »Zuwenig Leistung und ein kleines Problem mit der Vorderradgabel – auf die lange Renndistanz betrachtet war nicht mehr drin«, zog er Bilanz.

Régis Laconi stahl ihm als Fünfter mit seiner bislang besten Leistung im Sattel der Red Bull-Yamaha die Show, obwohl sich sein Sitzpolster löste und der darunter befindliche Klebstoff alle Versuche, im Sattel hin- und herzurutschen, auf kuriose Weise vereitelte. Auch Teamkollege Garry McCoy zeigte sich von seiner besten Seite und stürmte mit atemberaubenden Drifts auf den neunten Platz.

Nur das Biland-Team fuhr wieder am Erfolg vorbei. So konsequent die Trennung von dem lustlosen Luca Cadalora auch war, so wenig war es eine Lösung, Bernard Garcia als Ersatzfahrer anzuheuern: Der Franzose, der seit 1995 keine Vierzylinder-500er mehr bewegt hatte, ging nach einem Sturz im Abschlußtraining gleich in der zweiten Runde des Rennens erneut zu Boden, wobei ein Knochen in der rechten Hand entzwei ging und seine MuZ-Weber förmlich in zwei Teile zerrissen wurde.

Teamkollege Jürgen van den Goorbergh kämpfte das ganze Wochenende mit Fahrwerks-

Roberts lange vorsichtig ab, machte sich dann aber überlegen an der Spitze davon und sicherte sich vor Alex Barros den sechsten Sieg der Saison. »Nach zwei Niederlagen wollte ich diesen Sieg um jeden Preis – denn ich will mit weißer Weste nach Valencia reisen«, meinte Crivillé im Hinblick auf den dritten spanischen Grand Prix erleichtert.

Krisengespräch: MuZ-Piloten Jürgen van den Goorbergh, Bernard Garcia

*Wieder WM-Leader:
Der sieglose Emilio Alzamora*

problemen und mußte sich nach der Pole Position in Brünn mit dem ernüchternden 16. Trainingsplatz abfinden. »Es gibt auf dieser Strecke viele schnelle Richtungswechsel, bei denen du das Motorrad mit Gewalt umlegen mußt, doch das mag die Maschine nicht. Und wenn du es trotzdem versuchst, benimmt sie sich wie ein Gummizug, der unkontrolliert zurückschnappt. Ich denke, der Schwachpunkt am Rahmen liegt am Steuerkopf oder direkt dahinter, denn wir haben eine sehr stabile Hinterradschwinge, und von dort setzen sich die Fahrwerkseinflüsse fort bis ins Vorderteil der Maschine«, analysierte der Fliegende Holländer.

Versuchshalber wurde der Motor fürs Rennen ein Stück nach vorn verschoben, was die Beherrschung der Maschine etwas einfacher machte. »Es war ein einsames, aber interessantes Rennen, denn wenigstens hat das wilde Schütteln der Vorderpartie aufgehört.as Vorderrad blieb stets fügsam in der Spur«, gewann van den Goorbergh seinem 14. Platz positive Seiten ab.

Auch im Honda-Team von Erv Kanemoto gab es einen Lichtblick. John Kocinski kam zwar wieder nicht in Reichweite der Podestplätze und mußte sich mit Rang acht begnügen, dafür freute sich Teambesitzer Erv Kanemoto über einen neuen Sponsor: Die kalifornische Internet-Firma »Nettaxi« sicherte dem darbenden Rennstall das vorläufige Überleben.

Die Pechserie des Modenas-Teams riß dagegen nicht ab. Nach Unfällen von Testfahrer Randy Mamola, der GP-Piloten Jean-Michel Bayle und Jamie Whitham erwischte es auch Besitzer King Kenny Roberts selbst: Auf seiner Ranch in Montana stürzte er beim Moto Cross-Fahren, ging für drei Minuten k.o. und erlitt sechs Rippen- und einen Handgelenksbruch. »Er ist nicht zu alt zum Fahren – doch zu alt für solche Stürze«, bemerkte sein Sohn Kenny jr.

Blieb als kleiner Trost, daß diesmal alle Modenas-Piloten das Ziel erreichten: Der ehemalige BSL-Pilot Mark Willis wurde 17. und Letzter, Mike Hale sichert sich als 15. immerhin einen WM-Punkt.

Der Imola-Einsatz von Paton-Pilot Paolo Tessari blieb dagegen auf eine Ehrenrunde beschränkt: Teambesitzer Giuseppe Pattoni, einer der letzten großen Idealisten, der den Grand Prix-Sport seit den 60er Jahren mit interessanten Eigenkonstruktionen bereichert hatte, war in der Woche zuvor im Alter von 71 Jahren an einem Blutgerinnsel gestorben.

125 ccm: Jenkners Topreifen

Vor dem 125er Rennen hingen schwere Wolken am Himmel, und kaum war der Lauf gestartet, fing es auch schon an zu nieseln.

Ein Abbruch folgte, und in den 30 Minuten bis zum Neustart dachten die Teams fieberhaft über die richtige Reifenwahl nach. Roberto Locatelli hatte sich für handgeschnittene Slicks entschieden und mogelte sich bei allmählich wieder abtrocknender Piste fröhlich durchs Feld, bis er vier Runden vor Schluß Platz zwei übernahm. In der letzten Runde ging Locatellis spektakuläre Jagd allerdings wie schon in Brünn abrupt zu Ende, und mit dem zweiten Sturz hintereinander war auch die letzte Chance von Aprilia auf den Weltmeistertitel in dieser Klasse verflogen. »Schade – ich habe prächtig aufgeholt, doch dann hat mich mein Reifen im Stich gelassen. Diese handgeschnittenen Slicks halten auf trockener Piste nicht lang genug, weil sie sich stärker aufheizen. Wenigstens habe ich gezeigt, daß ich weiterhin schnell bin und mit den Honda-Piloten mithalten kann«, tröstete sich der kleine Teufel.

Arnaud Vincent war der einzige Aprilia-Pilot, der sich mit Platz drei in einen Aufmarsch von fünf Honda schieben konnte, beschwerte sich aber ebenfalls über das Wetter und die dubiosen Streckenverhältnisse. »Ich mag solche Bedingungen nicht. Deshalb habe ich mich am Anfang vornehm zurückgehalten und bin erst mit Locatelli nach vorn gefahren, als die Sonne zu scheinen anfing«, berichtete der Franzose.

Deshalb waren die Lokalmatadoren Marco Melandri und Simone Sanna an der Spitze un-

*Der erste Podestplatz:
Polini-Pilot Simone Sanna (16)*

gestört. »Melandri hatte einen stärkeren Motor als ich, gegen ihn war nichts zu machen. Doch den zweiten Platz habe ich mir hart erkämpft«, freute sich der 21jährige Sanna über den ersten Podestplatz der Saison.

Melandri bestimmte vom Start weg mühelos das Tempo und war mit dem dritten Sieg hintereinander auch plötzlich wieder ein Kandidat im Titelkampf. »Schon mein erster Start war perfekt, doch als es zu regnen anfing, habe ich sofort den Arm gehoben, und daraufhin wurde abgebrochen. Beim zweiten Start war ich nicht so flott, Ui kam besser weg und führte für ein paar Kurven. Doch ich gönnte ihm keine Zeit zum Atemholen, sondern zwängte mich noch in der ersten Runde an ihm vorbei.

Dann machte ich ordentlich Druck und fuhr allen davon«, freute sich der Teenager.

Sein Benetton-Honda-Teamkollege Masao Azuma war dagegen auf dem absteigenden Ast. Weil seine Maschine bei dem Reh-Unfall in Brünn in zwei Teile zerfallen war, kaufte ihm Bridgestone fürs Rennen in Imola einen neuen Spezialrahmen mit verstellbarem Lenkkopfwinkel. Wegen der schon im Training dubiosen Wetterverhältnisse verspätete sich der Japaner allerdings mit der Abstimmung, wurde im Rennen nur Zehnter und mußte die WM-Führung wieder an den bislang sieglosen Emilio Alzamora abtreten, der seine Via Digital-Honda auf Platz vier ins Ziel brachte.

Wo Qualm ist, ist auch Feuer: Melandri feierte den dritten Sieg in Folge

Während der prächtig gestartete Ui wegen nachlassender Motorleistung auf Rang neun abrutschte, zeigte sich Steve Jenkner für das zweifelhafte Wetter am besten präpariert: Dank reinrassiger Slicks kam er auf abtrocknender Piste immer mehr in Schwung und wiederholte als Siebter sein prächtiges Resultat von Brünn.

Auch Reinhard Stolz, von seinem Team in der entscheidenden Phase des Abschlußtrainings wieder einmal mit alten Reifen auf die Strecke geschickt, machte das Beste aus seinem 23. Startplatz und ergatterte mit seiner Polini-Honda als 14. noch zwei Punkte.

Dagegen ging bei seinem bayerischen Landsmann Bernhard Absmeier wieder alles schief: Nach Pech mit Kolbenklemmern und dem Wetter gerade noch als 30. qualifiziert, stürzte er in der siebten Rennrunde.

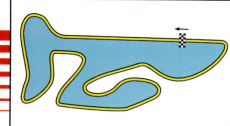

19. 9. 1999: Grand Prix Valencia in Cheste

Der Tag, an dem der Régis kam

Die spanische Fiesta fiel beim Valencia-Grand Prix ins Wasser. Der Franzose Régis Laconi erlebte dafür den größten Tag in seiner Karriere.

Der ungebremste Boom im spanischen Motorradrennsport hatte den Fans eine brandneue Rennstrecke bei dem kleinen Valencia-Vorort Cheste beschert, die von den Tribünen eine nahezu lückenlose Übersicht über den gesamten Verlauf der Piste erlaubte.

Beraten von dem valencianischen Idol Jorge Martínez, kümmerte sich das Organisatorenteam bei der Vorbereitung des dritten Grand Prix auf spanischem Boden minutiös um jedes Detail, vom großen Paella-Eröffnungsessen am Donnerstagabend im Fahrerlager bis zu eigens festgelegten Feuerwerkszonen für die unvermeidlichen Raketen- und Böllersalven nach Rennende. Seine Majestät König Juan Carlos I. kündigte sich zur offiziellen, feierlichen Einweihung der modernsten und imponierendsten aller Anlagen an, seine Untertanen rissen sich um die Eintrittskarten und sorgten schon Wochen im voraus für ein ausverkauftes Haus.

Alle spielten mit bei der großen Fiesta - nur das Wetter nicht. Denn nach zwei strahlend sonnigen Trainingstagen zogen in der Nacht zum Sonntag plötzlich düstere Regenwolken auf, entluden sich ab dem frühen Morgen und verdorben nicht nur so manchem Zuschauer, sondern auch etlichen der Fahrer den Spaß.

Prominentestes Opfer der widrigen Verhältnisse wurde Alex Crivillé. 23 von 30 Runden hatte er den Balanceakt auf zunächst nasser und allmählich abtrocknender Piste mit einer kalkulierten Fahrt heil überstanden und lag an sicherer fünfter Stelle, bevor ihn dann plötzlich der Teufel ritt. Nicht nur, daß er Kenny Roberts überholte, wollte er auch noch die Lücke zu Tadayuki Okada schließen und schlug ein Tempo an, das anstatt zum Triumph direkt ins Verderben führte. Eingangs einer Rechtskurve überbremste er das Hinterrad und stürzte, richtete seine Honda sofort wieder auf und fuhr weiter, fügte sich aber in sein Schicksal, als er den abgebrochenen Bremshebel entdeckte. »Nur, wer nichts riskiert, macht keine Fehler«, entschuldigte sich der Repsol-Honda-Star.

Kenny Roberts ließ sich von dem Zwischenfall nicht erschüttern. Kaltblütig nutzte er die verbliebenen Kilometer zu einem Sturmlauf auf Rang zwei, mit dem er sich um den sportlichen Wert der verbliebenen vier Überseerennen verdient machte und die Titelentscheidung etwas verzögern konnte.

Der große Held der Veranstaltung war trotzdem ein anderer. Denn während Kenny Roberts seine Chance nach einem mageren neunten Trainingsplatz vor allem den Witterungsbedingungen verdankte, hatte der Franzose Régis Laconi schon im trockenen Abschlußtraining mit der ersten Pole Position seiner Grand Prix-Karriere zugeschlagen. So vehement, wie der 24jährige seine Werks-Yamaha andernorts zu zerschmettern pflegte, war nun die Eruption seiner Freude, der er mit Kriegsgeschrei in der Box und innigsten Umarmungen seiner Crew Luft zu machen versuchte. »Das Motorrad fühlte sich wunderbar an. Endlich fanden wir eine Abstimmung, mit der ich beim Bremsen das

Mit Risikobereifung zum großen Triumph: Régis Laconi (55)

Mit Risikoattacke auf Roberts (10) ins Verderben: Alex Crivillé

Red Bull verleiht Flügel: Neben Laconi driftete auch Garry McCoy aufs Podest

richtige Gefühl fürs Vorderrad hatte«, schwärmte der Straßburger.

Tags darauf demonstrierte er dieses Gefühl auf noch beeindruckendere Art und Weise weil der Regen kurz vor dem Start der 500er aufhörte und nur noch gelegentliche Nieselschleier über die Arena hinwegzogen, ging sein Team aufs Ganze und schickte Laconi mit einem Intermediate vorn und einem reinrassigen Slick am Hinterrad ins Rennen. Präzise balancierte der Franzose auf der schmalen, trockener werdenden Ideallinie durch die Nässe, schüttelte alle Verfolger ab und feierte mit 3,5 Sekunden am Ende den ersten Saisonsieg für Yamaha und den ersten Sieg seiner Karriere.

Und wieder ließ Laconi seinen Emotionen freien Lauf, erst mit Gebrüll, dann mit Tränen, als Seine Majestät Juan Carlos I. ihm die Trophäe überreichte. Der sonst so unbeschwert und fröhlich wirkende Régis dachte an seinen älteren Bruder Alban, der ihn in den Anfangsjahren seiner Karriere als Mechaniker unterstützt hatte, dann aber bei einem Autounfall ums Leben kam. »Für ihn habe ich mir geschworen, dereinst Weltmeister zu werden und zu beweisen, daß die Mühen nicht vergeblich waren. Der Erfolg heute ist der erste Schritt dazu«, ließ Laconi wissen. Endlich stand er einmal im Rampenlicht, endlich war er einmal dem Schatten von Olivier Jacque davongefahren, den er schon 1992 in der »Equipe de France« besiegt hatte, der ihm seither aber in allen Punkten die Show gestohlen hatte.

Ein Faktor an Laconis Erfolg war sein neuer Teamkollege. Beim Assen-Grand Prix erstmals als Ersatz für den erfolglosen Simon Crafar im Sattel, heizte Garry McCoy seinem Teamkollegen auf Anhieb tüchtig ein. Obwohl der Australier noch nie eine V4-Maschine bewegt hatte, driftete er derart inbrünstig, daß er auch bei Laconi neuen Ehrgeiz aufflammen ließ. Schon zu Zeiten seiner 125 ccm-Karriere pflegte McCoy spitz wie mit einer 500er durch die Ecken zu fahren und das Hinterrad zum Durchdrehen zu bringen, und je mehr sich das Naturtalent für sein Team als Glücksgriff entpuppte, desto mehr setzte sich auch bei Laconi die Erkenntnis durch, daß die Yamaha eigentlich besser war als ihr Ruf. In Valencia gelang auch Garry McCoy der bisherige Höhepunkt seiner Laufbahn: Mit der gleichen Risikobereifung wie Laconi ausgerückt, prügelte er seine Maschine auf Platz drei und stand an allen Kurvenausgängen so herzhaft quer, daß Beobachter Dirk Raudies die Mechaniker bedauerte, die das Motorrad »nun auch an der Seite von Fliegen reinigen« mußten.

Damit war ein doppeltes Podium fürs Red Bull-Team perfekt, und weil mit Carlos Checa, Norick Abe und Max Biaggi noch drei weitere Yamaha-Stars unter den ersten sieben landeten, wurde bei Yamaha nach Kräften gefeiert. Allerdings hatten die aktuellen Konstrukteure nur einen geringen Anteil am Erfolg: Norick Abe fuhr schon das ganze Jahr, das Red Bull-Team seit Beginn der Europasaison mit dem alten Rahmen von 1998. Beim neuen Modell 1999 saßen Lenkkopf und Motor weiter vorn und der Schwingendrehpunkt höher, und je hartnäckiger das eigentliche

Keine spanische Fiesta: Gibernau (15) wurde nur Neunter, Borja (14) stürzte

Marlboro-Yamaha-Werksteam an der neuen Konfiguration festhielt, desto mehr verrannte es sich in der Erfolglosigkeit. Carlos Checa hatte irgendwann ein Einsehen und rüstete auf ein frühes Modell von 1998 mit wenig Gewicht auf dem Vorderrad um. Max Biaggi, bei allen Modifikationen geradezu neurotisch auf Geheimhaltung bedacht, versuchte sein Glück weiter mit dem 99er Modell und erpobierte im Valencia-Training abermals eine neue Version. Hoffnungslos mit Platz 16 untergegangen, ließ Biaggi fürs Abschlußtraining dann auch auf den 98er Rahmen umrüsten – und qualifizierte sich als Zweiter.

Auch MuZ-Weber-Pilot Jürgen van den Goorbergh rutschte hilflos durch die Nässe. »Ich bin noch nie eine 500er mit Intermediates gefahren, außerdem haben wir an der Federung etwas in die falsche Richtung gedreht. Ich hatte nicht die Spur von Grip, sowie ich das Gas auch nur ein bißchen öffnete, stand ich sofort quer«, berichtete der Fliegende Holländer, der neun Runden vor Schluß durch einen Elektrikdefekt erlöst wurde und mit totem Motor ausrollte.

Teamkollege Bernard Garcia hatte sich schon nach dem ersten Training veabschiedet. Ohne seine in Imola verletzte rechte Hand prall kurz bewußtlos, erwachte aber unversehrt und wunderte sich, warum er statt auf dem Motorrad im Ambulanzfahrzeug um die Strecke kreiste. »Meine Regenreifen funktionierten zunächst perfekt, ließen aber stark nach, als die Strecke etwas abzutrocknen begann«, schilderte er.

Es war auch kein guter Tag für Valentino Rossi. Seine Werks-Aprilia lief in der zweiten Runde nur auf einem Zylinder, worauf der WM-Leader auf Platz 18 zurückfiel und nach mühevoller Aufholjagd gerade noch Platz acht sichern konnte.

Jubel in der Box – und mit Garry McCoy auf dem Podest: Laconi freut sich über Pole Position und Sieg

Doch die Intermediates der Marlboro-Yamaha-Piloten waren klar die zweite Wahl. »Vom Start weg fühlte ich mich unwohl im Sattel. Das Vorderrad wanderte nach außen, das Hinterrad drehte durch. Nach meinem Sturz im Warm-Up ließ ich es deshalb vorsichtig angehen«, berichtete Carlos Checa nach seinem fünften Platz. Auch Norick Abe hatte bei seiner Fahrt auf Rang sechs wenig Vertrauen in seine handgeschnittenen Slicks, und Biaggi bemerkte nach seinem siebten Platz, das Motorrad habe sich mit den Intermediates schlecht einlenken lassen und vor allem in Rechtskurven den nötigen Grip vermissen lassen.

rechtzeitig auf einem Straßen- oder Moto Cross-Motorrad auszuprobieren, hatte der Franzose das Team mit Sack und Pack nach Valencia reisen lassen, nur um nach wenigen Proberunden festzustellen, daß er keine Kontrolle über Gas und Bremse besaß.

250 ccm:
Battainis Kegelausflug

Wie tückisch die Verhältnisse waren, zeigte der Sturz von Regenspezialist Ralf Waldmann in der 250 ccm-Klasse. Nach einem Rutscher mußte er aufrichten, ratterte ungebremst durchs Kiesbett und warf seine Werks-Aprilia gerade noch rechtzeitig weg, bevor er in den Reifenstapeln einschlug. Waldi war nach dem Auf-

Jeremy McWilliams bestimmte dagegen von Anfang an das Tempo, blieb dem führenden Tohru Ukawa bis Rennmitte hartnäckig auf den Fersen und fiel erst ab der 20. Runde zurück, als die Strecke abtrocknete und seine Regenreifen die ersten Auflösungserscheinungen zeigten. Die hartnäckigen Versuche, trotzdem an der Führungsgruppe dranzubleiben, bezahlte der Ire fünf Runden vor Schluß mit einem Sturz.

Von den Aprilia-Stars blieb am Schluß nur Franco Battaini im Vorderfeld übrig und feierte als Zweiter sein bislang bestes Resultat. «Es scheint, daß ich im Nassen stets der beste Aprilia-Fahrer bin», schmunzelte der Italiener.»Ich hatte zwar einen fürchterlichen Start und lag etwa an 20. Stelle, doch beim Aufholen sind mir die anderen wie Kegel vorgekommen, um die

Ungebremst durchs Kiesbett in Richtung Reifenstapel: Ralf Waldmann

ich nur herumzusteuern brauchte. Wenn es weiter geregnet hätte, hätte ich am Schluß vielleicht sogar noch Tohru Ukawa erwischt, doch bei abtrocknender Strecke kam auch ich immer mehr in die Bredouille«.

Mit fünf Sekunden Vorsprung feierte der Japaner den zweiten Saisonsieg und freute sich über einen Trick mit der Getriebeabstufung, der ihm zu Anfang des Rennens Vorteile verschafft hatte. »Wir haben die Gesamtübersetzung kürzer gemacht, auf nasser Piste war das ideal. Erst als es trockener wurde, mußte ich den Motor häufig überdrehen. Doch weil auch meine Verfolger Schwierigkeiten hatten, konnte ich meinen Vorsprung immer noch leicht kontrollieren«, verriet Ukawa, der die Entscheidung in der Weltmeisterschaft erfolgreich verzögerte.

Abwechslungsreicher war das Rennen des drittplazierten Loris Capirossi. »Am Anfang hatte ich im Nassen Bedenken, fand nach den ersten vorsichtigen Runden aber Vertrauen in denn Reifengrip und begann zu attackieren. Sieben Runden vor Schluß wurde mein Visier beim Überrunden allerdings so verspritzt, daß ich mit dem Handrücken versuchen mußte, mir wieder freie Sicht zu verschaffen. Dabei geriet ich neben die Piste, was Nakano und McWilliams sofort zu einem Überholmanöver nutzten«, berichtete Capirossi. »Ich kam zwar wieder an den beiden vorbei, doch für den Rest des Rennens waren mir sichere Punkte wichtiger, als Ukawa hinterherzuhetzen«. Zum zehnjährigen Jubiläum seines ersten WM-Titels winkte ihm statt des Sieges eine finanzielle Großofferte: Ducati bot ihm fünf Millionen Dollar für einen Dreijahres-Vertrag in der Superbike-Weltmeisterschaft.

Während die meisten Piloten von dem Regen kalt erwischt wurden, war der Wettersturz für Alex Hofmann ein Geschenk des Himmels. Wegen Abstimmungsproblemen im Trockenen nur für die fünfte Reihe qualifiziert, fuhr er munter nach vorn und wurde Zehnter. »Am Start wirbelten die 16 Fahrer vor mir eine solche Gischt auf, daß ich die Hand nicht vor den Augen sah und warten mußte, bis sich das Feld etwas auseinandergezogen hatte. Danach habe ich mich geduldig Fahrer für Fahrer nach vorn gearbeitet. Mir gefallen Regenrennen – sie passen zu meinem gleichmäßigen, runden Fahrstil«, rieb sich der Honda-Privatfahrer die Hände.

125 ccm:
Jenkners bestes Rennen

Arnaud Vincent, Masao Azuma und Gianluigi Scalvini stritten sich nach dem Start des verregneten 125er Rennens um die Führung, doch nach einem kurzen Gefecht zog Azuma auf unwiderstehliche Weise an der Spitze davon und schien den in den vorangegangenen Rennen verlorenen Boden mit einem Streich wieder gut zu machen. »Ich hatte keine Chance mitzuhalten, denn derart aufzudrehen, bedeutete die gesamte Streckenbreite auszunutzen, inklusive der gefährlich glatten weißen Begrenzungslini-

Der Regen-Spezialist: Tohru Ukawa jubelt über den Sieg

en auf beiden Seiten«, berichtete Aprilia-Pilot Scalvini, der in der siebten Runde hinter Azuma und dessen Teamkollegen Marco Melandri an die dritte Stelle zurückfiel.

Beide Benetton-Honda-Piloten machten nun das Tempo, doch in der zwölften Runde fuhren auch beide unmittelbar hintereinander ins Verderben. Erst keilte Azumas Hinterrad auf der weißen Linie aus und warf den Japaner ab, wie in einer Fernsehwiederholung erwischte es an genau der gleichen Stelle Momente später dann auch Melandri. »Ich habe wenig zu sagen«, meinte der bitter enttäuschte Azuma nach seinem Sturz. »Ich fühlte mich wohl im Regen, doch diese verfluchte weiße Linie ruinierte alles. Jetzt wird es eng, denn nun liege ich in der Weltmeisterschaft um 23 Punkte zurück«.

Scalvini war gut beraten, zwischen den weißen Linien zu bleiben, denn nach seinem vorsichtigen Rennbeginn erntete er nun die Früchte. Ab der 13. Runde so unverhofft in Führung, brauchte er nur Emilio Alzamora unter Kontrolle zu halten. Der Italiener hatte nur einen haarigen Moment, als er auf den überrundeten Bernhard Absmeier auflief. Denn der Passauer ging mit seiner alten Gebraucht-Aprilia mutig zur Sache, trennte sich in der letzten Runde dann aber

Schlechtes Wetter ist gutes Wetter: Steve Jenkner (17) wurde Fünfter

Wie es euch gefällt: Hofmann fand ideale Verhältnisse vor

per Highsider von den greifbar nahen ersten WM-Punkten und spielte den 13. Platz Reinhard Stolz in die Hand. Scalvini mußte dem stürzenden Passauer jedoch mit einer Blitzreaktion ausweichen und nahm einen langen Umweg durchs Kiesbett, bevor er mit Glück wieder heil auf die Strecke zurückfand. »Diese letzte Runde war wirklich unglaublich! Zum Glück hatte ich bereits das Tempo gedrosselt, sonst wäre ich zusammen mit diesem Deutschen im Dreck gelandet. Ich blieb cool, und obwohl ich geradeaus durch den Kies mußte, gelang es mir, die Balance zu bewahren. Wenn Alzamora näher an mir dran geblieben wäre, hätte er die Situation sicher nützen können. Doch zum Glück hatte er bereits aufgegeben!«

Auch der Trainingsschnellste Arnaud Vincent wurde immer langsamer, je nasser er wurde, und fiel am Ende hinter Nobby Ueda auf den vierten Platz zurück. »Jammerschade – ich hatte einen guten Start und war eine Weile vorne. Doch je nasser mein Sitz wurde, desto unkontrollierter rutschte ich auf dem Motorrad hin und her. Ich hatte keinerlei Halt«, beschwerte sich der Franzose, der unklugerweise mit einer schlüpfrigen Kunststoff-Regenhaut an den Start gegangen wir.

Hinter ihm lief Steve Jenkner als Fünfter ein, und für den tapferen Sachsen war das bis-

Der erste Sieg: Gianluigi Scalvini

lang beste Resultat seiner Karriere wie ein Sieg. Nach einer Runde als 13. noch weit zurück, nahm Jenkner einen Gegner nach dem andern aufs Korn und lag in den letzten Runden sogar zeitweilig an vierter Stelle. »Mein einziges Problem waren der Start und mein Motor, der zu wenig Temperatur hatte. Doch alles andere lief wie am Schnürchen, und vor allem die Bridgestone-Reifen waren im Regen ein Gedicht – viel Grip und auch im Grenzbereich leicht zu kontrollieren. Ich wußte gar nicht, daß ich Regenwetter so gerne mag!« schmunzelte er. »Steve wird angriffslustiger, und seine Empfindlichkeit nimmt ab. Die Tendenz geht nach oben - super!« freute sich Teamberater Dirk Raudies mit.

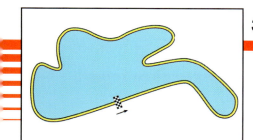

3. 10. 1999: GP Australien in Phillip Island

Zerreißprobe

Nach einem Trainingssturz von Alex Crivillé stand Kenny Roberts als sicherer Sieger fest – bis der Asphalt von Phillip Island seinen Hinterreifen zerfetzte.

Alex Crivillé kreiste im ersten Zeittraining zum Australien-Grand Prix an neunter Stelle umher und versuchte sein Glück wenige Minuten vor Schluß mit Gewalt. Ausgangs einer Kurve gab er zu früh Gas, wurde von seiner Repsol-Honda geschleudert und beschädigte sein linkes Handgelenk.

Der Bruch des äußersten Mittelhandknochens hätte für die meisten Fahrer eine Zwangspause bedeutet, doch die Vision, so kurz vor dem großen Finale zu scheitern und den sichergeglaubten WM-Titel womöglich doch noch zu verspielen, war noch schmerzhafter als die Verletzung. Crivillé quälte sich durchs Training, rutschte aber trotz aller Betäubungskünste von Dr. Claudio Costa und trotz aller Versuche, eine erträgliche Position für den Lenkerstummel zu finden, im Abschlußtraining an die zwölfte Stelle ab. Hinterher war der Unterarm so geschwollen, daß sich der Spanier fast nicht aus der Lederkombi schälen konnte. Trotzdem schwor er, auch im Rennen die Zähne zusammenzubeißen. »Ich habe schlecht geschlafen, wegen der Schmerzen und weil ich mich so sehr über mich selbst geärgert habe. Das Handgelenk tut so weh, daß ich noch froh sein kann, in der dritten Startreihe zu stehen. Ich will auf jeden Fall so viele Punkte wie nur möglich mitnehmen, denn ich darf mir die Chance auf diesen Titel auf keinen Fall entgleiten lassen. Ich muß 100 Prozent geben, ganz egal wie stark die Schmerzen sind«, machte sich Alex für das zermürbende 27-Runden-Rennen Mut.

Der Kampf schien aussichtslos, denn sein härteste Rivale gab sich keine Blöße. Kenny Roberts, der schon bei Vorsaisontests die Bestmarke gesetzt hatte, hängte seine Verfolger im ersten Training um über eine Sekunde ab, war auch im Abschlußtraining klar Schnellster und verließ sich neben seinem außergewöhnlichen Fahrkönnen auf eine Motorvariante mit klassischer 180 Grad-Zündfolge und genügend Power, um auch auf der 310 km/h schnellen Zielgeraden mit den Konkurrenten mithalten zu können.

Phillip Island war nach Assen die zweitschnellste Strecke im Kalender, und anders als viele moderne Stop and Go-Kurse, die den Anforderungen der Formel 1 entsprechend enge Ecken und Schikanen aufwiesen, wurden Talent und Mut der Fahrer mit einer fazinierenden Kombination langgezogener Kurven auf die Probe gestellt.

Vor allem die 200 km/h schnelle Zielkurve hatte es in sich. Weil sie für die folgende lange Gardner-Gerade allen nur möglichen Schwung brauchten, radierten die besten Halbliter-Cracks auch bei jenem Tempo mit kontrollierten Drifts aus der Kurve. Dabei staute sich in den Reifenflanken exzessive Hitze auf, und weil die Strecke nach dem letzten WM-Lauf neu asphaltiert worden war und besonders viel Grip auswies, zerbröselten die Reifen schon bei den Vorsaisontests wie in einer Käsereibe – es gab damals im Februar keine Mischung, die mehr als drei Runden überdauerte.

Meer und mehr: Tadayuki Okada stürmte zum dritten Sieg der Saison

Nichts verlernt: Mick Doohan gab auf seiner Ehrenrunde Vollgas

Guter Start – und deprimierendes Ende: Kenny Roberts (10) scheiterte an einem Reifenschaden

Michelin backte für den Grand Prix daraufhin Spezialreifen mit härterem Gummi auf der linken Reifenflanke, doch ganz gelöst war das Problem immer noch nicht. Die 16,5-Zoll-Reifen, die wegen ihrer relativ hohen Reifenflanken viel Eigendämpfung aufwiesen, waren unproblematisch. Die klassische 17 Zoll-Größe, wegen des größeren Felgendurchmessers etwas niedriger gebaut, galt nach dem Training jedoch als kritische Wahl.

Suzuki nahm das Risiko in Kauf und verlor. Roberts stürmte vom Start weg über alle Berge, fuhr neuen Rundenrekord hoffte, seine Reifen im weiteren Verlauf mit einer ungestörten Alleinfahrt und präzisen, runden Ideallinien schonen zu können. Fünf Runden vor Schluß wurde er ausgangs der berüchtigten Zielkurve jedoch plötzlich langsamer, winkte die Verfolgergruppe vorbei und brachte das Rennen, sich immer wieder umdrehend, im Tempo eines Sonntagsausflugs als Zehnter zu Ende. Zurück in der Boxengasse stieg er vom Motorrad und begutachtete erst einmal die regelrecht zerfetzte Lauffläche seines Hinterreifens. »Ich spürte einen Knall von hinten, und das Motorrad fing an, zu vibrieren. Ich wußte sofort, daß es der Hinterreifen war, und mir blieb nichts anderes übrig, als das Gas zurückzudrehen. Zum Glück

Trotz Handschmerzen hart bedrängt: Crivillé (3) wehrt sich gegen Gibernau (15), Checa (4), Barros (5)

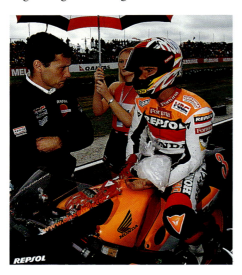

waren nur noch ein paar Runden zu fahren«, berichtete der 26jährige.

Die MoviStar-Honda-Piloten Alex Barros und Juan Borja scheiterten am gleichen Reifentyp, und nur Max Biaggi, der sich als vierter Topfahrer ebenfalls für diese Dimension und Mischung entschieden hatte, brachte das Rennen ohne Reifensorgen zu Ende. Allerdings hatte der Italiener die Geometrie seiner Yamaha im Warm-Up bewußt auf Reifenschonung getrimmt und Roberts ohne jeden Versuch der Gegenwehr ziehen lassen, um im Finale noch Reserven zu haben.

Das ganze Rennen über vergnügte sich Biaggi mit einem Katz- und Maus-Spiel in der Verfolgergruppe. Als Barros sich mit Reifendefekt und Norick Abe mit gebrochenem Auspuff verabschiedeten, hatte Biaggi nur noch Régis Laconi und Tady Okada gegen sich, und weil er durch die Panne von Kenny Roberts unverhofft die Führung erbte, lag der erste Saisonsieg des Römers in der Luft.

Doch in der Bergab-Rechtskurve der malerischen »Lukey Heights« nahm ihm der Japaner in der letzte Runde mit einem mutigen Überholmanöver die Butter vom Brot. »Okada überraschte mich nicht, denn er hat mich dort schon zuvor zweimal überholt. Ich hörte sein Motorengeräusch an meiner Seite und habe so spät und so weit innen wie möglich gebremst, doch er ging noch später und noch weiter innen zur Sache. Ein perfektes Manöver, das mit seiner Honda dank der überlegenen Stabilität beim Bremsen möglich war, meine Yamaha aber nicht verziehen hätte«, schilderte Max.

Okada, der sich lieber für die haltbaren 16,5-Zoll-Reifen entschieden und eine gewisse Tendenz zum Radrattern in Kauf genommen hatte, jubelte über den dritten Saisonsieg und seine weiterhin intakten WM-Chancen, doch der eigentliche Sieger im Rennen war Alex Crivillé. Noch am Startplatz hatte er jede Sekunde genutzt, sein schmerzendes Handgelenk mit einem Eisbeutel zu kühlen. Nach einem ungeahndeten Frühstart sofort an fünfter Stelle, begannen die schmerzstillenden Injektionen zu wirken, und obwohl der Effekt nach einer halben Stunde wieder nachließ, brachte Alex diesen fünften Platz heroisch ins Ziel. »Unglaublich, aber wahr: Das Glück, das mich am Freitag verlassen hatte, war heute wieder auf meiner Seite«, atmete der nun wieder souveräne WM-Leader auf. «Ich denke, ich bin eines meiner

Schöne Überraschung: Sieger Okada

besten Rennen gefahren, und nachdem ich am Freitag noch fürchtete, überhaupt nicht antreten zu können, ist dieser fünfte Platz wie ein Sieg – vor allem, weil mir Roberts keine Punkte wegnehmen konnte. Meine schwierigste Aufgabe war, trotz der Schmerzen genügend Kontrolle und Gefühl beim Bremsen aufzubringen. Trotzdem konnte ich das Tempo der anderen halten!»

Ausgerechnet Repsol-Honda-Teamkollege Sete Gibernau lieferte sich ein rundenlanges Duell mit Alex, bei dem sich die beiden einmal sogar in die Verkleidung krachten. Nur wegen klar zu weicher und völlig aufgeriebener Reifen steckte er am Schluß zurück.

Gibernau verwünschte seine Reifenwahl, denn er wäre gern an Carlos Checa drangeblieben, der sich vom 16. Platz nach einer Runde durchs Feld schlängelte und am Ende seiner tollen Jagd einen umjubelten vierten Platz einheimste. »Die ersten beiden Kurven waren ein Desaster, jeder spielte verrückt, und ich wurde von einigen meiner Kollegen gerammt«, berichtete Checa.

Daß er dabei in jener zweiten Kurve nach rechts schwenken mußte, wurde zum unseligen Moment für Anthony Gobert. Denn der Australier hatte plötzlich keinen Platz mehr und ging voll in die Bremsen, worauf sich sein Motorrad querstellte, noch ein paar Meter weiter torkelte und im Gras landete. »Ich habe mir den Kopf angeschlagen und auf die Zunge gebissen, sonst bin ich okay«, schilderte der 24jährige das frühe Ende seines Grand Prix-Comebacks.

MuZ-Weber-Teamchef Rolf Biland war bei der verzweifelten Suche nach talentierten Fahrern, die dem europäischen Projekt noch vor Saisonende einen Achtungserfolg bescheren konnten, auf Gobert gestoßen und hatte das von Suzuki noch vor Saisonende 1997 wegen Drogen- und Alkoholskandalen gefeuerte Enfant terrible für vorläufig zwei Rennen angeheuert. «Meine zwei Jahre in der amerikanischen Superbikemeisterschaft waren wie Gefängnis, denn wenn du eine Strafe absitzt, hast du viel Zeit, über dein Leben nachzudenken – und genau das habe ich getan. Jetzt bin ich auf Bewährung freigekommen und werde alles tun, meine zweite Chance am Schopf zu packen», erklärte Gobert, der immer noch wie ein Wasserfall reden konnte und sich zum Hauptziel gesetzt hatte, »die Gesichter der Suzuki-Leute in den Staub zu reiben«.

Doch zwei Jahre Grand Prix-Abstinenz und die Umstellung von einer Viertakt-Zweizylinder-Ducati mit Dunlop-Reifen auf eine Zweitakt-Vierzylinder-Rakete mit Michelins waren

auch für ein Wunderkind nicht ohne weiteres zu überbrücken. Gobert absolvierte am Donnerstag auf einer kleinen Provinz-Rennstrecke die ersten Funktionstests, fuhr am ersten Trainingstag verhalten auf Rang 16 und verbesserte sich im Abschlußtraining auf Platz 13. »Er machte keine Dummheiten und steigerte sich Schritt für Schritt, so wie wir es von ihm erwartet haben. Es stinkt mir, daß uns im Rennen wieder mal das nötige Glück fehlte«, seufzte Rolf Biland, der sich mit Goberts Engagement bei den um den guten Ruf des Projekts besorgten Sponsoren ohnehin schon heftiger Kritik ausgesetzt hatte.

Während Teamkollege Jürgen van den Goorbergh wenigstens einen elften Platz ins Ziel brach-

Das kurze Comeback der Go-Show: Schon in der zweiten Kurve des Rennens war Feierabend

Schon wieder Schampus: Laconi glühte an Carlos Checa (4) vorbei auf Platz drei

te, trösteten sich die australischen Fans mit dem Erfolg von Garry McCoy, der seine Red Bull-Yamaha im üblichen Sturm und Drang-Stil von weit hinten auf den siebten Platz prügelte.

Und mit dem Auftritt von Mick Doohan, der am Sonntag vormittag zu ein paar Demonstrationsrunden mit Sete Gibernaus Ersatzmaschine

ausrückte und die Parade offensichtlich mit dem Abschlußtraining verwechselte. »Ein Fernsehmann meinte, ich sei ein Verrückter, weil ich mit Vollgas davon gespurtet bin, und wahrscheinlich stimmt das auch«, meinte der verletzte Champion gutgelaunt. »Vielleicht hätte ich langsamer fahren sollen, doch das Schnellfahren hat mich viele Jahre lang in diesem Sport gehalten – und ich liebe es noch immer. Und ich habe definitiv noch das richtige Gefühl dafür!«

Nach dem Halbliterrennen hatte Mick den zweiten großen Auftritt: Auf dem Podest wurde ihm die Phillip Island-Piste als Goldtrophäe überreicht und die »Doohan Corner« eingeweiht. Damit war nach der »Gardner Straight« endlich auch der zweite große Held des australischen Motorradsports auf der Strecke verewigt.

250 ccm: OJ okay

Shinya Nakano war im August nach Japan gejettet, um einen neuen Rahmen für seine YZR 250 zu testen, hatte aber keine großen Unterschiede zum alten Modell feststellen können, worauf das Chassis vorläufig dort blieb, wo es war.

Olivier Jacque reagierte entrüstet. Etwas größer, schwerer und aggressiver mit der Gashand als sein fliegengewichtiger japanischer Teamkollege, hatte er auch entsprechend größere Fahrwerksprobleme und dringenderen Bedarf an Verbesserungen. Der Franzose forderte, das neue Chassis selbst auch probieren zu dürfen, und als er in Australien zum ersten Mal damit ausrückte und auch gleich noch neue Leistungsteile mit auf den Weg bekam, war er auf Anhieb pfeilschnell. »Ich bin entzückt! Das Motorrad ist superb, das neue Chassis und die jüngsten Motormodifikationen machen den Unterschied ums Ganze. Seit ich vom Motorrad gestiegen bin, habe ich nicht aufgehört, zu lächeln. Ich kann das Rennen nicht erwarten«, schwärmte OJ nach seiner vorläufigen Bestzeit und verlor auch tags darauf seine gute Laune nicht, als er wegen Schaltschwierigkeiten auf den zweiten Platz verdrängt wurde.

Max Biaggi (2): Nach dem Mißgeschick von Kenny Roberts lag der erste Saisonsieg in der Luft

Armer Abe: Boxenstopp nach Auspuffbruch - und am Ende nur Rang 16

Statt des Franzosen schob sich nun der Ire Jeremy McWilliams mit der ersten Pole Position seiner Karriere ins Rampenlicht und schwärmte von den schnellen Kurven der Phillip Island-Piste. »Sie sind mir wie auf den Leib geschneidert. Vor allem die langgezogene Zielkurve ist ein Erlebnis. Das einzige, was mich stört, sind die vielen tieffliegenden Seemöwen – ich habe nur begrenzte Lust, bei Tempo 240 eine ihrer Flugbahnen zu kreuzen«!

Valentinos große Show: Nach Platz sieben im Training ein klarer Sieg

Im Rennen wartete eine ganz andere unliebsame Überraschung auf den Aprilia-Werkspiloten. Weil sein mittelharter Vorderreifen im Training nur 17 Runden überstanden hatte, rüstete er für die 25-Runden-Distanz notgedrungen auf eine harte Mischung um. Der Grip, den er in der ersten Runde spürte, entpuppte sich als trügerisch: Schon in Runde zwei rutschte ihm in einer schnellen Rechtskurve bei Tempo 200 ohne Vorwarnung das Vorderrad weg. McWilliams brach sich bei seinem spektakulären Sturz zwei Mittelhandknochen der linken Hand, reiste umgehend nach Europa zurück, um sich mit Lasertherapie behandeln zu lassen, und sagte

Tollkühne Aufholjagd:
Ralf Waldmann

Das ewige Lächeln: OJ (19) war von seiner renovierten Yamaha begeistert

den nächsten Einsatz in Südafrika enttäuscht ab.

Auch Aprilia-Markengefährte Ralf Waldmann hatte nicht das beste Wochenende erwischt. Im Abschlußtraining rollte er wegen Benzinmangel aus und blieb auf seinem achten Trainingsplatz sitzen, im Rennen fiel am Start die Drehzahl in den Keller, worauf er wieder einmal als einer der letzten lostuckerte. Dann allerdings gab Waldi vehement Gas und erbeutete nach einer tollkühnen Aufholjagd noch den fünften Rang. »Wenigstens habe ich Loris Capirossi ein paar Punkte abgenommen und Valentino Rossi im Kampf um den Titel geholfen«, kommentierte er das Duell gegen den Weltmeister, der mit nachlassender Motorleistung aus der Spitzengruppe zurückgefallen war.

Dort setzte sich Valentino Rossi gegen die Attacken von Honda-Werkspilot Tohru Ukawa und der beiden Yamaha-Asse Jacque und Nakano zur Wehr. Im Training nur als Siebter qualifiziert, zeigte sich der WM-Leader im Rennen wieder von der gewohnt starken Seite und ging in der fünften Runde zum ersten Mal in Führung, ohne seine Verfolger abschütteln zu können. Noch in der letzten Runde wurde er so ernsthaft von Olivier Jacque bedrängt, daß er den Sieg nur mit einer neuen Rekordzeit sicherstellen konnte. »Die Aprilia läßt sich auf dieser Strecke am schönsten mit einer langen Übersetzung in den einzelnen Gängen fahren, und im letzten Jahr, als es keine ernsthaften Konkurrenten gab, funktionierte das wunderbar. Doch um mich diesmal gegen Honda und Yamaha verteidigen zu können, mußten wir diese Idee aufgeben und ein völlig neues Set-Up suchen. Ich habe mir die Sache zu einfach vorgestellt und bin mit einer zu lockeren Einstellung hier angekommen«, gestand Rossi.

Jeremy McWilliams: Zum ersten Mal auf Pole Position - und dann ein Rennsturz

Neue Besetzung, alte Probleme: Robbin Harms, Mario Rubatto

Tohru Ukawa etwas enttäuscht. »Insgesamt war das Motorrad sehr gut. Ich hatte nur auf den Geraden Schwierigkeiten, mit Rossi und Ukawa mitzuhalten«, erklärte der Japaner.

Die Privatfahrer spielten auf der schnellen Strecke in einer anderen Liga. Lokalmatador Anthony West feierte Platz zehn, Alex Hofmann kam als 13. ins Ziel und freute sich über eine gelungene Schlußattacke. »Ich wußte, daß ich in der letzen schnellen Linkskurve schneller bin als Luca Boscoscuro. Vor dem Zielstrich habe ich ihn aus dem Windschatten elegant erwischt!«

125 ccm: Podestplatz für Ui

Steve Jenkner stürzte am Freitagmorgen wegen mangelndem Vorderradgrip und verletzte sich erneut an seiner rechten Hand. Diesmal wurde

Jacque lag am Zielstrich nur um eine Zehntelsekunde hinter Rossi und war trotz der Niederlage begeistert. »Das war mein bestes Rennen in diesem Jahr. Es war ein harter Kampf, denn so sehr ich mich auch anstrengte, die anderen waren stets zur Stelle. Direkt hinter Rossis Auspuff als Zweiter ins Ziel zu kommen, ist fast wie ein Sieg«.

Nur Teamkollege Nakano war über Platz vier und seine ebenso knappe Niederlage gegen

Wieder da: Marco Melandri nutzte seine Chance

Unschuldig umgerissen: Alzamora (7) scheitert am gestürzten Ueda

der Ringfinger unter dem Bremshebel eingeklemmt und angeknackst, außerdem wurde die Fingerkuppe so tief aufgerissen, daß sie mit neun Stichen wieder angenäht werden mußte.

Doch der tapfere Sachse zeigte Härte, fuhr er am Nachmittag auf den 18. Trainingsplatz und verzichtete auch tags darauf im Abschlußtraining auf schmerzstillende Mittel, weil er durch die Injektionen das nötige Feingefühl für Gas und Bremse verlor. »Es ging auch so. Mein Hauptproblem ist sowieso nicht der Finger, sondern die Vordergabel. Das Vorderrad hat kaum Bodenkontakt, vor allem wenn es so windig ist wie heute nachmittag«, berichtete er nach dem 15. Trainingsplatz.

Im Rennen machte sich die Hartnäckigkeit bezahlt. Obwohl seine Aprilia immer noch unsanft durch die langsamen Kurven ratterte und Jenkner die Radien mit besonders spitzen Winkeln abkürzen mußte, fuhr er auf Platz zehn und gewann dem Wochenende doch noch seine positiven Seiten ab.

Dagegen erwischte Markengefährte Emilio Alzamora einen schwarzen Tag. Bis vier Runden vor Schluß balgte sich der WM-Leader in der Spitzengruppe und hatte gute Aussichten, seinen Stand in der Tabelle endlich mit dem ersten Saisonsieg zu krönen, als Nobby Ueda vor seiner Nase ausrutschte und den Spanier schuldlos mit ins Verderben riß. Alzamora brachte sein Motorrad zwar wieder in Gang, doch mehr als Platz 15 und ein Punkt war nicht mehr zu retten.

Deshalb witterten seine Rivalen im WM-Kampf wieder Morgenluft. Masao Azuma fuhr nach den Rückschlägen der letzten Rennen zunächst wie auf rohen Eiern und hatte weder das nötige Set-Up noch das nötige Selbstvertrauen für einen Sieg, steigerte sich im Rennen aber vom 16. Platz am Start auf Rang fünf am Zielstrich und nahm es Valencia-Sieger Gianluigi Scalvini auch nicht weiter übel, daß er ihm den vierten Platz buchstäblich vor der Nase wegschnappte. «Ich bin wieder da, und ich habe in der WM-Tabelle den Anschluß an Alzamora gehalten. Das ist die Hauptsache», atmete Azuma auf.

Wieder da war auch sein Honda-Benetton-Teamkollege Marco Melandri. Das ganze Rennen über taktisch klug im Windschatten versteckt, fuhr er in der letzten Runde frech an Lucio Cecchinello vorbei und schlug seinem Landsmann bis zum Erreichen der Zielflagge geschickt alle Türen zu. »Ein großartiges Rennen und ein großartiger Sieg – ich bin überglücklich, denn jetzt ist die Weltmeisterschaft wieder völlig offen«, jubelte Melandri, dessen Motorrad von Trainingsbeginn an wie ein Uhrwerk gelaufen war.

In ähnlicher Stimmung war auch Youichi Ui: Dem vierten Platz im Training ließ der Japaner Platz drei im Rennen folgen und bewies dabei, wie schnell und konkurrenzfähig die Derbi nach den jüngsten Modifikationen von Konstrukteur Harald Bartol geworden war. Eine neue, aerodynamisch ausgetüftelte Verkleidung hatte an dem Erfolg entscheidenden Anteil: Plötzlich liefen die »balas rojas« um satte acht km/h flotter.

Ein solcher Erfolg war dem Mayer-Rubatto-Team trotz drastischer Maßnahmen nicht vergönnt. Wegen anhaltender Erfolglosigkeit wurde Bernhard Absmeier nicht auf die Reise nach Übersee mitgenommen und statt dessen durch den talentierten Dänen Robbin Harms ersetzt, der in der Deutschen Meisterschaft durch gute Leistungen auf einer Bridgestone-bereiften Honda auffiel. Wegen andauernder Technik-Probleme mit der altersschwachen, Dunlop-bereiften Absmeier-Aprilia kam er in seinem ersten Grand Prix-Training allerdings kaum zum Fahren, qualifizierte sich als 26. und mußte im Rennen mit Rang 22 zufrieden sein.

Deprimiert war auch Reinhard Stolz. Mit seiner chronisch kranken Polini-Honda qualifizierte er sich mühsam als 20. und kam trotz aller Anstrengungen auch im Rennen nicht über Platz 20 hinaus.

Derbis bislang größter Erfolg: Youichi Ui auf dem Podest

10.10.1999: Grand Prix Südafrika in Welkom

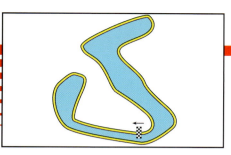

Welcome in Welkom

Der Südafrika-Grand Prix in Welkom verlief angenehmer, als es ein Sandsturm am Donnerstag vermuten ließ. Max Biaggi feierte den ersten Sieg der Saison, Alex Crivillé und Valentino Rossi schwenkten im Kampf um die Weltmeisterschaft auf die Zielgerade ein.

In der afrikanischen Provinz gab es keine Busse und Bahnen, viele Dörfer waren aus Mangel an Verkehrsmitteln fast völlig von der Außenwelt abgeschnitten. Die »Riders for Health«-Initiative, für die beim England-Grand Prix regelmäßig Fahrerutensilien versteigert wurden, lieferte geländegängige Motorräder in die Armutsgebiete, um eine Versorgung mit Medizin und anderen Hilfsgütern zu ermöglichen.

Daß sieben Jahre nach dem letzten Rennen in Kyalami wieder ein Südafrika-Grand Prix auf dem Kalender stand, nutzten sechs der Stars und »Riders for Health«-Aktivist Randy Mamola zum Besuch des Dorfs Marowa 60 Kilometer östlich der Zimbabwe-Hauptstadt Harare, um die Projekte der Initiative zu begutachten und zu einer Probefahrt mit einem »Ranger«-Gespann anzutreten, das dem Transport Verletzter diente, aber auch eine Wasserpumpe antreiben konnte.

Vom Busch in Zimbabwe fuhren sie in die Einöde von Welkom weiter. Nach einer zweistündigen Autoreise von Johannesburg erkannte man die Goldminenstadt an den mächtigen, flachen Abraumhalden von insgesamt 40 Minenschächten, die bis zu 5000 Meter tief ins Erdinnere gegraben und dort so weit verzweigt waren, daß der Abstieg zur eigentlichen Schürfstelle bis zu zwei Stunden dauern konnte.

Yamaha-Star Max Biaggi: Endlich der erste Sieg der Saison

»Riders for Health« im Dschungel von Zimbabwe: Probefahrt mit dem »Ranger«-Gespann

Nuggets wurden in den Schächten nicht zutage gefördert. Statt dessen graue Steinbrocken, deren Inhalt nur Geologen deuten konnten. Eine Tonne Gestein mußte zerklopft, zermahlen, mit Zyanid und Zink versetzt werden, um durchschnittlich sechs Gramm Gold zu gewinnen, und nur bei hohen Weltmarktpreisen für das Edelmetall war die Produktion rentabel.

Was blieb, waren Tausende und Abertausende Tonnen gelblichen Staubs, und wenn im Frühjahr warme, heftige Winde wehten, stieg dieser Staub zusammen mit der rötlichen Erde der ausgedörrten Getreidefelder wie Nebel in die Luft. Ausgerechnet der Donnerstag vor Trainingsbeginn in Welkom war ein solcher Tag, und weil sich der Sandschleier auf dem Phakisa Freeway niederlegte, stand als erste Amtshandlung der neu eingetroffenen Grand Prix-Piloten ein Fahrerstreik zur Debatte.

Fahrervertreter Franco Uncini setzte sich mit der venünftigen Ansicht durch, man müsse erst einmal fahren, um den Grip der Strecke wirklich beurteilen zu können. Daraufhin rückten 20 der GP-Stars mit Mercedes-Limousinen aus, um die Ideallinie freizufegen, wirbelten beim Abkürzen über die Kerbs aber mehr Dreck auf die Strecke, als sie davonbliesen. Eilends angeheuerte Putzkolonnen waren erfolgreicher, und als sich der Sandsturm am Freitag legte, glätteten sich auch die Wogen der Fahrerrevolte: Mit jeder Runde wurde der Grip auf der Strecke besser.

Start der Halbliterklasse: Noch ist Kenny Roberts (10) vorn dabei

Nur Kenny Roberts rutschte hilflos durch die Gegend. Gab es für seine Reifenprobleme beim Rennen in Phillip Island wenigstens brauchbare Theorien, so stand sein Team diesmal vor einem Rätsel. Im Abschlußtraining hatte sich Roberts mit einem harten 16,5 Zoll-Reifen in die erste Startreihe vorgekämpft, überzeugte sich im Warm-Up am Sonntagmorgen erneut von den Qualitäten dieses Reifentyps und entschied sich, ihn erstmals auch im Rennen einzusetzen.

Doch vom Start weg stimmte weder die Fahrwerksbalance noch die Traktion beim Beschleunigen. Drei Runden hielt sich der Suzuki-Star als Vierter, fuhr wegen des unkontrollierbaren Fahrverhaltens seiner Maschine dann aber durchs Gras und fädelte sich erst als Zwölfter wieder ein. Eine Weile hielt er die Nachzügler auf ihren Zwei- und Dreizylindermaschinen auf, und als er sich schließlich aus den Punkterängen verabschiedet hatte, ging er zu einem Reifenwechsel an die Box. »Die Privatfahrer waren in ihren eigenen Kampf verwickelt, und ich wollte sie nicht weiter behindern. Ich dachte, es wäre das Beste, hereinzukommen und den Reifen zu wechseln, damit wir unser Problem wenigstens eingrenzen können«, erklärte Kenny. Weil das Motorrad in den verbliebenen fünf Runden wundersamerweise wieder einwandfrei funktionierte, blieb ein Fertigungsfehler bei Michelin als einzig logische Ursache für das Debakel.

Mysteriöses über diesen Reifentyp hatte auch Tadayuki Okada zu berichten. »In Rechtskurven war ich schneller als alle anderen. Doch jeden Meter, den ich dort gutmachte, verlor ich wieder in der nächsten Linkskurve. Selbst wenn ich das Motorrad nur ums Eck rollen ließ, ohne Gas oder Bremse zu berühren, war ich ständig am Rutschen«, schilderte der Japaner, der sich nach seinem Überraschungssieg in Australien mit dem vierten Platz begnügen mußte und bei 44 Punkten Rückstand auf Alex Crivillé nur noch eine theoretische Chance auf den Titel bewahrte.

Denn der Spanier erreichte sein Etappenziel, vor Okada ins Ziel zu kommen, souverän. Die Schwellung im Handgelenk war etwas zurückgegangen, die Lenkerstummel in Normalstellung zurückgestellt, und obwohl Crivillé bei Richtungswechseln immer noch starke Schmerzen hatte, fuhr er wieder mit Sete Gibernau um die Wette. Wie in Phillip Island kämpften die Teamkollegen mit aneinanderscharrenden Verkleidungen, nur daß diesmal Gibernau als Sieger aus dem Duell hervorging und mit Platz zwei sein bislang bestes Grand Prix-Resultat einheimste. «Ich hatte kein leichtes Spiel, denn ich war zwischen zwei Teamkollegen, die beide um den Titel kämpfen. Was ich auch tat: Einem von beiden hätte ich auf jeden Fall geschadet», verteidigte Sete seine Angriffslust. »Zu Rennmitte bekam ich immer schlimmere Schmerzen in der Hand und mußte das Tempo drosseln. Doch solange ich vor Oka-

Alex Crivillé: Platz drei war wie ein Sieg

Biaggi und seine Mechaniker: Siegesjubel als Abschiedsgruß?

da blieb, war mir egal, was Sete anstellte«, meinte der glückliche Crivillé, der vor dem Rennen vom dritten Platz nicht einmal zu träumen gewagt hatte.

Auch, daß Max Biaggi zum langersehnten ersten Saisonsieg davonzog, ärgerte Crivillé angesichts des WM-Stands nicht im geringsten. Mit neuen Leistungsteilen und verbesserter Elektronik, die die Drehmomentkurve seiner Yamaha noch linearer machte, war der Italiener auf den zweiten Trainingsplatz vorgestoßen, und nachdem er in Australien bereits mit Glück

Platz zwei vor Crivillé: Gibernau fuhr seiner Zwickmühle davon

Da geht´s lang: MuZ-Team mit Anthony Gobert beim Studium der neuen Strecke

den zweiten Platz geerbt hatte, machte er sich diesmal mit einem überzeugenden Start-Ziel-Sieg aus dem Staub. »Das Team und Yamaha haben das ganze Jahr über hart gearbeitet, und jetzt haben wir ein Motorrad mit einigen starken Seiten. Ich möchte ihnen allen zu ihrer exzellenten Arbeit gratulieren«, flötete der Italiener.

In Wirklichkeit hatte sich Biaggi als Jobkiller betätigt und die Entlassung seines gesamten Mechanikerteams inklusive des neuseeländischen Cheftechnikers Mike Sinclair durchgesetzt. Von einem der Mechaniker darauf angesprochen, bestätigte Yamaha-Rennsportmanager Shuji Sakurada, die Crew könne sich fürs nächste Jahr einen neuen Job suchen. Biaggi köderte sein altes italienischen Mechanikerteam um Giovanni Sandi, mit dem er bei Aprilia drei Titel gewonnen hatte und das nun die Zweizylinder-500er von Tetsuya Harada betreute. »Warum machen wir es nicht umgekehrt

Start der 250er: Nakano (56) flitzt als Erster davon

und ersetzen Biaggi durch Harada?« brummte einer der Biaggi-Mechaniker erbost.

Harada hatte hinten wie vorne zuwenig Reifengrip und rutschte im Rennen auf einen undankbaren 15. Platz. Auch Régis Laconi stürzte vom siebten Himmel der beiden vorhergegangenen Rennen ab und mußte sich mit Rang 14 zu-

*Zwei Pechvögel:
Ralf Waldmann stürzt am Start,
Loris Capirossi rattert durchs Kiesbett*

friedengeben. «Ich hatte ein fürchterliches Rennen», gab der Franzose zu Protokoll. »Schon am Start qualmte mein Reifen nur, statt für ordentlichen Vortrieb zu sorgen, denn die linke Seite der Strecke war immer noch dreckig. Das Hinterrad drehte nur durch, doch meines Wissens sind Burn-Outs für das Rennende gedacht und nicht für den Anfang! Nach ein paar Runden hatte ich zu allem hin auch noch einen Ausritt, danach war´s vorbei!«

Ganz im Gegensatz zu Laconi schossen die beiden MuZ-Weber-Piloten wie Projektile von dannen. Jürgen van den Goorbergh hatte im 250er Rennen beobachtet, wie alle Fahrer vor der ersten Linkskurve nach rechts schwenkten und sich dort gegenseitig den Weg versperrten, worauf er sich schlau die Innenspur suchte und etwa ein halbes Dutzend seiner Gegner auf einen Streich erledigte. Kurzfristig unter den ersten sechs, stellte der Fliegende Holländer allerdings schnell mangelnde Motorleistung fest. »Schon am Startplatz hatte das Kühlwasser über 80 Grad, beim Beschleunigen hatte ich keine Chance. Ich dachte schon ans Aufhören. Doch dann hatte ich die Idee, aus dem Windschatten meiner Gruppe auszuscheren, so daß der Kühler mehr frischen Fahrtwind abbekam. Danach wurde es etwas besser«, berichtete Goorbergh nach dem 13. Platz.

Angriff auf Ukawa (4): Valentino Rossi (46) war abermals unschlagbar

Auch Anthony Gobert hatte sich von seinem 19. Startplatz ins Vorderfeld katapultiert und fuhr eine Weile mit seinem Teamkollegen um die Wette, ließ dann aber spürbar nach und beendete das Rennen zwischen zwei Honda-Privatfahrern als 18. »Ich habe zuviele Kollegen ausreiten und stürzen sehen und wollte dieses Rennen unbedingt heil zu Ende bringen. Deshalb habe ich das Tempo gedrosselt«, berichtete Gobert. Wahrscheinlicher war, daß ihm bei 1400 Meter Meereshöhe, bei hochsommerlicher Hitze und bei der ungewohnten Belastung eines Halbliterrennens die Puste ausging. »Anthony braucht Ausdauer. Die könnte er beim Skilanglauf in den Schweizer Bergen tanken«, schlug Teamchef Rolf Biland vor.

250 ccm: Nakanos Geburtstagsfeier

Der schlaksige, spindeldürre Valentino Rossi ließ die nötige Kondition nicht im mindesten vermissen: Nach einem schlechten Start aus der zweiten Reihe – Rossi ruckelte vorzeitig los und mußte nochmals zur Bremse greifen – kehrte er als Achter aus der ersten Runde zurück, arbeitete sich dann langsam, aber unerbittlich nach vorn und knöpfte Shinya Nakano sieben Runden vor Schluß die Führung ab. Damit war nicht nur sein achter Saisonsieg und der 100. Sieg für Aprilia, sondern auch der WM-Titel unter Dach und Fach – dem Superstar fehlten bei zwei ausstehenden Rennen gerade noch drei Punkte für die endgültige Entscheidung.

Vor allem aber genoß Rossi den Triumph, Loris Capirossi überholt zu haben. »Heute morgen habe ich eine seiner Erklärungen gelesen, in der er behauptet, wenn seine Honda perfekt abgestimmt sei, brauche er niemanden zu fürchten. Wie kann er so etwas behaupten, wenn er fast immer verliert? Deshalb hatte ich nach meinem schlechten Start vor allem ein Ziel: Loris um jeden Preis zu schlagen. Selbst wenn ich Fünfter und er Sechster geworden wäre, wäre ich mit dem Rennen zufrieden gewesen. Es ist schön, Rivalen zu haben, die dich auf diese Weise anspornen! Als ich ihn geschnappt hatte, war ich so vergnügt, daß ich gleich weitermachte und mir Ukawa und Nakano vorknöpfte!«

Während Loris Capirossi alle Siegchancen mit einem frühen Ausritt durchs Kiesbett verspielte und als Fünfter einlief, war Ralf Waldmanns Fahrt schon wenige Meter nach dem Start zu Ende. Ganz auf den Drehzahlmesser konzentriert, war er beim Losfahren leicht nach rechts in eine vermeintliche Lücke geschwenkt. »Mein Start war gut, ich bin gleichzeitig mit den anderen in meiner Reihe vom Fleck gekommen«, meinte der Aprilia Deutschland-Star.

Doch der Start des in der Reihe dahinter plazierten Luca Boscoscuro war nochmals um Welten besser. Pfeilschnell flitzte der Italiener von hinten heran, touchierte Waldi an der rechten Seite, blieb aber im Sattel und fuhr auf Platz acht. Waldi hingegen verhakte sich mit seinem Lenker, überschlug sich und klemmte die linke Hand unter dem Motorrad ein. Er schliff sich die linke Handkante bis auf den Knochen durch, brachte den rechten Fuß ins Hinterrad und hatte es nur seinem kohlefaserverstärkten Daytona-Stiefel zu verdanken, daß der Knöchel

Alex Hofmann, Manager Dieter Theis: Keine Werks-Honda – was nun?

Neuer Ehrgeiz: Steve Jenkner (17) griff Weltmeister Kazuto Sakata (1) an – und wurde Elfter

nicht wie bei Jürgen Fuchs ein Jahr zuvor am Sachsenring zertrümmert wurde.

Statt Waldi setzten sich im Rennen die Silberpfeile von Chesterfield-Yamaha in Szene. Beide Piloten waren für die erste Startreihe qualifiziert, und während Olivier Jacque am Start zurückfiel, stürmte Shinya Nakano sofort in Führung. Bis Rennmitte hielt er sich tapfer an der Spitze, verbremste sich aber zu Halbzeit und mußte seinen drängelnden Landsmann Tohru Ukawa und gleich darauf auch Valentino Rossi vorbeilassen. Fünf Runden vor Schluß war der kleine Japaner aber wieder zur Stelle, holte zumindest den zweiten Rang zurück und feierte seinen 22. Geburtstag mit dem fünften Podestplatz der Saison. »Ich hatte kleinere Probleme mit dem Handling, deshalb rutschte ich zwischendurch auf Platz drei ab. Doch Ukawa machte einen Fehler, den ich nutzen konnte. Am Ende fühlte sich das Motorrad immer besser an, doch Rossi war schon zu weit entwischt«, strahlte Nakano.

Olivier Jacque, nach einer Runde nur Siebter, quetschte sich drei Runden vor Schluß ebenfalls an Ukawa vorbei und stellte sich auf dem Podest zufrieden neben seinen Teamkollegen. «Ich hatte einen schlechten Start und brauchte eine Ewigkeit, um an West und Porto vorbeizukommen – beide sind gemeingefährlich spät auf der Bremse, versperren in der Kurve aber den Weg. Als ich es endlich geschafft hatte, betrug mein Rückstand schon elf Sekunden. Immerhin kam ich noch auf drei Sekunden heran», schilderte der Franzose.

Während Porto am Ende einen feinen sechsten Platz mit seinem Yamaha-Production Racer eroberte, überwog beim Yamaha-Aral-Kurz-Team wieder die Enttäuschung. Tomomi Manako hatte sich im Training auf Platz fünf vorgekämpft und die erste Startreihe nur um Haaresbreite verpaßt. Im Rennen zunächst Vierter, wurde er wegen Reifenproblemen auf Platz zwölf durchgereicht. Noch schlimmer erging es dem deutschen Supersport-Meister Markus Barth, der den beim Australien-Grand Prix mit einem Kniebruch ausgefallenen Lucas Oliver Bulto auf der zweiten Maschine ersetzte: Weil sich sein Motor nur zu 12000 Umdrehungen aufraffte, fuhr Barth im Schnitt 3,5 Sekunden langsamer als im Training und wurde Letzter. »So eine Schande – überrundet wurde ich in meiner ganzen Karriere noch nie«, stöhnte er nach seinem ersten Probegalopp auf einem Straßen-Rennzweitakter.

Auch bei Alex Hofmann herrschten gemischte Gefühle. Mit Platz 13 eroberte der Honda-Pilot zwar abermals Punkte, war aber schon wieder klar hinter dem neuntplazierten Anthony West. Und mittlerweile hatte Honda den Antrag auf eine Werksmaschine für die nächste Saison mit einem klaren Nein beantwortet. »Eine weitere Saison auf einem Production Racer kommt nicht in Frage. Deshalb verhandeln wir jetzt mit Aprilia«, hielt Manager Dieter Theis fest.

125 ccm: Scalvinis schönster Sieg

Aprilia beherrschte das Geschehen auch in der 125er Klasse. Gianluigi Scalvini glühte im Abschlußtraining auf die Pole Position und ließ seinen Cheftechniker Italo Fontana hochleben, der es geschafft hatte, unter den diffizilen Bedingungen mit 1400 Metern Meereshöhe das Optimum aus dem empfindlichen Drehschiebermotörchen herauszukitzeln.

Im Rennen duellierte sich Scalvini mit Marco Melandri, der sich als einziger Honda-Pilot in eine Phalanx von vier Aprilia schieben konnte. Ab Rennmitte stieß der Franzose Arnaud Vincent vom Aprilia-Team Valencia zu dem Duo, und bis zum großen Finale war die Entscheidung völlig offen. Dann zeigte sich, daß Scalvini und Vincent neben ihren gut laufenden Motoren noch mit einer weiteren Trumpfkarte aufwarten konnten: Während Dunlop-Pilot Melandri seine Reifen völlig ruiniert hatte, genossen die Bridgestone-bereiften Aprilia-Fahrer immer noch überlegenen Grip. In der 24. und letzten Rennrunde hatte Scalvini sogar noch solche Reserven, daß er den ersten offiziellen Rundenrekord der neuen Strecke in den heißen Asphalt brennen und bis zum Erreichen des Zielstrichs auf sechs Zehntelsekunden davonziehen konnte. »Ich habe in meinem Leben bis jetzt nur zwei Rennen gewonnen, doch dieser Erfolg ist noch viel schöner als der erste, denn hier hat es nicht geregnet wie in Valencia, und hier ist auch niemand vor meiner Nase aus dem Sattel

Der zweite Sieg: Scalvini vor Vincent (21) und Melandri (13)

gepurzelt. Ich habe aus eigener Kraft gewonnen«, jubelte der Italiener.

Nur in der vorletzten Runde war sein Sieg bei einem Doppelschlag von Melandri und Vincent nochmals in Gefahr geraten. »Doch dann machte der Franzose einen Fehler und verpaßte in einer Kurve die Ideallinie, deshalb war es ein Kinderspiel, den zweiten Platz zurückzuholen. In der vorletzten Kurve der vorletzten Runde fuhr ich dann auch an Melandri vorbei, denn der ist schwer zu schlagen, wenn er eingangs der letzten Runde in Führung liegt. Alles lief nach Plan«, resümierte Scalvini zufrieden.

Das erklärte auch Melandri. Denn obwohl der Teenager sich in der letzten Runde auch Vincent beugen und mit Platz drei vorlieb nehmen mußte, machte er in der Weltmeisterschaft wieder einen Riesenschritt nach vorn und verkürzte seinen Rückstand in der Tabelle auf nur zehn Punkte. «Ich habe mich im Gegensatz zu den anderen für weiche Reifen entschieden, das war mein größter Fehler», gestand Melandri. »Doch sonst kann ich mich nicht beklagen. Ich habe 16 Punkte in de Meisterschaft gutgemacht, und jetzt ist in den letzten beiden Rennen wieder alles offen«!

Denn die bisherigen Favoriten wurden vom Pech verfolgt. Emilio Alzamora, schon in Australien schuldlos umgerissen, wurde diesmal von Ivan Goi abgeschossen. Und Masao Azuma, eigentlich mit dem festen Vorsatz ins Rennen gegangen, nichts zu überstürzen, ritt in der ersten Runde dreimal aus, war mit großem Abstand Allerletzter und kämpfte sich noch zum 14. Platz. »Zwei Punkte – das ist doch gar nicht so schlecht, wenn man bedenkt, wie es nach einer Runde aussah!«, tröstete sich der Japaner, der im WM-Kampf weiterhin auf Tuchfühlung zur Spitze blieb.

Schlechte Voraussetzungen hatte auch Steve Jenkner, der sich nach dem mageren 20. Startplatz ein Donnerwetter von Teamberater Dirk Raudies hatte anhören müssen. Im Rennen legte sich der Sachse aber mit neuem Ehrgeiz ins Zeug und holte den elften Platz. »Mein einziges Problem war, daß ich am Start so weit hinten stand. Ich gebe zu, daß ich nach dem Sandsturm und nach den ganzen Diskussionen um einen Fahrerstreik nicht besonders motiviert war!«

Während Reinhard Stolz 17. wurde und die letzten Rennen in seinem hoffnungslosen Polini-Honda-Team gelassen als Training für die nächste Saison ansah, war die Motivation von Absmeier-Nachfolger Robbin Harms am Boden. Als sein Aprilia-Museumsstück nach fortwährenden Technikproblemen im Training auch im Rennen wieder nicht richtig lief, kam er vorzeitig zur Box und überlegte, den beiden Südamerika-Rennen zum Saisonende fernzubleiben. «So hat´s keinen Sinn – ohne vernünftiges Material sind diese Einsätze reine Geldverschwendung», meinte der kleine Däne deprimiert.

Chaotische erste Runde – und doch noch ein Happy-End: Masao Azuma

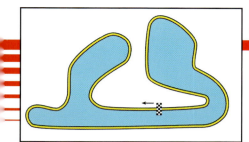

24. 10. 1999: Grand Prix Rio de Janeiro

Die Himmelsstürmer

Für Valentino Rossi und Alex Crivillé wurde der Rio-Grand Prix zur Spazierfahrt ins Paradies. Valentino Rossi hatte sogar seinen eigenen Schutzengel dabei.

Nur drei Punkte fehlten Valentino Rossi auf dem Weg zum WM-Titel, und obwohl er den Grand Prix in Rio de Janeiro in einen fröhlichen Karneval hätte verwandeln können, machte er in seinem Kampf gegen Honda und den Erzrivalen Loris Capirossi nochmals Ernst.

Zunächst in einem verbalen Scharmützel: Denn nachdem er seinen Landsmann in Südafrika als Verlierer bezeichnet hatte, schlug Capirossi zurück und behauptete, Rossi habe sich seiner beiden früheren Teamkollegen entledigen müssen, um als großer Star dazustehen, und profitiere bis heute von der Entwicklungsarbeit, die Harada und er selbst geleistet hätten. Valentino zögerte nicht lange mit der nächsten Replik und spottete, das Set-Up vom letzten Rio-Grand Prix 1997 sei in der Tat eine entscheidende Hilfe auf dem Weg zum Titel.

Hatte er damit die Lacher auf seiner Seite, so räumte er die letzten Zweifel an seiner fahrerischen Überlegenheit mit einer Glanzleistung auf der Strecke aus. Vom zweiten Startplatz beim Losfahren tief ins Mittelfeld zurückgefallen, fuhr er ohne den leisesten Anflug von Nervosität nach vorn und krönte seinen Titel mit dem neunten Sieg der Saison. »Ich habe bereits geduscht – aber mit Champagner«, strahlte der 125 ccm-Champion von 1997 nach dem zweiten WM-Titel seiner Karriere. »Ich bin überglücklich, daß ich mit einem Sieg Weltmeister geworden bin. Doch es war nicht einfach. Den Start habe ich aus Nervosität verpatzt, bin dann aber zügig nach vorn gekommen und habe mich beeilt, mich nicht lange in der Gefahrenzone der Privatfahrer aufzuhalten. Auch mit Ukawa und Perugini an der Spitze hatte ich relativ leichtes Spiel, weil sich die beiden gegenseitig aufhielten. Am Schluß hatte ich zweifellos noch Reserven: Es ist eine meiner typischen Eigenschaften, daß ich in den letzten Runden schneller bin als die anderen. Hinterher hieß es, Perugini und Ukawa seien sich gegenseitig in die Verkleidung gekracht, doch ich war zu diesem Zeitpunkt ohnehin schon über alle Berge. Mein Motorrad lief bestens und war pfeilschnell. Auf langen Geraden wie hier haben wir zweifellos Vorteile, dafür ist die Aprilia in Kurven etwas nervöser. Doch insgesamt ist sie genauso fantastisch wie mein ganzes Team!«

Von der in Frankreich abgesprungenen Kette abgesehen, hatte der Italiener das ganze Jahr über stets ein perfektes Motorrad zur Verfügung. Um auch bei der entscheidenden Fahrt zum WM-Titel vor Schäden und anderem Unbill gefeit zu sein, genoß Rossi eine ganz besondere Form der Unterstützung: Sein Schutzengel kam angeflogen, verfolgte das Geschehen am Rand einer Linkskurve mit aufgeregten Flügelschlägen und klemmte sich bei der Ehrenrunde zufrieden hinter dem jüngsten 250er

Valentino Rossi und sein himmlischer Passagier: Wenn Engel reisen, wird nicht nur das Wetter schön

Tolles Training, Enttäuschung im Rennen: Olivier Jacque

Privatprobleme: Anthony West (14) scheiterte mit Zündungsschaden, Alex Hofmann (66) wurde mit Reifensorgen Zwölfter

Weltmeister aller Zeiten auf den Sitz der siegreichen Werks-Aprilia.

Die Idee, aus dem Paradies in ein so weltliches Schauspiel wie einen Motorrad-Grand Prix abzusteigen, war ihm bei der Zeitungslektüre gekommen. »Mein Schutzengel hat mich angerufen, als er las, daß ich eine Gruppenreise mit 20 meiner treuesten Fans aus Tavullia organisierte, und weil er wußte, daß im Flugzeug kein Platz mehr war, hat er mir versprochen, auf eigenen Flügeln anzureisen – und tatsächlich war er pünktlich da, am Ausgang jener Kurve, inmitten meines Fan-Clubs«, strahlte Spaßvogel Rossi, der seinen Anhängern die Hälfte ihrer Flugspesen spendiert hatte.

Während der zweitplazierte Tohru Ukawa seine Niederlage im Rennen und in der Weltmeisterschaft mit Gelassenheit hinnahm, wirkte Yamaha-Star Olivier Jacque nach seinem vierten Platz geknickt. »Nach einer klaren Pole Position ist es schon enttäuschend, das Podium zu verpassen. Das Motorrad ist viel besser, als es Anfang des Jahres war, und verfügt nun über ein exzellentes Chassis, doch wir brauchen weiterhin mehr Power«, forderte der Franzose, der den Rio-Grand Prix auf einer Honda bereits zweimal gewonnen hatte.

Weil es am Freitag regnete und Ralf Waldmann im ersten trockenen Training am Samstag auch noch stürzte, hinkte der deutsche Aprilia-Star wegen einer schlechten Abstimmung im Rennen ebenfalls hinterher. »Fürs Rennen änderten wir etwas an der Gabel, und es wurde schlechter statt besser. Mein Start war okay, doch schon in der ersten Kurve wurde ich von ein paar Kollegen überrumpelt, und auch danach war ich pro Runde um eine halbe Sekunde zu langsam«, erläuterte er seinen siebten Platz.

Auch Deutschlands Nachwuchshoffnung Alex Hofmann hatte unerwartete Probleme. »Wegen der vielen Linkskurven baute der Hinterreifen an der linken Flanke zu stark ab. Ich stand ständig quer«, berichtete er nach seinem zwölften Platz.

Holte er wenigstens noch eine Handvoll Punkte, kurvte Yamaha-Kurz-Pilot Markus Barth wieder als Schlußlicht hinterher und zog zwei Runden vor Schluß wegen Motorvibrationen an die Box. »Mein Motorrad war so langsam, daß ich mich nicht einmal im Windschatten der anderen Nachzügler halten konnte. Auf der Geraden haben sie mich regelmäßig überholt, in den Kurven war dann ich wieder vorn. Doch ein solches Spiel geht auch nur eine Weile gut«, berichtete der Schwabe niedergeschlagen.

500 ccm: Gobert mit Sicherheitsabstand

Die Hauptstraße der Kleinstadt Seva, eine halbe Autostunde nördlich von Barcelona gelegen, war mit katalonischen Flaggen geschmückt. Auf dem Marktplatz ragte eine Videowand in den Himmel, und aus der Bar »La Perla« drangen schon am Sonntagmorgen »Alex, wir sind bei dir« und »Alex, du bist der Champion«-Rufe, weil die Dorfbewohner die bei dem Großereignis womöglich aufkommende Nervosität rechtzeitig mit Rotwein bekämpften.

Auch das normalerweise nachmittags zelebrierte Ritual des Sonntagsessens wurde auf zwölf Uhr vorverlegt, um das Halbliterrennen ungestört genießen zu können. Selbst Pater Angel Noquera, am Tag Gottes in aller Regel unabkömmlich für weltliche Genüsse, machte den Tag zur Ausnahme und kündigte an, die Live-Übertragung des Motorrad-Grand Prix im Haus seines Nachbarn zu verfolgen.

Am ungeduldigsten wartete die kleine Iciar Rico auf den entscheidenden Halbliter-Lauf: Alex Crivillé hatte dem Töchterchen seines Nachbarn vor einem Jahr ein Minibike mit der Nummer 2 geschenkt, und jetzt fragte sie vorwitzig nach, ob sie nun ein neues mit der Nummer 1 bekäme.

Als der Nachmittag vorbei war, war sie ihrer Sache sicher – und schwebte ebenso auf Wolke sieben wie der Rest der Iberischen Halb-

Weltmeister Valentino Rossi: Aprilia-Direktor Ivano Beggio freut sich mit

Waldmann gegen Manako: Pro Runde um eine halbe Sekunde zu langsam

insel. Nach Crivillés sechstem Platz in Rio feierte ganz Spanien Karneval, denn der Repsol-Honda-Star war zehn Jahre nach seinem ersten Titel bei den 125ern nicht nur der erste spanische Halbliter-Weltmeister der Rennsportgeschichte, sondern auch ein Held des Volkes, der trotz aller Triumphe und trotz aller Dollarmillionen mit beiden Beinen fest auf der Erde der Heimat blieb.

So wohnte Alex Crivillé zwar offiziell in Monaco, verbrachte die wenigen Tage freier Zeit in Wirklichkeit aber zuhause in Seva oder mit seinen Pferden auf der nahegelegenen Finca, die er sich im Jahr zuvor gekauft hatte. Und obwohl Erfolg verpflichtet und Crivillé in der Woche nach dem Saisonfinale schon wieder ein Einladungsrennen in Motegi auf dem Terminkalender hatte, ließ er es sich nicht nehmen, mit seinen Freunden zu feiern: Der Montag nach dem Argentinien-Grand Prix wurde zur Fiesta ausgerufen, und die Bürger von Seva machten sich auf eine beispiellose Invasion fanatischer Motorradfahrer gefaßt.

Kein Glück beim Heimspiel: Alex Barros wurde nur Vierter

Vor allem aber waren die Spanier Familienmenschen, und als Crivillé im Jahr zuvor in Jerez auf dem Siegerpodest in Tränen ausbrach, weil er an seinen kurz zuvor einem Krebsleiden erlegenen Vater José dachte, litt die ganze Nation mit ihm. In Rio war es Josep Crivillé, der sich während der Ehrenrunde seines berühmten kleinen Bruders mit ausgebreiteten Armen auf den Asphalt der Nelson Piquet-Rennstrecke warf, weil ihm das als die beste Art und Weise vorkam, seinem Vater um den Hals zu fallen. »Es gibt viele Leute, denen ich diesen Titel widmen könnte, doch die erste Person, an die ich denken muß, ist mein Vater. Zu Beginn meiner Karriere war er gegen den Rennsport, am Ende war er mein größter Fan. Heute wäre er stolz auf seinen Sohn gewesen«, sagte Alex kurz danach bei einem Interview, das durch den Anruf von Seiner Majestät Juan Carlos I. unterbrochen wurde.

Die Frage war müßig, wie Crivillé mit einem gesunden Mick Doohan als Teamkollege abgeschnitten hätte. Viel entscheidender war, daß er als Thronfolger die gleiche Dominanz an den Tag legte wie sein einstiges Vorbild. Bei seinen sechs

Letzte Chance verspielt: Tady Okada (8) übertrieb seine Aufholjagd

Saisonsiegen demütigte Crivillé die Konkurrenz mit Doohans kalter, abgebrühter Überlegenheit. Auch die Fehler der beiden glichen sich. Wie Doohan stürzte Crivillé immer dann, wenn es am unnötigsten war und er das längst erreichte Limit noch weiter hinausschieben wollte.

Und Crivillé konnte wie Doohan die Zähne zusammenbeißen. In Rio gab es etliche holprige, langgezogene Linkskurven, in denen das in Australien verletzte linke Handgelenk zu stechen begann. Vorsichtig steuerte Alex auf den elften Trainingsplatz und erhielt gleich von drei Weltmeistern – Angel Nieto, Mick Doohan und Giacomo Agostini – den Ratschlag, im Rennen mit Halbgas zu fahren, weil sich dereinst kein Mensch daran erinnern werde, ob er den Titel nun mit Platz sechs oder zehn gewonnen hatte.

Der zehnte Rang hätte vollauf gereicht, um den Titel aus eigener Kraft sicherzustellen, doch Crivillé fühlte sich wohl genug um Sattel, um an die sechste Stelle vorzustoßen. Nur die Unvorsichtigkeit eines Kollegen hätte ihn noch aus der Umlaufbahn zum Titel werfen können, und glücklicherweise waren die Rivalen klug genug, ernsthaften Positionskämpfen aus dem Weg zu gehen. »Ich hielt einen Sicherheitsabstand ein, denn ich wollte Alex auf keinen Fall den Tag verderben«, grinste Anthony Gobert, der sich mit gespreizten Ellbogen in der Verfolgergruppe festhakte, zwischendurch als toller Siebter herumkurvte und seine bislang beste Fahrt im Sattel der MuZ-Weber mit völlig zerschlissenen Reifen auf Rang zehn beendete.

Nur an der Spitze des Rennens wurde kein Pardon gegeben. Kenny Roberts flitzte als Erster davon, der zweitplatzierte Tadayuki Okada blies zur Jagd und war sichtlich bestrebt, seine letzte hauchdünne Titelchance mit einem Sieg zu wahren. Noch schneller holte Norick Abe auf, und kurz, nachdem er sich zu Rennmitte an seinem Landsmann vorbeigequetscht hatte, zerstoben die letzten Hoffnungen Okadas im Kiesbett. »Abe überholte mich, fädelte vor mir ein und stieg dann hart auf die Bremsen. Es war absolut kein Platz mehr für mich da. Mein Vorderrad berührte seine Maschine, ich sah sogar Qualm aufsteigen und hatte Riesenglück, daß ich nicht gestürzt bin«, schilderte Okada, der wieder auf die Strecke zurückbalancierte und noch Siebter wurde.

Abe gab sich mit dem Etappensieg freilich noch lange nicht zufrieden, sondern setzte sich dank sattem Topspeed und verwegenen Kur-

Das bislang beste Rennen: Gobert (35) zwischen McCoy (24) und Crivillé

Gratulation von Sete Gibernau – und vom ganzen Repsol-Team: Weltmeister Alex Crivillé

venstil in einem atemberaubenden Dreikampf gegen Max Biaggi und Kenny Roberts durch. Der erste Saisonsieg des Japaners war der zweite spanische Erfolg des Tages – denn mit Abe kletterte auch sein zu Tränen gerührter spanischer Teamchef Luis d´Antin aufs Podest und wertete den Triumph bereits als Auftakt für die nächste Saison, in der Abe statt alter Gebrauchsmaschinen wieder volle Werksunterstützung versprochen wurde.

125 ccm: Uedas größter Sieg

Die Benetton-Honda-Teamkollegen Marco Melandri und Masao Azuma dominierten das Training in Rio, und WM-Leader Emilio Alzamora schien nach den jüngsten Rückschlägen schweren Zeiten entgegenzufahren. »Ich bin zufrieden. Im Trockenen läuft mein Motorrad perfekt. Allerdings muß man in den Kurven höllisch aufpassen, weil es eine Menge Bodenwellen gibt und der Belag ständig wechselt. Doch das be-

Yamaha-Werkspiloten unter sich: Abe (6) schlägt Biaggi (2)

trifft jeden von uns – deshalb bin ich zuversichtlich, morgen gewinnen zu können«, meinte Melandri nach seiner Pole Position.

Auch Azuma strotzte vor Zuversicht. »Es tut gut, zur Abwechslung nicht von hinten starten und das halbe Feld aufrollen zu müssen. Ich habe das Gefühl, morgen könnte mir ein großes Rennen gelingen«, rieb sich der Japaner die Hände.

Alzamora war nur als Zwölfter qualifiziert und schien wegen seiner Set-Up-Sorgen in die Defensive gedrängt. Doch für den Sonntag baute sein Cheftechniker Massimo Matteoni das Fahrwerk der Via Digital-Honda nochmals komplett um, und im Rennen setzte sich Alzamora mit klug kalkuliertem Risiko in Szene: Zehnter nach einer Runde, arbeitete er sich kontinuierlich nach vorn, überrumpelte zwei Runden vor Schluß den Italiener Mirko Giansanti und bewahrte mit dem neunten Podestplatz der Saison auch einen beruhigenden Vorsprung in der Weltmeisterschaft. »Wegen des schlechten Wetters am ersten Trainingstag lief uns die Zeit davon, und ich muß mich bei meinem Team bedanken, das das Motorrad in letzter Minute noch perfekt hingekriegt hat. Es war im Rennen etwas zu kurz übersetzt, lief ansonsten aber wie eine Rakete. Durch die beiden Stürze in Phillip Island und Welkom habe ich wertvolles Terrain verloren. Andererseits habe ich in Argentinien

1995 meinen ersten Grand Prix gewonnen – wenn das Motorrad in Buenos Aires wieder so gut läuft wie heute, sollte nichts schiefgehen«, lachte sich der Spanier ins Fäustchen.

Marco Melandri zog hingegen Grimassen. Perfekt gestartet, hatte er das ganze Rennen dominiert, wurde im Endspurt aber von Nobby Ueda überrumpelt und auf Platz zwei verdrängt. »Nobby war sehr stark. Zwei Kurven vor dem Ziel habe ich mich verschaltet, verlor fünf Meter und war zu weit hinten, um ihn nochmals angreifen zu können. Ich bin keineswegs zufrieden, denn diese fünf Punkte hätte ich gut gebrauchen können«, wurmte sich der Italiener. Denn bei sechs Punkten Rückstand auf Alzamora konnte er die Weltmeisterschaft nicht mehr aus eigener Kraft gewinnen, sondern war auf die zufällige Schützenhilfe eines anderen Piloten angewiesen.

Auch Masao Azuma zog ein langes Gesicht. Nach verheerendem Start als 16. aus der ersten Runde zurückgekommen, holte er zwar eine Weile mächtig auf, blieb dann aber zu lange im Mittelfeld stecken und kam nicht mehr über Schlußrang sechs hinaus. »Ich habe meine Reifen zu lange geschont«, gestand der Japaner, der bei 17 Punkten Rückstand nur mehr hauchdünne, theoretische Titelchancen nach Buenos Aires mitnahm.

Sein Landsmann Nobby Ueda war dagegen grenzenlos begeistert. Seit seinem schweren Unfall mehr als ein Jahr zuvor in Frankreich hatte er nicht mehr gewinnen können, und wegen der Komplikationen mit seiner teilweise

Doppelte Fiesta: Neben Crivillé feierten auch Abe und sein spanischer Teamchef Luis d'Antin

gelähmten rechten Hand lag lange Zeit ein Rücktritt in der Luft.

Doch dem unermüdlichen kleinen Kämpfer gelang das Comeback. Ein mit Gummizügen versehener Spezialhandschuh, der die Finger so weit streckte, daß er nach dem Bremshebel greifen konnte, hatte Ueda im Lauf der Saison bereits zu fünf Podestplätzen verholfen, und nun wieder ganz oben auf dem Podest zu stehen, war der größte Erfolg, seit er als unbekannter Grünschnabel 1991 in Japan seinen ersten Grand Prix gewonnen hatte. »Auf diesen Erfolg habe ich lange gewartet. Denn als ich nach dem Frankreich-Unfall im Krankenhaus lag, fürchtete ich lange Zeit, meine Karriere beenden zu müssen. Der Radiusnerv im rechten Arm war durchtrennt, ich spürte meine rechte Hand nicht mehr, und auch als das Gefühl zurückkehrte, konnte ich die Finger nicht mehr richtig strecken. Doch Teamchef und Teamkollege Lucio Cecchinello, die Sponsoren, die Fans und meine Familie haben mir immer wieder Mut gemacht. Ich bin ihnen zu Dank verpflichtet. Ich kann gar nicht in Worte fassen, welche Befriedigung ich nach diesem Sieg verspüre«, erklärte der 32jährige Givi-Honda-Pilot. »Nach der ersten Runde war ich nur Achter, und es war nicht leicht, nach vorn zu kommen. Der Pulk hing dicht zusammen, und je mehr Fahrer sich auf den langen Geraden zusammenrotteten, desto schlimmer überdrehten die Motoren. Es war fast unmöglich, aus dem Windschatten heraus zu überholen, deshalb mußte ich in den Kurven eine Menge riskieren. Melandri hat einen sauberen Fahrstil, leider lief auch sein Motor etwas besser als meiner. Am Schluß fand ich aber zwei Stellen, wo er Schwächen hatte. Dort habe ich ihn geschnappt«.

Zuversicht im Training, Ernüchterung im Rennen: Melandri (rechts), Azuma

Angriff auf Marco Melandri (13): Nobby Ueda (6) fuhr mit vollem Risiko

Das große Comeback: Nobby Ueda

Die deutschen Fahrer zeigten nicht so viel Kampfgeist. Steve Jenkner war im freien Training am Samstagvormittag wegen eines Kolbenklemmers aus dem Sattel gewirbelt worden, qualifizierte sich am Nachmittag nur als 21. und kam auch im Rennen nicht über Rang 16 hinaus. »Das Motorrad war nicht schlecht, doch ich fühlte mich nicht besonders. Ich habe Kopfschmerzen, vielleicht, weil ich beim Sturz gestern auf den Helm gefallen bin. Ich konnte nicht flüssig fahren und habe einfach keine schnellen Zeiten hingekriegt«, sinnierte der Sachse.

Reinhard Stolz lag zeitweise fast gleichauf mit Jenkner, fiel im Kampf mit einer Vierergruppe am Ende aber auf Rang 19 zurück. Absmeier-Nachfolger Robbin Harms landete auf Platz 22 und freute sich gemeinsam mit Teamkoordinator Mario Rubatto, weil seine Aprilia nach den ernüchternden Auftritten der letzten beiden Rennen ein Stückle besser lief – Rubatto hatte seinen Freund, den erfahrenen Superbike-Tuner Kurt Stückle, sowie den ehemaligen Jenkner-Techniker Stefan Kirsch zur Betreuung der Maschine mit nach Übersee genommen.

Der richtige Dreh: Stefan Kirsch und Kurt Stückle brachten die Aprilia von Mario Rubatto und Robbin Harms (v.l.) zum Laufen

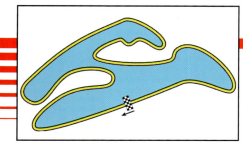

31. 10. 1999: GP Argentinien in Buenos Aires

Triumph ohne Siege

Emilio Alzamora blieb auch beim Saisonfinale ohne Sieg und holte den 125 ccm-Titel. Marco Melandri gewann das Rennen und wurde von seinem Team als »Quasi-Champion« gefeiert.

Ende 1998 hatte Carla Gonzalez Nieto ihren Freund Emilio Alzamora zu einer Pilgerfahrt in die Kathedrale von Zaragoza überredet, zur berühmten Jungfrau von Pilar, die schon die Schutzheilige von Christoph Kolumbus gewesen war. Denn nach einer völlig mißglückten Saison auf Aprilia hofften die beiden, das Schicksal auf eine gnädigere Zukunft einstimmen zu können.

1999, nach der Rückkehr auf Honda, lief plötzlich alles wie am Schnürchen für den 26jährigen Spanier. Ohne Sieg, aber dank konstanter Top-Plazierungen, jagte er dem Japaner Masao Azuma die WM-Führung ab, und erst durch die beiden unverschuldeten Stürze in Australien und Südafrika drohte Alzamoras Titel nochmals in Gefahr zu geraten.

Doch dann pilgerte er zum zweiten Mal nach Zaragoza. Diesmal war es Emilio selbst, der seine Freundin, die Nichte von Teamchef Angel Nieto, zu dem Trip überredete, und nachdem die beiden der Jungfrau erneut ein paar große Kerzen angezündet hatten, konnte eigentlich nichts mehr schief gehen.

Und es ging auch nichts schief. Auf der holprigen Buenos Aires-Piste, auf der er 1995 seinen ersten Grand Prix-Sieg gefeiert hatte, qualifizierte er sich als Dritter, und da er mit sechs Punkten Vorsprung zum Saisonfinale nach Argentinien angereist war, brauchte ihn auch ein weiterer Sieg seines Erzrivalen Marco Melandri nicht zu schrecken – Alzamora mußte es nur gelingen, als sicherer Zweiter ins Ziel zu kommen.

Von Masao Azuma drohte angesichts eines 17 Punkte-Rückstands wenig Gefahr, und schon nach zwei Runden war die Bedrohung endgültig aus der Welt: Azuma rollte wegen eines Kolbenklemmers ins Aus.

Auch sonst schien zu Beginn des Rennens alles für Emilio zu laufen. Der Italiener Roberto Locatelli kam als Bester weg und düste gleich in der ersten Runde um ein paar Meter davon, erst dann folgte Marco Melandri, wurde aber argwöhnisch von dem an dritter Stelle hinterherfahrenden Alzamora bewacht.

Doch ab der fünften Runde wurde es plötzlich brenzlig. Locatellis Vorsprung schrumpfte wieder in sich zusammen, gleichzeitig rückte Lucio Cecchinello auf. Ein paar Kurven später ergab sich plötzlich ein neues Bild: Melandri führte überlegen, dahinter folgten Locatelli und Cecchinello. Alzamora wurde an vierter Stelle von Nobby Ueda unter Druck gesetzt, und die Schützenhilfe, auf die Melandri bei seiner Titelmission gehofft hatte, schien plötzlich von allen Seiten zu kommen.

Doch ebenso schnell, wie sich die Front gegen Alzamora aufgebaut hatte, bröckelte sie auch schon wieder in sich zusammen. Sowohl Cecchinello als auch Ueda gingen zu Boden, ein Schicksal, das im weiteren Rennverlauf auch von Steve Jenkner geteilt wurde. Locatelli hatte aus den engen Kurven und wegen der vielen Bodenwellen Nachteile mit seiner Aprilia und konnte die Rundenzeiten an der Spitze

Geschafft: Weltmeister Emilio Alzamora nach der Zieldurchfahrt

Dreikampf um den Titel: Melandri, Alzamora, Azuma (v.l.)

Start zum großen Finale: Alzamora (7), Melandri (13), Azuma (4)

auf Dauer auch nicht mitgehen. Emilio Alzamora übernahm zu Rennmitte wieder Platz zwei und war damit wieder auf Titelkurs.

Verzweifelt versuchte Melandri im Finale, den Spieß nochmals umzudrehen. Bewußt drosselte er das Tempo und fuhr Schlangenlinien vor Alzamora, um Locatelli das Aufholen zu ermöglichen. Doch der hatte längst keine Lust mehr, in den Titelkampf einzugreifen und fuhr das Rennen an einsamer dritter Stelle zu Ende. «Ich legte einen Raketenstart hin, doch mein Vorsprung schrumpfte alsbald wieder zusammen. Als Melandri überholte, wurde mir klar, daß er schneller unterwegs war als jeder andere und daß es unmöglich sein würde, ihn zu schlagen. Ich wußte nicht, wo Alzamora zu diesem Zeitpunkt steckte. Irgendwann kam er von hinten an. Mir war klar, daß er die Situation gründlich analysiert und abgewartet hatte, und weil er ebenfalls schneller unterwegs war als ich, wollte ich mich am Ende nicht mehr in das Duell der beiden einmischen. Ich fuhr mein eigenes Rennen», schilderte der kleine Teufel.

Das war freilich ganz und gar nicht nach Melandris Geschmack. Er trieb sein Spiel so lange, bis Alzamora gar nichts mehr anderes übrig blieb, als vorbeizufahren. Als Melandri klar wurde, daß er im Begriff war, neben dem Titel auch das Rennen zu verlieren, griff er allerdings hastig an und holte sich die Führung rechtzeitig vor dem Zieleinlauf mit einer energischen Attacke zurück. Für den Geschmack der Funktionäre war die Attacke etwas zu energisch: Melandri stach innen in eine vermeintliche Lück und ließ sich dann nach außen treiben. Weil die Situation gefährliche Parallelen zum Skandal-Finale zwischen Loris Capirossi und Tetsuya Harada bei der 250 ccm-Entscheidung 1998 aufwies und sich Alzamora nur mit einem Ausweichreflex retten konnte, wurde Melandri von Renndirektor Paul Butler wegen gefährlicher Fahrweise zu einer Geldstrafe von 10000 Schweizer Franken verdonnert.

Auf dem Siegerpodest erschien Melandri mit einem T-Shirt, auf das sein Team die tröstlichen Worte »Quasi World Champion« gemalt hatten. Denn aus Sicht der Melandri-Fans hätte der italienische Teenager den Titel eher verdient gehabt als sein Kontrahent: Nach einem Unterarmbruch zu Saisonbeginn und nach drei Nullern

Raketenstart – und dann zu langsam: Roberto Locatelli (15) verfolgte eine Politik der Nichteinmischung

Zu energisch attackiert: Melandri wurde für den Schlußangriff gegen Alzamora zu 10000 Schweizer Franken Geldbuße verdonnert

hintereinander hatte ihm Teammanager Olivier Liegois die Federung des Vorjahres in die Benetton-Honda einbauen lassen, worauf Melandri wenigstens in die Punkteränge zu fahren begann und in Italien und Barcelona sogar das Podest ereichte. Doch noch immer fühlte er sich nicht völlig wohl im Sattel seiner Maschine.

Der Durchbruch kam, als das Team in Deutschland ganz auf das Vorjahres-Motorrad umrüstete. Ab diesem Moment fühlte sich Melandri endlich wieder im Sattel zuhause und startete eine beeindruckende Erfolgsserie, die nur durch den Sturz auf dem glitschigen, regennassen weißen Begrenzungsstrich der Va-

Weltmeister und »Quasi World Champion«: Emilio Alzamora, Marco Melandri

Keiner feiert wie Angel Nieto: In Rio warf er vor lauter Crivillé-Begeisterung ein Sofa aus dem 17. Stock in den Hotel-Swimming Pool – in Buenos Aires jubelte er erneut

Schrecksekunde und Happy-End: Max Biaggi rumpelt durchs Gras – und trifft sich hinterher wieder mit Sieger Kenny Roberts

lencia-Strecke unterbrochen wurde. »Das Glück war in diesem Jahr nicht auf meiner Seite, denn es will mir nicht ganz einleuchten, daß ich den Titel trotz meiner fünf Siege am Ende doch noch knapp verpaßt habe. Andererseits darf ich mich auch nicht beklagen, wenn man bedenkt, wie die Saison für mich begonnen hat«, war sich Melandri unsicher über seine Gefühle. »Es war ein seltsames Jahr. Unglücklich in vieler Hinsicht, und phantastisch immer dann, wenn das Motorrad so funktionierte, wie ich es mir gewünscht habe. Ab jenem Moment habe ich mir, bis auf den Sturz in Valencia, nirgends Fehler geleistet. Auch heute habe ich das gemacht, was ich auch im Nachhinein noch als die vernünftigste Taktik ansehe. Als ich sah, daß Alzamora in einen Kampf mit Cecchinello, Ueda und Locatelli verheddert war, attackierte ich und bin an der Spitze abgehauen. Am Ende habe ich versucht, das Tempo zu drosseln, damit unsere Verfolger wieder aufschließen konnten, doch dafür war es bereits zu spät. Am Schluß wollte ich wenigstens den Sieg im Rennen unter Dach und Fach bringen, deshalb habe ich nach Alzamoras Überholmanöver sofort zurückgeschlagen«.

Ein einziger Punkt trennte die Rivalen im Tabellenendstand, und Alzamoras Teamchef Angel Nieto wußte genau, wem man diesen Punkt zu verdanken hatte – seinem Sohnemann Gelete nämlich. Denn als Alzamora beim Rennen in Australien vom stürzenden Nobby Ueda umgerissen wurde und auf Platz 16 zurückfiel, signalisierte Angel seinem Sohn mit der Boxentafel, dem WM-Favoriten bei der Jagd nach WM-Punkten zu helfen und notfalls vom Gas zu gehen. Der an 13. Stelle umherkreisende Gelete legte auf der Zielgeraden eine Vollbremsung hin, worauf Alzamora statt als 16. als 15. in die Wertung kam – und genau jenen Punkt buchte, der ihn drei Rennen später zum Weltmeister machen sollte. »Ich glaube, ich werde Gelete einen Porsche kaufen«, rief Angel Nieto in seiner ersten Begeisterung. »Denn in den letzten Wochen sind wir wegen Emilios Stürzen in Australien und Südafrika durch eine schwierige Zeit gegangen, doch alles Leiden wird einem auch wieder aufgewogen. Allerdings verstehe ich nicht, warum sich Melandri in dieser letzten Runde so benommen hat. Doch wie auch immer, sein Manager hat sich bereits bei mir entschuldigt, und das einzige, was nun zählt, ist Emilios Titelgewinn. Er ist ein tolles Rennen gefahren und hat abermals demonstriert, daß er den Titel verdient wie kein anderer!«

Auch der neue Weltmeister konnte sich die Kritik an Melandri nicht verkneifen. »Sein Verhalten in der letzten Runde war unsportlich und eines GP-Fahrers nicht würdig«, erklärte er. Ei-

Verhaltenes Finale: Alex Crivillé (3) erinnerte sich an seine Handverletzung und ließ Carlos Checa (4) ziehen

ne Woche später entschuldigte sich Melandri öffentlich und gab einen Drei-Jahres-Vertrag mit Aprilia und den Aufstieg in die Vierteliterklasse bekannt. Von den Problemen mit Melandri abgesehen, schwebte der ruhige Spanier auf Wolke sieben. »Diesen Titel widme ich meiner Familie, meinem Team, allen, die an mich geglaubt haben – und meinem Teamkollegen Gelete, der mir in Phillip Island den entscheidenden Punkt geschenkt hat. Das Rennen heute war ein schweres Stück Arbeit, denn sowie ich Melandri an der Spitze davonziehen sah, war mir klar, daß ich den zweiten Platz unbedingt brauchte. Locatelli hat mir diese Aufgabe gehörig schwer gemacht, doch am Ende hat er sich als fairer Sportler gezeigt«.

500 ccm:
Goberts Magenkrämpfe

Alzamora ließ die Vivat-Rufe und die ausgedehnten Feierlichkeiten seines Teams gelassen über sich ergehen und zeigte sich fast schon verwundert, daß um seine Person so viel Aufhebens gemacht wurde. In eine Frohnatur verwandelte sich der seltsam ernste junge Mann auch in den größten Stunden seines Lebens nicht, doch zeigte das leise Lächeln um seine Mundwinkel doch zumindest, daß eine tonnenschwere Last von seinen Schultern gefallen war.

So entspannt, wie Alzamora an jenem Abend auftrat, war sein Landsmann Alex Crivillé bereits in Argentinien angekommen und strahlte mit jedem um die Wette, der ein gemeinsames Foto mit dem frischgebackenen Halbliter-Champion haben wollte oder um noch eines der unzähligen Interviews nachsuchte.

Einer der Gratulanten war King Kenny Roberts senior, der erstmals seit seinem Moto Cross-Unfall im August, bei dem er Hand- und Rippenbrüche davontrug, wieder einmal zu ei-

Norick Abes Schlußfeuerwerk: Schon wieder aufs Podest

nem Grand Prix tigerte und die Einsätze der Modenas-Piloten am Monitor der Boxenmauer verfolgte. Roberts hatte bei Crivillés Entwicklung zu einem Weltklassepiloten eine entscheidende Rolle gespielt, denn seit er die »Kenny Roberts Training Ranch« am Rande der Barcelona-Piste eröffnet hatte, ließ Crivillé keinen freien Tag verstreichen, an dem er dort nicht hingebungsvoll das Driften übte.

Wegen akutem Sponsormangel hatte Roberts die Ranch im Sommer 1999 geschlossen, steckte die fehlende Anerkennung von seiten der katalonischen Regierung, von Honda oder Repsol jedoch gelassen weg. »Alex weiß, wie wichtig das Training auf der Ranch für seine Karriere war, und das genügt mir«, erklärte King Kenny, dessen zweiter Sohn Kurtis die amerikanische Meisterschaft für Serienmotorräder bis 900 ccm gewonnen und bei den Supersportmaschinen bis 600 ccm Platz drei belegt hatte.

Sein noch berühmterer Sohn Kenny junior war in der Zwischenzeit mit einer politischen Mission beschäftigt. Denn statt eines dringend benötigten neuen Belags hatte man die Buckelpiste von Buenos Aires mit all ihren Belagwechseln und Bodenwellen aus Kostengründen so gelassen, wie sie war. Weil rechtzeitig zu Trainingsbeginn auch noch das Wetter schlecht wurde und die ersten anderthalb Tage mit ständig wiederkehrenden Nieselschauern verstrichen, kam es auf dem schmierigen Untergrund mit den bei Nässe besonders tückischen weißen Begrenzungsstrichen zu einer Serie von Stürzen. Kenny junior war eines der ersten Opfer, worauf er mit einer Schar von Kollegen im Gefolge zu Dorna-Chef Carmelo Ezpeleta stapfte und klarmachte, in Zukunft werde man unter solchen Bedingungen nicht mehr antreten.

Im Rennen herrschten trockenes Wetter und bessere Bedingungen, und Roberts legte von der Pole Position aus zu einem Sturmlauf los, bei dem er uneinholbar zu entwischen schien.

Doch Max Biaggi war auf der Hut. Zunächst bemüht, den Abstand konstant zu halten, robbte sich der Italiener in der zweiten Rennhälfte immer näher an Roberts heran und schaffte es in der vorletzten Runde sogar, die weiß-blaue Suzuki von Platz eins zu verdrängen. In der letzten Runde, vier Kurven vor Schluß, keilte Biaggis Yamaha dann so bösartig aus, daß Biaggi in die Luft katapultiert wurde und die schlingernde Maschine nur mit viel Glück, einer lädierten Schulter und einem langen Abstecher durchs Gras wieder unter Kontrolle brachte.

Daß er trotzdem noch Platz zwei rettete, zeugte von Kaltblütigkeit, und wie immer fand Biaggi nach dem Rennen die richtigen Worte, um seine Tapferkeit auch gebührend auszu-

Platz vier war wie ein Sieg: Sebastian Porto machte das Heimspiel zum Triumphzug

schmücken. »Ich wollte unbedingt gewinnen und habe es mit all meiner Kraft versucht. Doch dann hatte ich beim Gasgeben zwischen zwei Kurven diesen gewaltigen Rutscher, bei dem ich ins Gras mußte und mir einen hübschen Schlag gegen die linke Schulter einhandelte. Unser Motorrad ist zweifellos besser geworden, doch wir müssen immer noch etliche Dinge aussortieren. Beim Beschleunigen drehte das Hinterrad derart durch, daß ich in diesem einen Rennen mehr schwarze Striche auf den Asphalt malte als in meiner ganzen Karriere zuvor. Das macht das Fahren zu einem erheblichen Risiko, vor allem zum Rennende hin, wenn die Reifen bereits gelitten haben«, erklärte Max und fügte hinzu, ohne seinen Rutscher hätte Roberts keine Siegchance gehabt.

Der Rutscher passierte aber, und die Frage blieb müßig, ob er mit dem Druck zu tun hatte, den Roberts am Hinterrad des Italieners ausübte. «Er machte sich vor mir ziemlich breit, und ich wußte, daß die Entscheidung in der letzten Runde fallen würde. Ich kann auch nicht sagen, wie es ohne seinen Rutscher ausgegangen wäre», zeigte sich Sieger Kenny Roberts diplomatisch. »Ich habe nicht das Gefühl, daß ich ihn in einen Fehler hineingehetzt habe. Im Grunde hat er gar keinen Fehler gemacht – er hat nur versucht, das Rennen zu gewinnen, genau wie ich. Diese 500er sind schwer zu fahren – um so ein Ding zu steuern, mußt du ein bißchen verrückt sein!«

Tadayuki Okada, der vom neunten Platz nach einer Runde angriffslustig nach vorn stürmte, bezahlte die Verrücktheit mit einem spektakulären Sturz und verlor die Vizeweltmeisterschaft an Kenny Roberts. Ausgangs einer Kurve bäumte sich seine Repsol-Honda unversehens auf, worauf Mann und Maschine mehrere Saltos schlugen, und ob der Unfall nun durch einen zu übermütigen Dreh am Gas oder durch einen technischen Defekt ausgelöst wurde, vermochte der kräftig durchgeschüttelte Okada nicht zu berichten. »Keine Ahnung, ob der Motor festging, das Getriebe blockierte oder irgend etwas anderes passierte. Ich fühlte mich wohl auf der Maschine und hatte keine Probleme, Alex zu folgen. Keine angenehme Art, eine Weltmeisterschaft zu beenden. Daß ich nun Dritter bin statt Zweiter, stört mich weniger – es zählt ohnehin nur der Titel«, meinte der beinharte Japaner.

Teamkollege Crivillé ließ es mit dem Titel in der Tasche vergleichsweise sachte angehen. Ohne den Erfolgsdruck der letzten Wochen spürte er die in Australien lädierte linke Hand wieder deutlicher; ein Trainingssturz, bei dem er sich die Brust aufschürfte, kam hinzu, und am Ende begnügte sich der Weltmeister mit einem sicheren fünften Platz. »Das Hauptproblem: Seit dem Sturz in Australien ist die Hand nie zur Ruhe gekommen. Deshalb ist der Bruch auch noch nicht verheilt. Bei Richtungswechseln hatte ich Schmerzen, und selbst auf den wenigen kurzen Geraden konnte ich mich wegen der Lenkerposition auch nicht ausruhen«, faßte Crivillé zusammen und war froh, ins Flugzeug nach Spanien steigen und endlich mit seinen Fans im heimatlichen Seva Fiesta feiern zu können.

Für die spanischen Renn-Fans war es auch ohne Crivillé-Erfolg ein perfekter Tag: Norick Abe erbeutete auf seiner Antena 3-Yamaha Platz drei, Carlos Checa wurde Vierter.

Nur im MuZ-Weber-Team hingen die Fahnen wieder einmal auf Halbmast. Jürgen van den Goorbergh hatte im Training mit Platz fünf aufgetrumpft und war voller Zuversicht, die Leistung diesmal auch im Rennen bestätigen zu können. Am Sonntag griff er freilich zum falschen Hinterreifen, lag nach gutem Start kurz an sechster Stelle, fiel dann aber zurück und hatte am Ende Mühe, sich als Zehnter den drängelnden Tetsuya Harada vom Hals zu halten.

Anthony Gobert, schon am Samstag von einer Lebensmittelvergiftung geschwächt und

Grande Valentino: Der »do volt uord cempion« fuhr ohne Grip auf Platz drei

nur auf Platz 17, glänzte am Rennsonntag durch Abwesenheit und verließ wegen seiner Magenkrämpfe nicht einmal das Hotelbett. »Um etwaige Spekulationen zu ersticken, hätte er sich ja ins Taxi schwingen und wenigstens hier auftauchen können«, hielt Teammanager Rolf Biland fest.

250 ccm: Alex vor Waldi

Bei den 250ern endet die Saison mit einer Serie von Paukenschlägen. Lokalmatador Sebastian Porto, am Vortag sensationell in die erste Startreihe vorgestoßen, entzückte die 20000 Fans rund um die Piste mit einem heroisch erkämpften vierten Platz auf seinem Yamaha-Production Racer, bei dem er Yamaha-Werkspilot Shinya Nakano auf beeindruckende Art und Weise in die Schranken verwies. »Ich bin überglücklich, mein bislang bestes Grand Prix-Resultat auch noch vor meinen eigenen Fans nach Hause zu bringen«, strahlte Porto. «Meine Zündunterbrechung beim Hochschalten machte das

Kolbenklemmer: Loris Capirossis Saison endete im Gras

ganze Rennen über Ärger, doch sonst hatte ich jede Menge Spaß!«

Den hatte auch Olivier Jacque, dem nach seiner langen Verletzungspause und den andauernden Sorgen über die mangelnde Leistung seiner Chesterfield-Werks-Yamaha beim Saisonfinale doch noch der ersehnte Grand Prix-Sieg gelang. »Nach meinem Sturz in Jerez schaute ich mir die Rennen im Fernsehen an, und ein solcher Erfolg schien Lichtjahre entfernt. Doch ich bin ein Kämpfer, und ich war immer überzeugt, daß ich eines Tages wieder an die Spitze zurückkehren würde. Heute morgen entschied ich mich für einen weichen Hinterreifen und plante, vom Start weg abzuhauen und meinen Vorsprung dann zu verteidigen. Das hat wunderbar geklappt, zumal unsere PS-Nachteile wegen der kurzen Geraden und der vielen schwierigen Kurven hier kaum zur Geltung kamen«.

Freilich hatte Jacques Erfolg auch mit dem Pech von Valentino Rossi zu tun: Die Versuche, Jacque hinterherzukommen, mußte er wegen frühzeitiger, wilder Rutscher einstellen, und daß es ihm mit seinem förmlich zerfetzten Hinterradpneu überhaupt gelang, hinter Jacque und Tohru Ukawa am Ende einen dritten Platz ins Ziel zu bringen, zeugte nur von seinem phanta-

Happy-end einer frustrierenden Saison: Jacque attack gewann seinen ersten Grand Prix auf Yamaha

stischen Fahrgefühl. Eine Woche später war auch seine Zukunftsentscheidung gefallen: Rossi gab seinen Wechsel zu Honda in die Halbliterklasse bekannt.

Ralf Waldmann ging das Feeling für den Grenzbereich seiner Aprilia völlig ab. Auf einer Piste, auf der er noch nie eine gute Figur gemacht hatte, rutschte er wegen eines Reifen-Mißgriffs gar an die elfte Stelle ab und verlor dabei auch noch das deutsch-deutsche Duell gegen Alex Hofmann. »Hier bin ich schon mit meiner 250er Honda hinterhergefahren. Ich hatte einen viel zu weichen Hinterreifen und schon ab der zehnten Runde keinerlei Grip mehr. Außerdem wurde ich in der ersten Runde eingeklemmt«, rechnete Waldi ab.

Hofmann, dessen Umstieg zu Aprilia mittlerweile beschlossene Sache war, konnte sich ein Grinsen nicht verkneifen. »Es hätte noch besser aussehen können, denn ich hatte einen tollen Start und fuhr außen an einer Menge Kollegen vorbei. Dann verpaßte Battaini den Bremspunkt und ich fuhr von hinten auf, was mich wieder einige Plätze gekostet hat«, berichtete Hofmann von einem seiner kühnsten Rennen. »Doch immerhin, ich habe Waldi geschlagen – und das ist mir zuvor noch nie geglückt!«

Für Markus Barth war der dritte Einsatz auf der Kurz-Yamaha hingegen schnell beendet: Nach gutem Start bereits im Mittelfeld, erlebte der Schwabe »ein paar Ellbogenchecks«. Noch bevor er sich von dem Schreck erholen konnte, knickte das Vorderrad weg.

Loris Capirossi scheiterte im Finale an einem Kolbenklemmer. Trotzdem durfte sich der entthronte Weltmeister freuen: Aprilia-Direktor Ivano Beggio schaffte die Querelen um Capirossis Rausschmiß Ende 1998 mit einer außergerichtlichen Einigung und einem Scheck über vier Millionen Dollar aus der Welt.

Vorfahrt für den Nachwuchs: Alex Hofmann (66) überrumpelte Ralf Waldmann (6)

Chronik der Motorrad-Weltmeisterschaft

Klasse 500 cm3

Jahr	Fahrer	Marke
1949	Leslie Graham	AJS
1950	Umberto Masetti	Gilera
1951	Geoff Duke	Norton
1952	Umberto Mesette	Gilera
1953	Geoff Duke	Gilera
1954	Geoff Duke	Gilera
1955	Geoff Duke	Gilera
1956	John Surtees	MV Agusta
1957	Libero Liberati	Gilera
1958	John Surtees	MV Agusta
1959	John Surtees	MV Agusta
1960	John Surtees	MV Agusta
1961	Gary Hocking	MV Agusta
1962	Mike Hailwood	MV Agusta
1963	Mike Hailwood	MV Agusta
1964	Mike Hailwood	MV Agusta
1965	Mike Hailwood	MV Agusta
1966	Giacomo Agostini	MV Agusta
1967	Giacomo Agostini	MV Agusta
1968	Giacomo Agostini	MV Agusta
1969	Giacomo Agostini	MV Agusta
1970	Giacomo Agostini	MV Agusta
1971	Giacomo Agostini	MV Agusta
1972	Giacomo Agostini	MV Agusta
1973	Phil Read	MV Agusta
1974	Phil Read	MV Agusta
1975	Giacomo Agostini	Yamaha
1976	Barry Sheene	Suzuki
1977	Barry Sheene	Suzuki
1978	Kenny Roberts	Yamaha
1979	Kenny Roberts	Yamaha
1980	Kenny Roberts	Yamaha
1981	Marco Lucchinelli	Suzuki
1982	Franco Uncini	Suzuki
1983	Freddie Spencer	Honda
1984	Eddie Lawson	Yamaha
1985	Freddie Spencer	Honda
1986	Eddie Lawson	Yamaha
1987	Wayne Gardner	Honda
1988	Eddie Lawson	Yamaha
1989	Eddie Lawson	Yamaha
1990	Wayne Rainey	Yamaha
1991	Wayne Rainey	Yamaha
1992	Wayne Rainey	Yamaha
1993	Kevin Schwantz	Suzuki
1994	Michael Doohan	Honda
1995	Michael Doohan	Honda
1996	Michael Doohan	Honda
1997	Michael Doohan	Honda
1998	Michael Doohan	Honda
1999	Alex Crivillé	Honda

Klasse 80 cm3

Jahr	Fahrer	Marke
1984	Stefan Dörflinger	Zündapp
1985	Stefan Dörflinger	Zündapp
1986	Jorge Martinez	Derbi
1987	Jorge Martinez	Derbi
1988	Jorge Martinez	Derbi
1989	Manuel Herreros	Derbi

Grand Prix-Kalender 2000

Datum	Ort
19.3.	Welkom/Südafrika
2.4.	Buenos Aires/Argentinien oder Sepang/Malaysia
9.4.	Suzuka/Japan
30.4.	Jerez/Spanien
14.5.	Le Mans/Frankreich
28.5.	Mugello/Italien
11.6.	Barcelona/Spanien
24.6.	Assen/Holland
9.7.	Donington Park/England
23.7.	Sachsenring/Deutschland
20.8.	Brünn/Tschechien
3.9.	Estoril/Protugal
17.9.	Valencia/Spanien
7.10.	Rio/Brasilien
15.10.	Twin Ring Motegi/Japan
29.10.	Phillip Island/Australien

Klasse 250 cm³

Jahr	Fahrer	Marke
1949	Bruno Ruffo	Moto Guzzi
1950	Dario Ambrosini	Benelli
1951	Bruno Ruffo	Moto Guzzi
1952	Enrico Lorenzetti	Moto Guzzi
1953	Werner Haas	NSU
1954	Werner Haas	NSU
1955	H.-P. Müller	NSU
1956	Carlo Ubbiali	MV Agusta
1957	Cecil Sandford	Mondial
1958	Tarquinio Provini	MV Agusta
1959	Carlo Ubbiali	MV Agusta
1960	Carlo Ubbiali	MV Agusta
1961	Mike Hailwood	Honda
1962	Jim Redmann	Honda
1963	Jim Redmann	Honda
1964	Phil Read	Yamaha
1965	Phil Read	Yamaha
1966	Mike Hailwood	Honda
1967	Mike Hailwood	Honda
1968	Phil Read	Yamaha
1969	Kel Carruthers	Benelli
1970	Rod Gould	Yamaha
1971	Phil Read	Yamaha
1972	Jarno Saarinen	Yamaha
1973	Dieter Braun	Yamaha
1974	Walter Villa	Harl.-Dav.
1975	Walter Villa	Harl.-Dav.
1976	Walter Villa	Harl.-Dav.
1977	Mario Lega	Morbidelli
1978	Kork Ballington	Kawasaki
1979	Kork Ballington	Kawasaki
1980	Anton Mang	Kawasaki
1981	Anton Mang	Kawasaki
1982	J.-L. Tournadre	Yamaha
1983	Carlos Lavado	Yamaha
1984	Christian Sarron	Yamaha
1985	Freddie Spencer	Honda
1986	Carlos Lavado	Yamaha
1987	Anton Mang	Honda
1988	Sito Pons	Honda
1989	Sito Pons	Honda
1990	John Kocinski	Yamaha
1991	Luca Cadalora	Honda
1992	Luca Cadalora	Honda
1993	Tetsuya Harada	Yamaha
1994	Massimiliano Biaggi	Aprilia
1995	Massimiliano Biaggi	Aprilia
1996	Massimiliano Biaggi	Aprilia
1997	Massimiliano Biaggi	Honda
1998	Loris Capirossi	Aprilia
1999	Valentino Rossi	Aprillia

Klasse 350 cm³

Jahr	Fahrer	Marke
1949	Freddy Frith	Velocette
1950	Bob Forster	Velocette
1951	Geoff Duke	Norton
1952	Geoff Duke	Norton
1953	Fergus Anderson	Moto Guzzi
1954	Fergus Anderson	Moto Guzzi
1955	Bill Lomas	Moto Guzzi
1956	Bill Lomas	Moto Guzzi
1957	Keith Campbell	Moto Guzzi
1958	John Surtees	MV Agusta
1959	John Surtees	MV Agusta
1960	John Surtees	MV Agusta
1961	Gary Hocking	MV Agusta
1962	Jim Redmann	Honda
1963	Jim Redmann	Honda
1964	Jim Redmann	Honda
1965	Jim Redmann	Honda
1966	Mike Hailwood	Honda
1967	Mike Hailwood	Honda
1968	Giacomo Agostini	MV Agusta
1969	Giacomo Agostini	MV Agusta
1970	Giacomo Agostini	MV Agusta
1971	Giacomo Agostini	MV Agusta
1972	Giacomo Agostini	MV Agusta
1973	Giacomo Agostini	MV Agusta
1974	Giacomo Agostini	Yamaha
1975	Jonny Cecotto	Yamaha
1976	Walter Villa	Harl.-Dav.
1977	Takazumi Katayama	Yamaha
1978	Kork Ballington	Kawasaki
1979	Kork Ballington	Kawasaki
1980	Jon Ekerold	Yamaha
1981	Anton Mang	Kawasaki
1982	Anton Mang	Kawasaki

Tourist Trophy

Jahr	Formel I	Formel II	Formel III
1978	Mike Hailwood, Ducati	Alan Jackson, Honda	Bill Smith, Honda
1979	Ron Haslam, Honda	Alan Jackson, Honda	Barry Smith, Yamaha
1980	Graeme Crosby, Suzuki	Charly Williams, Yamaha	Ron Haslam, Honda
1981	Graeme Crosby, Suzuki	Tony Rutter, Ducati	Barry Smith, Yamaha
1982	Joey Dunlop, Honda	Tony Rutter, Ducati	
1983	Joey Dunlop, Honda	Tony Rutter, Ducati	
1984	Joey Dunlop, Honda	Tony Rutter, Ducati	
1985	Joey Dunlop, Honda	Brian Reid, Yamaha	
1986	Joey Dunlop, Honda	Brian Reid, Yamaha	
1987	Virginio Ferrari, Bimota		
1988	Carl Fogarty, Honda		
1989	Carl Fogarty, Honda		

Klasse 125 cm³

Jahr	Fahrer	Marke
1949	Nello Pagani	Mondial
1950	Bruno Ruffo	Mondial
1951	Carlo Ubbiali	Mondial
1952	Cecil Sandford	MV Agusta
1953	Werner Haas	NSU
1954	Ruppert Hollaus	NSU
1955	Carlo Ubbiali	MV Agusta
1956	Carlo Ubbiali	MV Agusta
1957	Tarquinio Provini	Mondial
1958	Carlo Ubbiali	MV Agusta
1959	Carlo Ubbiali	MV Agusta
1960	Carlo Ubbiali	MV Agusta
1961	Tom Phillis	Honda
1962	Luigi Taveri	Honda
1963	Hugh Anderson	Suzuki
1964	Luigi Taveri	Honda
1965	Hugh Anderson	Suzuki
1966	Luigi Taveri	Honda
1967	Bill Ivy	Yamaha
1968	Phil Read	Yamaha
1969	Dave Simmonds	Kawasaki
1970	Dieter Braun	Suzuki
1971	Angel Nieto	Derbi
1972	Angel Nieto	Derbi
1973	Kent Andersson	Yamaha
1974	Kent Andersson	Yamaha
1975	Pier-Paolo Pileri	Morbidelli
1976	Pier-Paolo Pileri	Morbidelli
1977	Pier-Paolo Pileri	Morbidelli
1978	Eugenio Lazzarini	MBA
1979	Angel Nieto	Minarelli
1980	Pier-Paolo Pileri	MBA
1981	Angel Nieto	Minarelli
1982	Angel Nieto	Garelli
1983	Angel Nieto	Garelli
1984	Angel Nieto	Garelli
1985	Fausto Gresini	Garelli
1986	Luca Cadalora	Garelli
1987	Fausto Gresini	Garelli
1988	Jorge Martinez	Derbi
1989	Alex Crivillé	JJ Cobas
1990	Loris Capirossi	Honda
1991	Loris Capirossi	Honda
1992	Alessandro Gramigni	Aprilia
1993	Dirk Raudies	Honda
1994	Kazuto Sakata	Aprilia
1995	Haruchika Aoki	Honda
1996	Haruchika Aoki	Honda
1997	Valentino Rossi	Aprilia
1998	Kazuto Sakata	Aprilia
1999	Emilio Alzamora	Honda

Gespanne:

Jahr	Fahrer	Marke
1949	Oliver/Jenkinson	Norton
1950	Oliver/Dobelli	Norton
1951	Oliver/Dobelli	Norton
1952	Smith/Clements	Norton
1953	Oliver/Dibben	Norton
1954	Noll/Cron	BMW
1955	Faust/Remmert	BMW
1956	Noll/Cron	BMW
1957	Hillebrand/Grundwald	BMW
1958	Schneider/Strauss	BMW
1959	Schneider/Strauss	BMW
1960	Fath/Wohlgemut	BMW
1961	Deubel/Hörner	BMW
1962	Deubel/Hörner	BMW
1963	Deubel/Hörner	BMW
1964	Deubel/Hörner	BMW
1965	Scheidegger/Robinson	BMW
1966	Scheidegger/Robinson	BMW
1967	Enders/Engelhardt	BMW
1968	Fath/Kalauch	URS
1969	Enders/Engelhardt	BMW
1970	Enders/Engelhardt/Kalauch	BMW
1971	Owesle/Rutterford	Münch URS
1972	Enders/Engelhardt	BMW
1973	Enders/Engelhardt	BMW
1974	Enders/Engelhardt	HBM
1975	Steinhausen/Huber	König
1976	Steinhausen/Huber	Busch/König
1977	O'Dell/Holland/Arthur	Yamaha
1978	Biland/Williams	BEO
1979	B2 A Biland/Williams	SCR
	B2 B Bolzer/Meierhans	LCR
1980	Taylor/Johansson	Fowler-Yamaha
1981	Biland/Waltisperg	LCR-Yamaha
1982	Schwärzel/Huber	Yamaha
1983	Biland/Waltisperg	LCR-Yamaha
1984	Streuer/Schnieders	LCR-Yamaha
1985	Streuer/Schnieders	LCR-Yamaha
1986	Streuer/Schnieders	LCR-Yamaha
1987	Webster/Hewitt	LCR-Krauser
1988	Webster/Hewitt	LCR-Krauser
1989	Webster/Hewitt	LCR-Krauser
1990	Michel/Birchall	LCR
1991	Webster/Simmons	LCR-Krauser
1992	Biland/Waltisperg	LCR-Krauser
1993	Biland/Waltisperg	LCR-Krauser
1994	Biland/Waltisperg	LCR-Krauser
1995	Dixon/Hetherington	Windle-ADM
1996	Dixon/Hetherington	Windle-ADM
1997	Webster/James	LCR-ADM

Klasse 50 cm³:

Jahr	Fahrer	Marke
1962	Ernst Degner	Suzuki
1963	Hugh Anderson	Suzuki
1964	Hugh Anderson	Suzuki
1965	Ralph Bryans	Honda
1966	H.-G. Anscheidt	Suzuki
1967	H.-G. Anscheidt	Suzuki
1968	H.-G. Anscheidt	Suzuki
1969	Angel Nieto	Derbi
1970	Angel Nieto	Derbi
1971	Jan de Vries	Kreidler
1972	Angel Nieto	Derbi
1973	Jan de Vries	Kreidler
1974	Henk van Kessel	Kreidler
1975	Angel Nieto	Kreidler
1976	Angel Nieto	Bultaco
1977	Angel Nieto	Bultaco
1978	Ricardo Tormo	Bultaco
1979	Eugenio Lazzarini	Kreidler
1980	Eugenio Lazzarini	Iprem
1981	Ricardo Tormo	Bultaco
1982	Stefan Dörflinger	Kreidler
1983	Stefan Dörflinger	Kreidler

Klasse 750 cm³:

Jahr	Fahrer	Marke
1977	Steve Baker	Yamaha
1978	Johnny Cecotto	Yamaha
1979	Patrick Pons	Yamaha

Superbikes:

Jahr	Fahrer	Marke
1988	Fred Merkel	Honda
1989	Fred Merkel	Honda
1990	Raymond Roche	Ducati
1991	Doug Polen	Ducati
1992	Doug Polen	Ducati
1993	Scott Russell	Kawasaki
1994	Carl Fogarty	Ducati
1995	Carl Fogarty	Ducati
1996	Troy Corser	Ducati
1997	John Kocinski	Honda
1998	Carl Fogarty	Ducati
1999	Carl Fogarty	Ducati

GP Malaysia in Sepang

Termin: 18. April 1999, Wetter: trocken, Zuschauer: 30.000, Streckenlänge: 5,548 km

125 cm³

STARTAUFSTELLUNG

Fahrer (Nr)	Trainingszeit
1. Vincent (21)	2'17.052
2. Alzamora (7)	2'17.267
3. Locatelli (15)	2'17.284
4. Azuma (4)	2'17.493
5. Nieto jr. (29)	2'18.123
6. Scalvini (8)	2'18.303
7. Sanna (16)	2'18.407
8. Borsoi (23)	2'18.448
9. Ueda (6)	2'18.652
10. Melandri (13)	2'18.767
11. Sabbatani (11)	2'18.838
12. Cecchinello (5)	2'18.966
13. Jenkner (17)	2'19.046
14. Poggiali (54)	2'19.148
15. Brannetti (44)	2'19.203
16. Vidal (10)	2'19.433
17. Sakata (1)	2'19.589
18. Petit (9)	2'19.740
19. Goi (26)	2'19.905
20. Giansanti (32)	2'19.929
21. Ui (41)	2'20.250
22. de Puniet (12)	2'20.699
23. Absmeier (20)	2'21.602
24. Stolz (18)	2'22.650
25. Archewong (46)	2'23.596
26. Nieto (22)	2'24.076
27. Meganathan (45)	2'30.794

ERGEBNIS nach 19 Runden = 105,412 km
Schnitt des Siegers: 143,992 km/h

Fahrer (Nation) Maschine	Zeit (Min)	WM-Stand Fahrer/Punkte	
1. Masao Azuma (J) Honda	43'55.438	Azuma	25
2. Emilio Alzamora (E) Honda	-0.106	Alzamora	20
3. Gianluigi Scalvini (I) Aprilia	-10.509	Scalvini	16
4. Arnaud Vincent (F) Aprilia	-12.909	Vincent	13
5. Jeronimo Vidal (E) Aprilia	-20.695	Vidal	11
6. Simone Sanna (I) Honda	-27.184	Sanna	10
7. Gino Borsoi (I) Honda	-27.208	Borsoi	9
8. Ivan Goi (I) Honda	-27.351	Goi	8
9. Mirko Giansanti (I) Aprilia	-27.507	Giansanti	7
10. Kazuto Sakata (J) Honda	-27.514	Sakata	6
11. Massimiliano Sabbatani (I) Honda	-27.734	Sabbatani	5
12. Manuel Poggiali (RSM) Aprilia	-37.922	Poggiali	4
13. Youichi Ui (J) Derbi	-38.264	Ui	3
14. Angel Nieto jr. (E) Honda	-38.344	Nieto jr.	2
15. Steve Jenkner (D) Aprilia	-41.962	Jenkner	1
16. Alessandro Brannetti (I) Aprilia	-44.310		
17. Lucio Cecchinello (I) Honda	-47.056		
18. Roberto Locatelli (I) Aprilia	-56.919		
19. Reinhard Stolz (D) Honda	-59.108		
20. Randy de Puniet (F) Aprilia	-1'02.934		
21. Direk Archewong (THA) Honda	-1'49.298		
22. Pablo Nieto (E) Derbi	-2'05.689		

Schnellste Runde: Alzamora in 2'16.868 = 145,927 km/h

AUSFÄLLE: Fahrer (Nation) Maschine (Grund) — in Runde

Marco Melandri (I) Honda (Nichtstarter/Trainingssturz)	-
M. Meganathan (MAL) Honda (Grund unbekannt)	9
Bernhard Absmeier (D) Aprilia (Kolbenklemmer)	12
Fréderic Petit (F) Honda (Sturz)	12
Noboru Ueda (J) Honda (Sturz)	12

250 cm³

STARTAUFSTELLUNG

Fahrer (Nr)	Trainingszeit
1. Rossi (46)	2'08.956
2. Nakano (56)	2'09.123
3. Jacque (19)	2'09.798
4. Capirossi (1)	2'09.889
5. Ukawa (4)	2'10.048
6. Battaini (21)	2'10.246
7. Lucchi (34)	2'10.617
8. Matsudo (49)	2'11.782
9. McWilliams (9)	2'11.800
10. Manako (11)	2'12.288
11. Rolfo (44)	2'12.494
12. Hofmann (66)	2'12.729
13. Boscoscuro (37)	2'12.826
14. Stigefelt (16)	2'12.854
15. Perugini (7)	2'13.037
16. Vincent (24)	2'13.182
17. Tokudome (36)	2'13.486
18. Janssen (41)	2'13.798
19. Garcia (15)	2'13.820
20. Sharol (63)	2'14.081
21. West (14)	2'14.336
22. Allemand (23)	2'14.608
23. Porto (12)	2'14.673
24. Nieto (10)	2'14.792
25. Bolwerk (17)	2'16.265
26. Bulto (22)	2'16.756
27. Rios (58)	2'17.407
28. Meng Heng (61)	2'18.144
29. Waldmann (6)	–

ERGEBNIS nach 20 Runden = 110,960 km
Schnitt des Siegers: 153,089 km/h

Fahrer (Nation) Maschine	Zeit (Min)	WM-Stand Fahrer/Punkte	
1. Loris Capirossi (I) Honda	43'29.305	Capirossi	25
2. Tohru Ukawa (J) Honda	-0.111	Ukawa	20
3. Shinya Nakano (J) Yamaha	-0.787	Nakano	16
4. Olivier Jacque (F) Yamaha	-14.894	Jacque	13
5. Valentino Rossi (I) Aprilia	-24.569	Rossi	11
6. Marcellino Lucchi (I) Aprilia	-24.569	Lucchi	10
7. Jeremy McWilliams (GB) Aprilia	-34.877	McWilliams	9
8. Naoki Matsudo (J) Yamaha	-35.294	Matsudo	8
9. Stefano Perugini (I) Honda	-52.956	Perugini	7
10. Roberto Rolfo (I) Aprilia	-58.656	Rolfo	6
11. Luca Boscoscuro (I) Honda	-1'05.383	Boscoscuro	5
12. Jason Vincent (GB) Honda	-1'05.385	Vincent	4
13. Masaki Tokudome (J) Honda	-1'21.549	Tokudome	3
14. Anthony West (AUS) Honda	-1'22.318	West	2
15. Sebastian Porto (RA) Honda	-1'22.741	Porto	1
16. Johan Stigefelt (S) Yamaha	-1'24.652		
17. Alexander Hofmann (D) Honda	-1'30.484		
18. Julien Allemand (F) Honda	-1'42.994		
19. David Garcia (E) Yamaha	-1'56.191		
20. Jarno Janssen (NL) Honda	-1'56.369		
21. Matias Rios (RA) Honda	-1 Runde		
22. Alfonso Nieto (E) Yamaha	-1 Runde		
23. Lucas Oliver Bulto (E) Yamaha	-1 Runde		

Schnellste Runde: Capirossi in 2'09.381 = 154,372 km/h

AUSFÄLLE: Fahrer (Nation) Maschine (Grund) — in Runde

Maurice Bolwerk (NL) Honda (Nichtstarter/Trainingssturz)	-
Ralf Waldmann (D) Aprilia (Nichtstarter/Trainingssturz)	-
Tomomi Manako (J) Yamaha (Sturz)	5
Kuang Meng Heng (MAL) Honda (Grund unbekannt)	5
Franco Battaini (I) Aprilia (Getriebeschaden)	16
Yuzy Sharol (MAL) Honda (Sturz)	20

500 cm³

STARTAUFSTELLUNG

Fahrer (Nr)	Trainingszeit
1. Kocinski (19)	2'06.848
2. Biaggi (2)	2'06.938
3. Roberts jr. (10)	2'07.160
4. N. Aoki (9)	2'07.226
5. Crivillé (3)	2'07.422
6. Abe (6)	2'07.468
7. Doohan (1)	2'07.496
8. Laconi (55)	2'07.502
9. Borja (7)	2'07.630
10. Kagayama (16)	2'07.911
11. Barros (5)	2'07.988
12. Okada (8)	2'08.186
13. Gibernau (15)	2'08.487
14. Checa (4)	2'08.703
15. Bayle (12)	2'08.885
16. H. Aoki (26)	2'09.484
17. Cadalora (7)	2'09.518
18. Harada (31)	2'09.948
19. Crafar (11)	2'10.468
20. Cardoso (25)	2'11.414
21. Gimbert (22)	2'11.566
22. Rutter (21)	2'12.022
23. v. d. Goorbergh (17)	2'12.354
24. Hale (20)	2'12.846
25. Ober (18)	2'12.857

ERGEBNIS nach 21 Runden = 116,508 km
Schnitt des Siegers: 155,573 km/h

Fahrer (Nation) Maschine	Zeit (Min)	WM-Stand Fahrer/Punkte	
1. Kenny Roberts jr. (USA) Suzuki	44'56.33	Roberts jr.	25
2. Carlos Checa (E) Yamaha	-4.279	Checa	20
3. Alex Crivillé (E) Honda	-4.780	Crivillé	16
4. Michael Doohan (AUS) Honda	-4.902	Doohan	13
5. Tadayuki Okada (J) Honda	-7.269	Okada	11
6. Alexandre Barros (BR) Honda	-13.202	Barros	10
7. Regis Laconi (F) Yamaha	-23.724	Laconi	9
8. Juan Borja (E) Honda	-23.811	Borja	8
9. Nobuatsu Aoki (J) Suzuki	-25.156	N. Aoki	7
10. Sete Gibernau (E) Honda	-31.548	Gibernau	6
11. Yukio Kagayama (J) Suzuki	-35.205	Kagayama	5
12. Jean-Michel Bayle (F) Modenas	-42.405	Bayle	4
13. Tetsuya Harada (J) Aprilia	-46.749	Harada	3
14. Simon Crafar (NZ) Yamaha	-50.732	Crafar	2
15. Haruchika Aoki (J) Honda	-51.667	H. Aoki	1
16. Sebastien Gimbert (F) Honda	-1'14.752		
17. Markus Ober (D) Honda	-1'51.775		
18. Mike Hale (USA) Modenas	-1'54.512		

Schnellste Runde: Doohan in 2'07.213 = 157,003 km/h

AUSFÄLLE: Fahrer (Nation) Maschine (Grund) — in Runde

Norifumi Abe (J) Yamaha (Sturz)	4
John Kocinski (USA) Honda (Sturz)	4
Luca Cadalora (I) MuZ (Ausgleichswelle defekt)	10
Massimiliano Biaggi (I) Yamaha (Elektrikdefekt)	11
Jürgen v. d. Goorbergh (NL) MuZ (Ausgleichswelle defekt)	11
José Luis Cardoso (E) Honda (Federungsprobleme)	12
Michael Rutter (GB) Honda (Getriebeschaden)	15

Siesta in der Tropenhitze: Steve Jenkner, Reinhard Stolz, Bernhard Absmeier (v.l.)

GP Japan in Motegi

Termin: 25. April 1999, **Wetter:** Regen, **Zuschauer:** 45.000, **Streckenlänge:** 4,801 km

125 cm³

STARTAUFSTELLUNG

Fahrer (Nr)	Trainingszeit
1. Cecchinello (5)	2'00.785
2. Locatelli (15)	2'00.935
3. Alzamora (7)	2'01.005
4. Scalvini (8)	2'01.117
5. Giansanti (32)	2'01.293
6. Azuma (4)	2'01.393
7. Sanna (16)	2'01.483
8. Poggiali (54)	2'01.586
9. Petit (9)	2'01.719
10. Vincent (21)	2'01.734
11. Sakata (1)	2'01.939
12. Sabbatani (11)	2'01.946
13. Nakajoh (48)	2'02.000
14. Nieto jr. (29)	2'02.075
15. Nakamura (51)	2'02.122
16. Inageda (49)	2'02.328
17. Ueda (6)	2'02.411
18. Brannetti (44)	2'02.438
19. Borsoi (23)	2'02.621
20. Absmeier (20)	2'02.926
21. Goi (26)	2'02.934
22. Stolz (18)	2'03.044
23. de Puniet (12)	2'03.171
24. Kubo (47)	2'03.205
25. Uezu (50)	2'03.210
26. Ui (41)	2'03.579
27. Vidal (10)	2'03.652
28. Jenkner (17)	2'03.894
29. Nieto (22)	2'07.491

ERGEBNIS nach 21 Runden = 100,821 km
Schnitt des Siegers: 124,443 km/h

Fahrer (Nation) Maschine	Zeit (Min)	WM-Stand Fahrer/Punkte	
1. Masao Azuma (J) Honda	46'17.752	Azuma	50
2. Hideyuki Nakajoh (J) Honda	-21.903	Alzamora	36
3. Emilio Alzamora (E) Honda	-32.523	Nakajoh	20
4. Youichi Ui (J) Derbi	-35.700	Scalvini	20
5. Katsuji Uezu (J) Yamaha	-36.781	Ui	16
6. Lucio Cecchinello (I) Honda	-36.903	Sabbatani	14
7. Massimiliano Sabbatani (I) Honda	-38.296	Sakata	14
8. Kazuto Sakata (J) Honda	-40.169	Vincent	13
9. Kazuhiro Kubo (J) Yamaha	-40.956	Uezu	11
10. Minoru Nakamura (J) Honda	-48.719	Vidal	11
11. Angel Nieto jr. (E) Honda	-49.059	Cecchinello	10
12. Gianluigi Scalvini (I) Honda	-54.125	Goi	10
13. Steve Jenkner (D) Aprilia	-1'29.946	Sanna	10
14. Ivan Goi (I) Honda	-1'32.451	Borsoi	9
15. Randy de Puniet (F) Aprilia	-1'43.423	Nieto jr.	7
16. Mirko Giansanti (I) Aprilia	-1'58.985	Kubo	7
17. Reinhard Stolz (D) Honda	-2'00.130	Giansanti	7
18. Manuel Poggiali (RSM) Aprilia	-2'06.371	Nakamura	6
19. Pablo Nieto (E) Derbi	-1 Runde	Jenkner	4
20. Frédéric Petit (F) Honda	-1 Runde	Poggiali	4
21. Alessandro Brannetti (I) Aprilia	-1 Runde	de Puniet	1

Schnellste Runde: Sabbatani in 2'10.519 = 132,422 km/h

AUSFÄLLE: Fahrer (Nation) Maschine (Grund)

	in Runde
Simone Sanna (I) Honda (Sturz)	1
Roberto Locatelli (I) Aprilia (Sturz)	4
Noboru Ueda (J) Honda (Sturz)	5
Jeronimo Vidal (E) Aprilia (Bremse vorn defekt)	7
Arnaud Vincent (F) Aprilia (Sturz)	7
Gino Borsoi (I) Honda (Sturz)	10
Jun Inageda (J) Honda (Sturz)	10
Bernhard Absmeier (D) Aprilia (Sturz)	12

250 cm³

STARTAUFSTELLUNG

Fahrer (Nr)	Trainingszeit
1. Battaini (21)	2'06.752
2. Nakano (56)	2'07.201
3. Ukawa (4)	2'07.207
4. McWilliams (9)	2'07.647
5. Lucchi (34)	2'07.852
6. Jacque (19)	2'07.862
7. Matsudo (49)	2'08.138
8. Yamaguchi (52)	2'08.156
9. Capirossi (1)	2'08.639
10. Katoh (51)	2'09.020
11. Rossi (46)	2'09.081
12. Manako (11)	2'09.104
13. Vincent (24)	2'09.409
14. Boscoscuro (37)	2'09.493
15. Stigefelt (16)	2'09.618
16. Perugini (7)	2'09.733
17. West (14)	2'09.751
18. Rolfo (44)	2'09.916
19. Nieto (10)	2'10.101
20. Tokudome (36)	2'10.175
21. Porto (12)	2'10.631
22. Hofmann (66)	2'10.757
23. Kayo (54)	2'10.892
24. Oliver (22)	2'10.961
25. Sekiguchi (50)	2'11.594
26. Janssen (41)	2'11.797
27. Garcia (15)	2'11.894
28. Rios (58)	2'11.996
29. Eguchi (53)	2'12.665
30. Allemand (23)	2'13.528
31. Kurokawa (71)	2'13.531

ERGEBNIS nach 23 Runden = 110,423 km
Schnitt des Siegers: 135,537 km/h

Fahrer (Nation) Maschine	Zeit (Min)	WM-Stand Fahrer/Punkte	
1. Shinya Nakano (J) Yamaha	48'52.950	Nakano	41
2. Tohru Ukawa (J) Honda	-2.697	Capirossi	41
3. Loris Capirossi (I) Honda	-9.260	Ukawa	40
4. Franco Battaini (I) Aprilia	-11.895	Rossi	20
5. Daijiro Katoh (J) Honda	-13.793	Lucchi	17
6. Tatsuya Yamaguchi (J) Honda	-14.264	Battaini	13
7. Valentino Rossi (I) Aprilia	-21.092	Matsudo	13
8. Tomomi Manako (J) Yamaha	-24.485	Jacque	13
9. Marcellino Lucchi (I) Aprilia	-45.594	Katoh	11
10. Anthony West (AUS) Honda	-49.724	Yamaguchi	10
11. Naoki Matsudo (J) Yamaha	-1'07.293	Rolfo	10
12. Roberto Rolfo (I) Aprilia	-1'11.813	McWilliams	9
13. David Garcia (E) Honda	-1'15.851	Manako	8
14. Alfonso Nieto (E) Yamaha	-1'17.806	West	8
15. Tekkyu Kayo (J) Honda	-1'18.400	Perugini	7
16. Masaki Tokudome (J) Honda	-1'19.374	Boscoscuro	5
17. Sebastian Porto (RA) Honda	-1'28.624	Vincent	4
18. Alexander Hofmann (D) Honda	-1'40.318	Garcia	3
19. Jarno Janssen (NL) Honda	-1 Runde	Tokudome	3
20. Ken Eguchi (J) Yamaha	-1 Runde	Nieto	2
21. Matias Rios (RA) Aprilia	-1 Runde	Kayo	1

Schnellste Runde: Ukawa in 2'05.726 = 137,470 km/h

AUSFÄLLE: Fahrer (Nation) Maschine (Grund)

	in Runde
Jeremy McWilliams (GB) Aprilia (Zündung defekt)	1
Luca Boscoscuro (I) Honda (Kurbelwelle gebrochen)	3
Lucas Oliver (E) Yamaha (Sturz)	3
Stefano Perugini (I) Honda (Sturz)	3
Olivier Jacque (F) Yamaha (Sturz)	4
Taru Sekiguchi (J) Yamaha (Motorprobleme)	6
Johan Stigefelt (S) Yamaha (Sturz)	6
Julien Allemand (F) Honda (Knieschmerzen nach Steinschlag)	14
Jason Vincent (GB) Honda (Sturz)	14
Takehiko Kurokawa (J) Honda (Sturz)	16

500 cm³

STARTAUFSTELLUNG

Fahrer (Nr)	Trainingszeit
1. Roberts jr. (10)	1'50.826
2. Doohan (1)	1'51.153
3. Checa (4)	1'51.332
4. Kocinski (19)	1'51.353
5. Biaggi (2)	1'51.439
6. Barros (5)	1'51.636
7. Laconi (55)	1'51.646
8. Okada (8)	1'51.785
9. Crivillé (3)	1'51.890
10. Abe (6)	1'52.105
11. N. Aoki (9)	1'52.243
12. Kagayama (16)	1'52.244
13. Itoh (36)	1'52.263
14. Gibernau (15)	1'52.391
15. Borja (14)	1'52.509
16. Harada (31)	1'53.215
17. Cardoso (25)	1'53.220
18. H. Aoki (26)	1'53.587
19. v. d. Goorbergh (17)	1'53.608
20. Bayle (12)	1'53.615
21. Crafar (11)	1'54.482
22. Rutter (21)	1'55.180
23. Gimbert (22)	1'55.475
24. Ober (18)	1'55.646
25. Numata (71)	1'55.675
26. Hale (20)	1'56.611

ERGEBNIS nach 25 Runden = 120,025 km
Schnitt des Siegers: 138,740 km/h

Fahrer (Nation) Maschine	Zeit (Min)	WM-Stand Fahrer/Punkte	
1. Kenny Roberts jr. (USA) Suzuki	51'54.386	Roberts jr.	50
2. Michael Doohan (AUS) Honda	-3.841	Doohan	33
3. Norifumi Abe (J) Yamaha	-21.758	Checa	30
4. Alex Crivillé (E) Honda	-23.610	Crivillé	29
5. Sete Gibernau (E) Honda	-23.984	Barros	18
6. Carlos Checa (E) Yamaha	-37.480	Gibernau	17
7. Shinichi Itoh (J) Honda	-50.582	Abe	16
8. Alexandre Barros (BR) Honda	-52.008	Borja	13
9. Massimiliano Biaggi (I) Yamaha	-53.524	N. Aoki	13
10. Nobuatsu Aoki (J) Suzuki	-1'05.068	Okada	12
11. Juan Borja (E) Honda	-1'08.314	Kagayama	9
12. Yukio Kagayama (J) Suzuki	-1'13.299	Itoh	9
13. Noriyasu Numata (J) MuZ-Weber	-1'19.245	Laconi	9
14. José Luis Cardoso (E) Honda	-1'26.998	Biaggi	7
15. Tadayuki Okada (J) Honda	-1'30.225	Bayle	4
16. Sebastien Gimbert (F) Honda	-1'52.896	Numata	3
17. Markus Ober (D) Honda	-1 Runde	Harada	3
18. Michael Rutter (GB) Honda	-1 Runde	Cardoso	2
19. Mike Hale (USA) Modenas	-1 Runde	Crafar	1

Schnellste Runde: Doohan in 2'02.889 = 140,644 km/h

AUSFÄLLE: Fahrer (Nation) Maschine (Grund)

	in Runde
Simon Crafar (NZ) Yamaha (Sturz)	1
Tetsuya Harada (J) Aprilia (Aufgabe/kein Grip)	2
Regis Laconi (F) Yamaha (Sturz)	2
Jürgen v. d. Goorbergh (NL) MuZ-Weber (Elektrikprobleme)	3
Jean-Michel Bayle (F) Modenas (Zündung defekt)	7
Haruchika Aoki (J) Honda (Getriebeschaden)	14
John Kocinski (USA) Honda (Sturz)	16

Interview im Regen: Marcellino Lucchi, Ex-Aprilia-Teamchef und Fernsehreporter Carlo Pernat

GP Spanien in Jerez

Termin: 9. Mai 1999, **Wetter:** sonnig, **Zuschauer:** 110.000, **Streckenlänge:** 4,423 km

125 cm³

STARTAUFSTELLUNG

	Fahrer (Nr)	Trainingszeit
1.	Azuma (4)	1'48.983
2.	Locatelli (15)	1'49.041
3.	Alzamora (7)	1'49.151
4.	Cecchinello (5)	1'49.225
5.	Vincent (21)	1'49.581
6.	Scalvini (8)	1'49.664
7.	Vidal (10)	1'49.693
8.	Sanna (16)	1'50.069
9.	Ueda (6)	1'50.185
10.	Poggiali (54)	1'50.318
11.	Melandri (13)	1'50.456
12.	Petit (9)	1'50.567
13.	Sakata (1)	1'50.586
14.	Sabbatani (11)	1'50.652
15.	Jenkner (17)	1'50.838
16.	Brannetti (44)	1'50.966
17.	Giansanti (32)	1'51.108
18.	Ui (41)	1'51.239
19.	Goi (26)	1'51.250
20.	Nieto jr. (29)	1'51.318
21.	Borsoi (23)	1'51.327
22.	Stolz (18)	1'52.301
23.	de Puniet (12)	1'52.319
24.	Araujo (56)	1'52.454
25.	Absmeier (20)	1'52.592
26.	Delgado (53)	1'52.623
27.	Nieto (22)	1'52.762
28.	Costa (57)	1'54.660
29.	Elias (55)	1'54.741

ERGEBNIS nach 23 Runden = 101,729 km
Schnitt des Siegers: 143,885 km/h

	Fahrer (Nation) Maschine	Zeit (Min)	WM-Stand Fahrer/Punkte	
1.	Masao Azuma (J) Honda	42'25.263	Azuma	75
2.	Lucio Cecchinello (I) Honda	-0.099	Alzamora	52
3.	Emilio Alzamora (E) Honda	-0.129	Scalvini	33
4.	Gianluigi Scalvini (I) Aprilia	-0.357	Cecchinello	30
5.	Roberto Locatelli (I) Aprilia	-1.470	Vidal	21
6.	Jeronimo Vidal (E) Aprilia	-1.950	Nakajoh	20
7.	Simone Sanna (I) Honda	-16.948	Sanna	19
8.	Noboru Ueda (J) Honda	-21.074	Vincent	19
9.	Manuel Poggiali (RSM) Aprilia	-27.613	Ui	16
10.	Arnaud Vincent (F) Aprilia	-28.855	Goi	15
11.	Ivan Goi (I) Honda	-28.959	Sabbatani	14
12.	Gino Borsoi (I) Honda	-29.264	Sakata	14
13.	Mirko Giansanti (I) Aprilia	-30.006	Borsoi	13
14.	Alessandro Brannetti (I) Aprilia	-33.254	Poggiali	11
15.	Angel Nieto jr. (E) Honda	-33.413	Locatelli	11
16.	Kazuto Sakata (J) Honda	-34.282	Uezu	11
17.	Steve Jenkner (D) Aprilia	-1'13.010	Giansanti	10
18.	Reinhard Stolz (D) Honda	-1'23.096	Nieto jr.	8
19.	Bernhard Absmeier (D) Aprilia	-1'34.536	Ueda	8
20.	Emilio Delgado (E) Honda	-1'35.111	Kubo	7
21.	Antonio Elias (E) Honda	-1 Runde	Nakamura	

Schnellste Runde: Azuma in 1'49.395 = 145,553 km/h

AUSFÄLLE: Fahrer (Nation) Maschine (Grund)

	in Runde
Luis Costa (E) Honda (Sturz)	3
Randy de Puniet (F) Aprilia (Zündkerze defekt)	6
Adrian Araujo (E) Honda (Motorprobleme)	7
Pablo Nieto (E) Derbi (Elektrikdefekt)	7
Youichi Ui (J) Derbi (Pleuel gebrochen)	13
Marco Melandri (I) Honda (Sturz)	22
Fréderic Petit (F) Honda (Sturz)	22
Massimiliano Sabbatani (I) Honda (Sturz)	22

250 cm³

STARTAUFSTELLUNG

	Fahrer (Nr)	Trainingszeit
1.	Nakano (56)	1'44.738
2.	Capirossi (1)	1'44.811
3.	Rossi (46)	1'44.942
4.	Battaini (21)	1'44.953
5.	Ukawa (4)	1'45.385
6.	Jacque (19)	1'45.456
7.	Lucchi (34)	1'45.669
8.	McWilliams (9)	1'45.818
9.	Waldmann (6)	1'45.889
10.	Perugini (7)	1'46.094
11.	Vincent (24)	1'46.222
12.	Boscoscuro (37)	1'46.315
13.	Rolfo (15)	1'46.587
14.	Stigefelt (16)	1'46.593
15.	Tokudome (36)	1'46.722
16.	Hofmann (66)	1'47.248
17.	Porto (12)	1'47.346
18.	Allemand (23)	1'47.541
19.	Garcia (15)	1'47.686
20.	Janssen (41)	1'47.869
21.	Manako (11)	1'48.065
22.	West (14)	1'48.454
23.	Rios (58)	1'48.646
24.	Molina (62)	1'48.758
25.	Negishi (28)	1'48.774
26.	Nieto (10)	1'48.799
27.	Sharol (63)	1'48.961
28.	Perez (59)	1'49.520
29.	Luque (64)	1'49.729
30.	Debon (60)	1'50.042
31.	Oliver (22)	1'50.241

ERGEBNIS nach 26 Runden = 114,998 km
Schnitt des Siegers: 149,765 km/h

	Fahrer (Nation) Maschine	Zeit (Min)	WM-Stand Fahrer/Punkte	
1.	Valentino Rossi (I) Aprilia	46'04.289	Ukawa	60
2.	Tohru Ukawa (J) Honda	-4.439	Capirossi	57
3.	Loris Capirossi (I) Aprilia	-14.096	Rossi	45
4.	Franco Battaini (I) Aprilia	-24.221	Nakano	41
5.	Marcellino Lucchi (I) Aprilia	-28.614	Lucchi	28
6.	Ralf Waldmann (D) Aprilia	-35.373	Battaini	26
7.	Jeremy McWilliams (GB) Aprilia	-40.182	McWilliams	18
8.	Stefano Perugini (I) Aprilia	-45.096	Rolfo	17
9.	Roberto Rolfo (I) Aprilia	-45.483	Perugini	15
10.	Luca Boscoscuro (I) Honda	-45.762	Matsudo	13
11.	Jason Vincent (GB) Honda	-46.147	Jacque	13
12.	Sebastian Porto (RA) Aprilia	-52.082	Boscoscuro	11
13.	Masaki Tokudome (J) Honda	-1'00.476	Katoh	11
14.	Tomomi Manako (J) Yamaha	-1'04.989	Manako	10
15.	Alexander Hofmann (D) Honda	-1'09.322	Waldmann	10
16.	David Garcia (E) Honda	-1'11.896	Yamaguchi	10
17.	Anthony West (AUS) Honda	-1'11.911	Vincent	9
18.	Alfonso Nieto (E) Yamaha	-1'35.977	West	8
19.	Jarno Janssen (NL) Honda	-1'36.796	Tokudome	6
20.	Yuzy Sharol (MAL) Honda	-1'43.181	Porto	5
21.	Alvaro Molina (E) Honda	-1 Runde	Garcia	3
22.	Matias Rios (RA) Aprilia	-1 Runde	Nieto	2
23.	Lucas Oliver (E) Yamaha	-1 Runde	Hofmann	1
24.	Jesús Perez (E) Honda	-1 Runde	Kayo	1
25.	Naohiro Negishi (J) Honda	-1 Runde		
26.	Alex Debon (E) Honda	-1 Runde		

Schnellste Runde: Nakano in 1'44.875 = 151,826 km/h

AUSFÄLLE: Fahrer (Nation) Maschine (Grund)

	in Runde
Olivier Jacque (F) Yamaha (Nichtstarter/Trainingssturz)	-
Manuel Luque (E) Yamaha (Motorprobleme)	2
Shinya Nakano (J) Yamaha (Einlaßmembran gebrochen)	10
Julien Allemand (F) Honda (Sturz)	12
Johan Stigefelt (S) Yamaha (Sturz)	24

500 cm³

STARTAUFSTELLUNG

	Fahrer (Nr)	Trainingszeit
1.	Crivillé (3)	1'43.674
2.	N. Aoki (9)	1'43.948
3.	Roberts jr. (10)	1'43.980
4.	Biaggi (2)	1'44.056
5.	Laconi (55)	1'44.069
6.	Barros (5)	1'44.199
7.	Gibernau (15)	1'44.217
8.	Kocinski (19)	1'44.304
9.	Abe (6)	1'44.401
10.	Borja (14)	1'44.628
11.	Harada (31)	1'44.701
12.	Checa (4)	1'44.731
13.	Cardoso (25)	1'44.871
14.	Okada (8)	1'44.924
15.	Cadalora (7)	1'45.050
16.	v. d. Goorbergh (17)	1'45.526
17.	H. Aoki (26)	1'45.567
18.	Gimbert (22)	1'45.908
19.	Doohan (1)	1'46.217
20.	Crafar (11)	1'46.510
21.	Ober (18)	1'46.578
22.	Whitham (69)	1'46.730
23.	Rutter (21)	1'46.766
24.	Hale (20)	1'47.636
25.	Willis (68)	1'49.954

ERGEBNIS nach 27 Runden = 119,421 km
Schnitt des Siegers: 150,390 km/h

	Fahrer (Nation) Maschine	Zeit (Min)	WM-Stand Fahrer/Punkte	
1.	Alex Crivillé (E) Honda	47'38.667	Crivillé	54
2.	Massimiliano Biaggi (I) Yamaha	-0.157	Roberts jr.	53
3.	Sete Gibernau (E) Honda	-6.102	Checa	36
4.	Tadayuki Okada (J) Honda	-6.609	Gibernau	33
5.	Norifumi Abe (J) Yamaha	-6.764	Doohan	33
6.	John Kocinski (USA) Honda	-17.724	Abe	27
7.	Regis Laconi (F) Yamaha	-24.037	Biaggi	27
8.	Luca Cadalora (I) MuZ-Weber	-28.827	Okada	25
9.	Juan Borja (E) Honda	-31.290	Borja	20
10.	Carlos Checa (E) Yamaha	-31.308	Laconi	18
11.	Jürgen v. d. Goorbergh (NL) MuZ-Weber	-54.233	Barros	18
12.	Haruchika Aoki (J) Honda	-59.081	N. Aoki	13
13.	Kenny Roberts jr. (USA) Suzuki	-1'10.457	Kocinski	10
14.	Simon Crafar (NZ) Yamaha	-1'13.792	Kagayama	9
15.	Markus Ober (D) Honda	-1'22.765	Itoh	9
16.	Mike Hale (USA) Modenas	-1'26.782	Cadalora	8
17.	Michael Rutter (GB) Honda	-1'30.635	Goorbergh	5
18.	Mark Willis (AUS) BSL	-1 Runde	H. Aoki	4

Schnellste Runde: Crivillé in 1'44.657 = 152,143 km/h

AUSFÄLLE: Fahrer (Nation) Maschine (Grund)

	in Runde
Michael Doohan (AUS) Honda (Nichtstarter/Trainingssturz)	-
Nobuatsu Aoki (J) Suzuki (Sturz)	2
Tetsuya Harada (J) Aprilia (Getriebe defekt)	2
José Luis Cardoso (E) Honda (Elektrikprobleme)	4
Sebastien Gimbert (F) Honda (Sturz)	10
Jamie Whitham (GB) Modenas (Sturz)	12
Alexandre Barros (BR) Honda (Sturz)	16

Kein schöner Land: Lucio Cecchinello wird mit Champagner – und einem strahlenden Lächeln verwöhnt

GP Frankreich in Le Castellet

Termin: 23. Mai 1999, Wetter: sonnig, Zuschauer: 55.000, Streckenlänge: 3,800 km

125 cm³

STARTAUFSTELLUNG

Fahrer (Nr)	Trainingszeit
1. Cecchinello (5)	1'28.864
2. Azuma (4)	1'28.901
3. Locatelli (15)	1'29.030
4. Scalvini (8)	1'29.071
5. Alzamora (7)	1'29.093
6. Vincent (21)	1'29.113
7. Sanna (16)	1'29.132
8. Melandri (13)	1'29.219
9. Ui (41)	1'29.452
10. Vidal (10)	1'29.454
11. Ueda (6)	1'29.470
12. Giansanti (32)	1'29.502
13. Poggiali (54)	1'29.662
14. Jenkner (17)	1'29.723
15. Brannetti (44)	1'29.732
16. Borsoi (23)	1'29.811
17. Sakata (1)	1'29.892
18. Nieto jr. (29)	1'29.971
19. F. Petit (9)	1'29.987
20. de Puniet (12)	1'30.006
21. Sabbatani (11)	1'30.074
22. Goi (26)	1'30.434
23. Stolz (18)	1'30.609
24. Absmeier (20)	1'31.079
25. Lefort (59)	1'31.411
26. J. Petit (61)	1'31.442
27. Nieto (22)	1'32.424
28. Dubray (58)	1'33.264
29. Louiset (60)	1'34.630
30. Lougassi (52)	1'34.668

ERGEBNIS nach 27 Runden = 102,600 km
Schnitt des Siegers: 152,382 km/h

Fahrer (Nation) Maschine	Zeit (Min)	WM-Stand Fahrer/Punkte	
1. Roberto Locatelli (I) Aprilia	40'23.904	Azuma	88
2. Arnaud Vincent (F) Aprilia	-6.124	Alzamora	68
3. Emilio Alzamora (E) Honda	-6.401	Scalvini	42
4. Masao Azuma (J) Honda	-6.567	Vincent	39
5. Noboru Ueda (J) Honda	-7.015	Locatelli	36
6. Marco Melandri (I) Honda	-7.090	Cecchinello	30
7. Gianluigi Scalvini (I) Aprilia	-9.163	Sanna	25
8. Steve Jenkner (D) Aprilia	-14.240	Vidal	23
9. Kazuto Sakata (I) Honda	-14.996	Sakata	22
10. Simone Sanna (I) Honda	-15.487	Nakajoh	20
11. Randy de Puniet (F) Aprilia	-15.490	Ueda	19
12. Angel Nieto jr. (E) Honda	-15.865	Ui	16
13. Mirko Giansanti (I) Honda	-19.043	Goi	15
14. Jeronimo Vidal (E) Aprilia	-34.498	Sabbatani	14
15. Fréderic Petit (F) Honda	-36.391	Giansanti	13
16. Gino Borsoi (I) Honda	-39.141	Borsoi	13
17. Bernhard Absmeier (D) Aprilia	-1'00.715	Jenkner	11
18. Pablo Nieto (E) Derbi	-1'00.814	Nieto jr.	11
19. Gregory Lefort (F) Aprilia	-1'19.170	Poggiali	11
20. Eric Dubray (F) Honda	-1 Runde	Uezu	11
21. Hervé Louiset (F) Honda	-1 Runde	Melandri	10
22. Mike Lougassi (F) Honda	-2 Runden	Kubo	

Schnellste Runde: Scalvini in 1'28.891 = 153,896 km/h

AUSFÄLLE: Fahrer (Nation) Maschine (Grund)

	in Runde
Jimmy Petit (F) Honda (Nichtstarter/Trainingssturz)	-
Ivan Goi (I) Honda (Sturz)	1
Youichi Ui (J) Derbi (Sturz)	1
Manuel Poggiali (RSM) Aprilia (Sturz)	2
Lucio Cecchinello (I) Honda (Sturz)	3
Massimiliano Sabbatani (I) Honda (Sturz)	6
Reinhard Stolz (D) Honda (Sturz)	6
Alessandro Brannetti (I) Aprilia (Sturz)	20

250 cm³

STARTAUFSTELLUNG

Fahrer (Nr)	Trainingszeit
1. Rossi (46)	1'23.366
2. Battaini (21)	1'23.511
3. Capirossi (1)	1'23.634
4. Ukawa (4)	1'23.743
5. Nakano (56)	1'23.823
6. Waldmann (6)	1'23.908
7. Rolfo (44)	1'24.162
8. Perugini (7)	1'24.287
9. McWilliams (9)	1'24.378
10. Honma (31)	1'24.466
11. Lucchi (34)	1'24.683
12. Vincent (24)	1'24.743
13. Porto (12)	1'24.789
14. Hofmann (66)	1'25.226
15. Boscoscuro (37)	1'25.255
16. Allemand (23)	1'25.278
17. Garcia (15)	1'25.338
18. Janssen (41)	1'25.357
19. West (14)	1'25.540
20. Philippe (68)	1'25.844
21. Tokudome (36)	1'26.041
22. Nieto (10)	1'26.066
23. Manako (11)	1'26.266
24. Filart (27)	1'26.381
25. Stigefelt (16)	1'26.517
26. Rios (65)	1'26.867
27. da Costa (65)	1'26.947
28. Oliver (22)	1'27.559
29. Mora (93)	1'27.789
30. Metro (67)	1'29.276

ERGEBNIS nach 29 Runden = 110,200 km
Schnitt des Siegers: 161,904 km/h

Fahrer (Nation) Maschine	Zeit (Min)	WM-Stand Fahrer/Punkte	
1. Tohru Ukawa (J) Honda	40'50.340	Ukawa	85
2. Shinya Nakano (J) Yamaha	-10.940	Nakano	61
3. Stefano Perugini (I) Honda	-20.696	Capirossi	57
4. Ralf Waldmann (D) Aprilia	-21.219	Rossi	45
5. Jason Vincent (GB) Honda	-21.421	Battaini	36
6. Franco Battaini (I) Aprilia	-26.021	Perugini	31
7. Sebastian Porto (RA) Honda	-29.172	Lucchi	29
8. Alexander Hofmann (D) Honda	-35.011	Waldmann	23
9. Anthony West (AUS) Honda	-35.916	McWilliams	23
10. Toshihiko Honma (J) Yamaha	-38.122	Vincent	20
11. Jeremy McWilliams (GB) Aprilia	-43.060	Rolfo	17
12. Alfonso Nieto (E) Yamaha	-52.963	West	15
13. Masaki Tokudome (J) Honda	-52.970	Porto	14
14. Luca Boscoscuro (I) Honda	-53.198	Boscoscuro	13
15. Marcellino Lucchi (I) Aprilia	-56.805	Matsudo	13
16. Vincent Philippe (F) Honda	-1'24.349	Jacque	13
17. Tomomi Manako (J) Yamaha	-1'29.118	Katoh	11
18. Matias Rios (RA) Aprilia	-1 Runde	Manako	10
19. Lucas Oliver (E) Yamaha	-1 Runde	Yamaguchi	10
20. Rob Filart (NL) Honda	-1 Runde	Tokudome	

Schnellste Runde: Rossi in 1'23.635 = 163,568 km/h

AUSFÄLLE: Fahrer (Nation) Maschine (Grund)

	in Runde
Thomas Metro (F) Honda (Nichtstarter/Trainingssturz)	-
Julien da Costa (F) Honda (Motorprobleme)	2
Hervé Mora (F) Aprilia (Sturz)	2
Johan Stigefelt (S) Yamaha (Sturz)	2
Jarno Janssen (NL) Honda (Sturz)	10
Roberto Rolfo (I) Aprilia (Benzinmangel)	16
Loris Capirossi (I) Honda (Sturz)	22
Julien Allemand (F) Honda (Sturz)	23
David Garcia (E) Yamaha (Elektrikdefekt)	25
Valentino Rossi (I) Aprilia (Antriebskette verloren)	29

500 cm³

STARTAUFSTELLUNG

Fahrer (Nr)	Trainingszeit
1. Biaggi (2)	1'20.969
2. Roberts jr. (10)	1'20.986
3. Kocinski (19)	1'20.993
4. Checa (4)	1'21.001
5. Crivillé (3)	1'21.231
6. Cadalora (7)	1'21.443
7. Harada (31)	1'21.485
8. Okada (8)	1'21.718
9. v. d. Goorbergh (17)	1'21.734
10. Abe (6)	1'21.794
11. Bayle (12)	1'21.859
12. Barros (5)	1'21.897
13. Laconi (55)	1'22.031
14. Gibernau (15)	1'22.038
15. Borja (14)	1'22.066
16. Aoki (26)	1'22.325
17. Kagayama (16)	1'22.406
18. Crafar (11)	1'22.662
19. Gimbert (22)	1'23.512
20. Cardoso (25)	1'23.530
21. Hale (20)	1'23.578
22. Rutter (21)	1'24.492
23. Ober (18)	1'24.607
24. Willis (68)	1'42.398

ERGEBNIS nach 31 Runden = 117,800 km
Schnitt des Siegers: 165,938 km/h

Fahrer (Nation) Maschine	Zeit (Min)	WM-Stand Fahrer/Punkte	
1. Alex Crivillé (E) Honda	42'35.648	Crivillé	79
2. John Kocinski (USA) Honda	-11.398	Roberts jr.	53
3. Tetsuya Harada (J) Aprilia	-13.657	Checa	47
4. Sete Gibernau (E) Honda	-14.370	Gibernau	46
5. Carlos Checa (E) Yamaha	-14.409	Abe	37
6. Norifumi Abe (J) Yamaha	-16.639	Doohan	33
7. Juan Borja (E) Honda	-21.224	Okada	32
8. Regis Laconi (F) Yamaha	-21.245	Kocinski	30
9. Tadayuki Okada (J) Honda	-26.063	Borja	29
10. Alexandre Barros (BR) Honda	-27.625	Biaggi	27
11. Simon Crafar (NZ) Yamaha	-1'02.754	Laconi	26
12. Sebastien Gimbert (F) Honda	-1'12.210	Barros	24
13. Haruchika Aoki (J) Honda	-1'15.698	Harada	19
14. Markus Ober (D) Honda	-1 Runde	N. Aoki	

Schnellste Runde: Roberts jr. in 1'21.487 = 167,88 km/h

AUSFÄLLE: Fahrer (Nation) Maschine (Grund)

	in Runde
Mike Hale (USA) Modenas (Nichtstarter/Trainingssturz)	-
Yukio Kagayama (J) Suzuki (Nichtstarter/Trainingssturz)	-
Mark Willis (AUS) BSL (Nichtstarter/nicht qualifiziert)	-
José Luis Cardoso (E) Honda (Sturz)	1
Michael Rutter (GB) Honda (Sturz)	1
Massimiliano Biaggi (I) Yamaha (Sturz)	3
Luca Cadalora (I) MuZ-Weber (Aufgabe nach Beinahe-Sturz)	5
Jean-Michel Bayle (F) Modenas (Elektrikprobleme)	6
Jürgen v. d. Goorbergh (NL) MuZ-Weber (Zündung defekt)	8
Kenny Roberts jr. (USA) Suzuki (Sturz)	25

Zurück in die Zukunft: Die französische Firma Fulgur baute eine 250er mit 90 Grad-V 2-Membranmotor und futuristischem Kohlefaserchassis

GP Italien in Mugello
Termin: 6. Juni 1999, Wetter: sonnig, Zuschauer: 65.000, Streckenlänge: 5,245 km

125 cm³

STARTAUFSTELLUNG

Fahrer (Nr)	Trainingszeit
1. Locatelli (15)	2'00.254
2. Scalvini (8)	2'00.348
3. Cecchinello (5)	2'00.623
4. Ueda (6)	2'00.697
5. Melandri (13)	2'00.736
6. Sanna (16)	2'00.915
7. Vincent (21)	2'00.925
8. Vidal (10)	2'00.987
9. Petit (9)	2'01.308
10. Borsoi (23)	2'01.426
11. Alzamora (7)	2'01.554
12. Azuma (4)	2'01.573
13. Sakata (1)	2'01.818
14. Poggiali (54)	2'01.933
15. Giansanti (32)	2'01.996
16. Sabbatani (11)	2'02.414
17. Jenkner (17)	2'02.431
18. Goi (26)	2'02.496
19. Nieto jr. (29)	2'02.550
20. Brannetti (44)	2'02.697
21. de Puniet (12)	2'02.716
22. Petrini (63)	2'02.900
23. Stolz (18)	2'03.078
24. Absmeier (20)	2'03.084
25. Tresoldi (66)	2'03.356
26. Nieto (22)	2'03.907
27. Chiarello (62)	2'03.931
28. Caffiero (64)	2'05.118
29. Lanzi (65)	2'05.550

ERGEBNIS nach 20 Runden = 104,900 km
Schnitt des Siegers: 153,971 km/h

Fahrer (Nation) Maschine	Zeit (Min)	WM-Stand Fahrer/Punkte	
1. Roberto Locatelli (I) Aprilia	40'52.672	Azuma	97
2. Marco Melandri (I) Honda	-0.271	Alzamora	78
3. Noboru Ueda (J) Honda	-0.295	Locatelli	61
4. Simone Sanna (I) Honda	-0.343	Vincent	50
5. Arnaud Vincent (F) Aprilia	-0.442	Scalvini	42
6. Emilio Alzamora (E) Honda	-0.588	Sanna	38
7. Masao Azuma (J) Honda	-0.589	Cecchinello	37
8. Kazuto Sakata (J) Honda	-1.193	Ueda	35
9. Lucio Cecchinello (I) Honda	-1.260	Sakata	30
10. Gino Borsoi (I) Honda	-1.338	Melandri	30
11. Mirko Giansanti (I) Aprilia	-1.429	Vidal	27
12. Jeronimo Vidal (E) Aprilia	-2.269	Nakajoh	20
13. Manuel Poggiali (RSM) Aprilia	-8.436	Borsoi	19
14. Steve Jenkner (D) Aprilia	-10.382	Giansanti	18
15. Ivan Goi (I) Honda	-10.541	Goi	16
16. Massimiliano Sabbatani (I) Honda	-10.695	Ui	16
17. Angel Nieto jr. (E) Honda	-17.572	Jenkner	14
18. Fréderic Petit (F) Honda	-17.668	Poggiali	14
19. Randy de Puniet (F) Aprilia	-23.619	Sabbatani	14
20. Alessandro Brannetti (I) Aprilia	-23.731	Nieto jr.	11
21. Bernhard Absmeier (D) Aprilia	-34.245	Uezu	11
22. Pablo Nieto (E) Derbi	-41.130	Kubo	7
23. Marco Petrini (I) Aprilia	-42.373	de Puniet	6
24. Gaspare Caffiero (I) Aprilia	-42.593	Nakamura	6
25. Marco Tresoldi (CH) Honda	-42.597	Brannetti	4

Schnellste Runde: Sakata in 2'00.648 = 156,505 km/h

AUSFÄLLE: Fahrer (Nation) Maschine (Grund)

	in Runde
Gianluigi Scalvini (I) Aprilia (Zündkerze gebrochen)	5
Lorenzo Lanzi (I) Aprilia (Motor-Probleme)	10
Riccardo Chiarello (I) Aprilia (Sturz/von Stolz migerissen)	20
Reinhard Stolz (D) Honda (Sturz nach Kolbenklemmer)	20

250 cm³

STARTAUFSTELLUNG

Fahrer (Nr)	Trainingszeit
1. Lucchi (34)	1'54.376
2. Capirossi (1)	1'54.854
3. Battaini (21)	1'54.947
4. Waldmann (6)	1'55.067
5. Nakano (56)	1'55.114
6. Rossi (46)	1'55.361
7. McWilliams (9)	1'55.743
8. Rolfo (44)	1'56.158
9. Ukawa (4)	1'56.249
10. Honma (31)	1'56.573
11. Vincent (24)	1'56.625
12. Perugini (7)	1'56.820
13. Porto (12)	1'57.223
14. Hofmann (66)	1'57.260
15. Clementi (48)	1'57.348
16. Boscoscuro (37)	1'57.435
17. Stigefelt (16)	1'57.658
18. Tokudome (36)	1'57.863
19. Garcia (15)	1'58.104
20. Janssen (41)	1'58.311
21. West (14)	1'58.828
22. Manako (11)	1'58.875
23. Cotti (55)	1'58.914
24. Allemand (23)	1'59.011
25. Nieto (10)	1'59.416
26. Filart (27)	1'59.509
27. Mengozzi (47)	1'59.750
28. Rios (58)	2'00.715

ERGEBNIS nach 21 Runden = 110,145 km
Schnitt des Siegers: 161,659 km/h

Fahrer (Nation) Maschine	Zeit (Min)	WM-Stand Fahrer/Punkte	
1. Valentino Rossi (I) Aprilia	40'52.837	Ukawa	101
2. Ralf Waldmann (D) Aprilia	-2.643	Nakano	72
3. Tohru Ukawa (J) Honda	-2.684	Rossi	70
4. Jeremy McWilliams (GB) Aprilia	-11.333	Capirossi	57
5. Shinya Nakano (J) Yamaha	-11.684	Battaini	46
6. Franco Battaini (I) Aprilia	-12.447	Waldmann	43
7. Jason Vincent (GB) Honda	-21.184	Perugini	39
8. Stefano Perugini (I) Aprilia	-21.721	McWilliams	36
9. Sebastian Porto (RA) Aprilia	-40.911	Vincent	29
10. Luca Boscoscuro (I) Honda	-45.815	Lucchi	29
11. Masaki Tokudome (J) Honda	-53.891	Porto	21
12. Johan Stigefelt (S) Yamaha	-54.066	Boscoscuro	19
13. Tomomi Manako (J) Yamaha	-54.096	Rolfo	17
14. Julien Allemand (F) Honda	-1'18.330	West	15
15. David Garcia (E) Yamaha	-1'21.272	Tokudome	14
16. Alexander Hofmann (D) Honda	-1'27.000	Manako	13
17. Alfonso Nieto (E) Yamaha	-1'33.576	Matsudo	13
18. Filippo Cotti (I) Yamaha	-1'33.644	Jacque	13
19. Matias Rios (RA) Aprilia	-1 Runde	Katoh	13

Schnellste Runde: Rossi in 1'55.254 = 163,829 km/h

AUSFÄLLE: Fahrer (Nation) Maschine (Grund)

	in Runde
Loris Capirossi (I) Honda (Disqualifikation)	-
Toshihiko Honma (J) Yamaha (Sturz)	1
Marcellino Lucchi (I) Aprilia (Sturz)	1
Ivan Mengozzi (I) Yamaha (Sturz)	1
Ivan Clementi (I) Aprilia (Sturz)	4
Rob Filart (NL) Honda (Sturz)	4
Jarno Janssen (NL) Honda (Sturz)	10
Roberto Rolfo (I) Aprilia (Sturz)	11
Anthony West (AUS) Honda (Ausritt nach Kupplungsdefekt)	11

500 cm³

STARTAUFSTELLUNG

Fahrer (Nr)	Trainingszeit
1. Harada (31)	1'52.454
2. Crivillé (3)	1'53.143
3. Roberts jr. (10)	1'53.253
4. Kocinski (19)	1'53.612
5. Abe (6)	1'53.655
6. Cadalora (7)	1'53.655
7. Okada (8)	1'53.900
8. Borja (14)	1'54.044
9. Checa (4)	1'54.148
10. Laconi (55)	1'54.178
11. v. d. Goorbergh (17)	1'54.231
12. Gibernau (15)	1'54.334
13. Biaggi (2)	1'54.414
14. Barros (5)	1'54.578
15. Bayle (12)	1'54.888
16. Whitham (69)	1'55.046
17. Aoki (26)	1'55.208
18. Gimbert (22)	1'56.165
19. Crafar (11)	1'56.893
20. Ober (18)	1'57.966
21. Cardoso (25)	1'57.983
22. Rutter (21)	1'58.038
23. Tessari (43)	1'58.717
24. Willis (68)	3'35.904

ERGEBNIS nach 23 Runden = 120,635 km
Schnitt des Siegers: 164,159 km/h

Fahrer (Nation) Maschine	Zeit (Min)	WM-Stand Fahrer/Punkte	
1. Alex Crivillé (E) Honda	44'05.522	Crivillé	104
2. Massimiliano Biaggi (I) Yamaha	-0.283	Roberts jr.	64
3. Tadayuki Okada (J) Honda	-6.052	Gibernau	56
4. Tetsuya Harada (J) Aprilia	-6.849	Checa	56
5. Kenny Roberts jr. (USA) Suzuki	-12.674	Okada	48
6. Sete Gibernau (E) Honda	-12.714	Biaggi	47
7. Carlos Checa (E) Yamaha	-21.341	Kocinski	38
8. John Kocinski (USA) Honda	-29.800	Abe	37
9. Juan Borja (E) Honda	-29.801	Borja	36
10. Luca Cadalora (I) MuZ-Weber	-46.742	Doohan	33
11. Haruchika Aoki (J) Honda	-1'07.293	Harada	32
12. Simon Crafar (NZ) Yamaha	-1'14.550	Laconi	26
13. Sebastien Gimbert (F) Honda	-1'20.353	Barros	24
14. Jamie Whitham (GB) Modenas	-1'27.761	Cadalora	14
15. Markus Ober (D) Honda	-1'45.918	Crafar	1

Schnellste Runde: Roberts jr. in 1'53.889 = 165,793 km/h

AUSFÄLLE: Fahrer (Nation) Maschine (Grund)

	in Runde
Mark Willis (AUS) BSL (Nichtstarter/nicht qualifiziert)	-
Norifumi Abe (J) Yamaha (Sturz)	1
Paolo Tessari (I) Paton (Sturz)	1
Alexandre Barros (BR) Honda (Sturz)	2
José Luis Cardoso (E) Honda (Motor festgegangen)	2
Michael Rutter (GB) Honda (linke Fußraste gebrochen)	4
Jürgen v. d. Goorbergh (NL) MuZ-Weber (Kolben gebrochen)	7
Jean-Michel Bayle (F) Modenas (Stromgenerator defekt)	8
Regis Laconi (F) Yamaha (Sturz)	18

Die Musik der Mugello-Fans: Brüllende Motoren, kreischende Kettensäge

GP Katalonien in Barcelona

Termin: 20. Juni 1999, **Wetter:** sonnig, **Zuschauer:** 83.000, **Streckenlänge:** 4,727 km

125 cm³

STARTAUFSTELLUNG

	Fahrer (Nr)	Trainingszeit
1.	Locatelli (15)	1'52.491
2.	Cecchinello (5)	1'53.062
3.	Sanna (16)	1'53.306
4.	Melandri (13)	1'53.342
5.	Ui (41)	1'53.446
6.	Vincent (21)	1'53.498
7.	Vidal (10)	1'53.538
8.	Azuma (4)	1'53.547
9.	Borsoi (23)	1'53.694
10.	Jenkner (17)	1'53.697
11.	Ueda (6)	1'53.789
12.	Alzamora (7)	1'53.838
13.	Sakata (1)	1'54.057
14.	Brannetti (44)	1'54.139
15.	Scalvini (8)	1'54.170
16.	de Puniet (12)	1'54.205
17.	Nieto (22)	1'54.330
18.	Sabbatani (11)	1'54.336
19.	Giansanti (32)	1'54.416
20.	Nieto jr. (29)	1'54.463
21.	Petit (9)	1'54.717
22.	Goi (26)	1'54.719
23.	Absmeier (20)	1'54.768
24.	Poggiali (54)	1'54.879
25.	Stolz (18)	1'55.303
26.	Araujo (56)	1'55.957
27.	Elias (55)	1'57.106
28.	Carrasco (43)	1'57.266
29.	Costa (57)	1'57.483
30.	Delgado (53)	1'57.485

ERGEBNIS nach 22 Runden = 103,994 km
Schnitt des Siegers: 149,289 km/h

	Fahrer (Nation) Maschine	Zeit (Min)	WM-Stand Fahrer/Punkte	
1.	Arnaud Vincent (F) Aprilia	41'47.749	Alzamora	98
2.	Emilio Alzamora (E) Honda	-0.011	Azuma	97
3.	Marco Melandri (I) Honda	-0.340	Vincent	75
4.	Noboru Ueda (J) Honda	-0.547	Locatelli	71
5.	Lucio Cecchinello (I) Honda	-1.262	Ueda	48
6.	Roberto Locatelli (I) Aprilia	-1.625	Cecchinello	48
7.	Kazuto Sakata (J) Honda	-2.097	Scalvini	48
8.	Simone Sanna (I) Honda	-20.426	Sanna	46
9.	Randy de Puniet (F) Aprilia	-20.595	Melandri	46
10.	Gianluigi Scalvini (I) Aprilia	-20.859	Sakata	39
11.	Alessandro Brannetti (I) Aprilia	-20.959	Vidal	27
12.	Gino Borsoi (I) Honda	-22.768	Borsoi	23
13.	Fréderic Petit (F) Honda	-22.812	Giansanti	20
14.	Mirko Giansanti (I) Aprilia	-29.025	Nakajoh	20
15.	Ivan Goi (I) Honda	-42.860	Goi	17
16.	Reinhard Stolz (D) Honda	-49.937	Ui	16
17.	Adrian Araujo (E) Honda	-1'00.610	Jenkner	14
18.	Luis Costa (E) Honda	-1'32.793	Poggiali	8

Schnellste Runde: Ueda in 1'52.813 = 150,844 km/h

AUSFÄLLE: Fahrer (Nation) Maschine (Grund)

	in Runde
Victor Carrasco (E) Honda (Sturz)	3
Massimiliano Sabbatani (I) Honda (Sturz)	3
Steve Jenkner (D) Aprilia (Sturz)	6
Angel Nieto jr. (E) Honda (Sturz)	6
Youichi Ui (J) Derbi (Kurbelwelle gebrochen)	6
Jeronimo Vidal (E) Aprilia (Batterie defekt)	7
Masao Azuma (J) Honda (Kühlwasserverlust)	8
Emilio Delgado (E) Honda (Grund unbekannt)	9
Pablo Nieto (E) Derbi (Sturz)	9
Manuel Poggiali (RSM) Aprilia (Plattfuß am Hinterrad)	11
Bernhard Absmeier (D) Aprilia (Kolben gebrochen)	22
Antonio Elias (E) Honda (Grund unbekannt)	22

250 cm³

STARTAUFSTELLUNG

	Fahrer (Nr)	Trainingszeit
1.	Ukawa (4)	1'48.199
2.	Rossi (46)	1'48.200
3.	Nakano (56)	1'48.262
4.	Battaini (21)	1'48.397
5.	Lucchi (34)	1'48.441
6.	Waldmann (6)	1'48.665
7.	Rolfo (44)	1'48.754
8.	Vincent (24)	1'49.597
9.	Perugini (7)	1'49.677
10.	Matsudo (49)	1'49.746
11.	McWilliams (9)	1'49.839
12.	Porto (12)	1'50.033
13.	Hofmann (66)	1'50.164
14.	Manako (11)	1'50.385
15.	Tokudome (36)	1'50.416
16.	Boscoscuro (37)	1'50.478
17.	Stigefelt (16)	1'50.620
18.	Oliver (22)	1'50.882
19.	Janssen (41)	1'51.245
20.	West (14)	1'51.347
21.	Debon (60)	1'51.544
22.	Allemand (23)	1'51.798
23.	Nieto (10)	1'51.821
24.	Garcia (15)	1'52.006
25.	Molina (62)	1'52.158
26.	Silva (70)	1'52.536
27.	Rios (58)	1'52.678
28.	Ribalta (69)	1'52.844
29.	Perez (59)	1'53.786

ERGEBNIS nach 23 Runden = 108,721 km
Schnitt des Siegers: 156,071 km/h

	Fahrer (Nation) Maschine	Zeit (Min)	WM-Stand Fahrer/Punkte	
1.	Valentino Rossi (I) Aprilia	41'47.806	Ukawa	121
2.	Tohru Ukawa (J) Honda	-0.258	Rossi	95
3.	Franco Battaini (I) Aprilia	-12.755	Nakano	85
4.	Shinya Nakano (J) Yamaha	-13.085	Battaini	62
5.	Roberto Rolfo (I) Aprilia	-25.429	Capirossi	57
6.	Jeremy McWilliams (GB) Aprilia	-29.320	Perugini	48
7.	Stefano Perugini (I) Honda	-45.343	McWilliams	46
8.	Naoki Matsudo (J) Yamaha	-45.563	Waldmann	43
9.	Sebastian Porto (RA) Honda	-50.947	Vincent	29
10.	Luca Boscoscuro (I) Honda	-51.482	Lucchi	29
11.	Alexander Hofmann (D) Honda	-51.673	Porto	28
12.	Tomomi Manako (J) Honda	-51.742	Rolfo	28
13.	Masaki Tokudome (J) Honda	-1'11.473	Boscoscuro	25
14.	Lucas Oliver (E) Yamaha	-1'26.093	Matsudo	21
15.	Jarno Janssen (NL) Honda	-1'37.071	Manako	17
16.	Matias Rios (RA) Honda	-1 Runde	Tokudome	17
17.	Jesús Perez (E) Honda	-1 Runde	West	15
18.	Daniel Ribalta (E) Honda	-1 Runde	Hofmann	7

Schnellste Runde: Rossi in 1'48.278 = 157,162 km/h

AUSFÄLLE: Fahrer (Nation) Maschine (Grund)

	in Runde
Alfonso Nieto (E) Yamaha (Sturz)	1
Ivan Silva (E) Honda (Sturz)	1
Ralf Waldmann (D) Aprilia (Sturz)	1
Anthony West (AUS) Honda (Sturz)	1
Johan Stigefelt (S) Yamaha (Sturz)	2
Julien Allemand (F) Honda (Aufgabe/Schmerzen nach Kollision)	4
Jason Vincent (GB) Honda (Schalthebel gebrochen)	5
David Garcia (E) Yamaha (Sturz)	7
Alvaro Molina (E) Honda (Grund unbekannt)	12
Alex Debon (E) Honda (Grund unbekannt)	16
Marcellino Lucchi (I) Aprilia (Sturz)	18

500 cm³

STARTAUFSTELLUNG

	Fahrer (Nr)	Trainingszeit
1.	v. d. Goorbergh (17)	1'46.076
2.	Biaggi (2)	1'46.317
3.	Gibernau (15)	1'46.326
4.	Crivillé (3)	1'46.347
5.	Bayle (12)	1'46.515
6.	Abe (6)	1'46.612
7.	Roberts jr. (10)	1'46.754
8.	Okada (8)	1'46.782
9.	Barros (5)	1'46.835
10.	Kocinski (19)	1'46.918
11.	Checa (4)	1'46.942
12.	Laconi (55)	1'46.954
13.	Harada (31)	1'46.958
14.	Cadalora (7)	1'47.092
15.	H. Aoki (26)	1'47.134
16.	N. Aoki (9)	1'47.303
17.	Borja (14)	1'47.422
18.	Cardoso (25)	1'48.453
19.	Gimbert (22)	1'48.983
20.	Whitham (69)	1'49.139
21.	Ober (18)	1'49.201
22.	Rutter (21)	1'50.208
23.	Tessari (43)	1'52.756
24.	Crafar (11)	–

ERGEBNIS nach 25 Runden = 118,175 km
Schnitt des Siegers: 157,818 km/h

	Fahrer (Nation) Maschine	Zeit (Min)	WM-Stand Fahrer/Punkte	
1.	Alex Crivillé (E) Honda	44'55.701	Crivillé	129
2.	Tadayuki Okada (J) Honda	-0.061	Roberts jr.	74
3.	Sete Gibernau (E) Honda	-4.467	Gibernau	72
4.	Tetsuya Harada (J) Aprilia	-20.216	Okada	68
5.	Juan Borja (E) Honda	-21.087	Checa	65
6.	Kenny Roberts jr. (USA) Suzuki	-22.006	Borja	47
7.	Carlos Checa (E) Yamaha	-23.637	Biaggi	47
8.	Jürgen v. d. Goorbergh (NL) MuZ-Weber	-23.711	Harada	45
9.	John Kocinski (USA) Honda	-23.899	Kocinski	45
10.	Haruchika Aoki (J) Honda	-29.845	Abe	37
11.	Nobuatsu Aoki (J) Suzuki	-37.387	Doohan	33
12.	José Luis Cardoso (E) Honda	-1'08.539	Laconi	26
13.	Markus Ober (D) Honda	-1'08.712	Barros	24
14.	Sebastien Gimbert (F) Honda	-1'08.840	H. Aoki	7

Schnellste Runde: Gibernau in 1'46.858 = 159,251 km/h

AUSFÄLLE: Fahrer (Nation) Maschine (Grund)

	in Runde
Simon Crafar (NZ) Yamaha (Nichtstarter/Trennung vom Team)	-
Luca Cadalora (I) MuZ-Weber (Reifen- und Fahrwerkprobleme)	7
Paolo Tessari (I) Paton (Schalthebel gebrochen)	8
Alexandre Barros (BR) Honda (Sturz)	9
Michael Rutter (GB) Honda (mangelnde Motorleistung)	9
Jamie Whitham (GB) Modenas (Kupplung defekt)	9
Massimiliano Biaggi (I) Yamaha (Sturz)	12
Norifumi Abe (J) Yamaha (Sturz)	18
Regis Laconi (F) Yamaha (Sturz)	22
Jean-Michel Bayle (F) Modenas (Sturz)	25

Führung für Alex Crivillé – und Begeisterung auf den Rängen: Ganz Spanien fieberte mit

GP Holland in Assen

Termin: 26. Juni 1999, Wetter: soonig, Zuschauer: 110.000, Streckenlänge: 6,049 km

125 cm³

STARTAUFSTELLUNG

Fahrer (Nr)	Trainingszeit
1. Cecchinello (5)	2'12.853
2. Azuma (4)	2'12.882
3. Melandri (13)	2'13.392
4. Scalvini (8)	2'13.440
5. Ueda (6)	2'13.708
6. Vincent (21)	2'13.742
7. Locatelli (15)	2'13.795
8. Borsoi (23)	2'13.967
9. Sakata (1)	2'14.028
10. de Puniet (12)	2'14.141
11. Alzamora (7)	2'14.167
12. Sanna (16)	2'14.556
13. Ui (41)	2'14.556
14. Petit (9)	2'14.556
15. Giansanti (32)	2'14.795
16. Vidal (10)	2'14.951
17. Brannetti (44)	2'15.035
18. Nieto (22)	2'15.057
19. Goi (26)	2'15.184
20. Absmeier (20)	2'15.273
21. Nieto jr. (29)	2'16.464
22. Poggiali (54)	2'16.595
23. Stolz (18)	2'17.379
24. Koopman (68)	2'21.049
25. de Haan (70)	2'21.172
26. Lakerveld (71)	2'21.305
27. Timmer (69)	2'22.133
28. van Leeuwen (67)	2'23.105

ERGEBNIS nach 17 Runden = 102,833 km
Schnitt des Siegers: 161,702 km/h

Fahrer (Nation) Maschine	Zeit (Min)	WM-Stand Fahrer/Punkte	
1. Masao Azuma (J) Honda	38'09.395	Azuma	122
2. Noboru Ueda (J) Honda	-0.317	Alzamora	111
3. Roberto Locatelli (I) Aprilia	-0.343	Locatelli	87
4. Emilio Alzamora (E) Honda	-8.842	Vincent	84
5. Gianluigi Scalvini (I) Aprilia	-9.204	Ueda	68
6. Youichi Ui (J) Derbi	-9.540	Scalvini	59
7. Arnaud Vincent (F) Aprilia	-9.741	Melandri	54
8. Marco Melandri (I) Honda	-9.748	Sanna	48
9. Gino Borsoi (I) Aprilia	-10.095	Cecchinello	48
10. Kazuto Sakata (J) Honda	-11.838	Sakata	45
11. Ivan Goi (I) Honda	-25.683	Borsoi	30
12. Mirko Giansanti (I) Honda	-25.881	Vidal	27
13. Manuel Poggiali (RSM) Aprilia	-37.303	Ui	26
14. Simone Sanna (I) Honda	-37.526	Giansanti	24
15. Fréderic Petit (F) Honda	-37.868	Goi	22
16. Pablo Nieto (E) Derbi	-39.035	Nakajoh	20
17. Jeronimo Vidal (E) Aprilia	-40.285	Poggiali	17
18. Patrick Lakerveld (NL) Honda	-2'13.886	Jenkner	14
19. Hans Koopman (NL) Honda	-1 Runde	Sabbatani	14
20. Ronnie Timmer (44) Honda	-1 Runde	de Puniet	14

Schnellste Runde: Ueda in 2'13.225 = 163,456 km/h

AUSFÄLLE: Fahrer (Nation) Maschine (Grund) — in Runde

Angel Nieto jr. (E) Honda (Nichtstarter/Trainingssturz)	-
Wilhelm van Leeuwen (NL) Honda (Nichtstarter/nicht qualifiziert)	-
Alessandro Brannetti (I) Aprilia (Zündkerze defekt)	7
Randy de Puniet (F) Aprilia (Sturz)	9
Reinhard Stolz (D) Honda (Motorschaden)	10
Lucio Cecchinello (I) Honda (Sturz)	14
Bernhard Absmeier (D) Aprilia (Sturz)	15
Harold de Haan (NL) Honda (Grund unbekannt)	15

250 cm³

STARTAUFSTELLUNG

Fahrer (Nr)	Trainingszeit
1. Rossi (46)	2'05.018
2. McWilliams (9)	2'05.259
3. Waldmann (6)	2'05.382
4. Capirossi (1)	2'05.494
5. Lucchi (34)	2'05.618
6. Nakano (56)	2'05.978
7. Perugini (7)	2'06.049
8. Battaini (21)	2'06.129
9. Ukawa (4)	2'06.380
10. Vincent (24)	2'07.476
11. Hofmann (66)	2'07.486
12. Porto (12)	2'07.895
13. Manako (11)	2'07.989
14. Tokudome (36)	2'07.992
15. Janssen (41)	2'08.079
16. West (14)	2'08.217
17. Rolfo (94)	2'08.293
18. Allemand (23)	2'08.857
19. Boscoscuro (37)	2'09.068
20. Stigefelt (16)	2'09.262
21. Matsudo (49)	2'09.384
22. Bolwerk (17)	2'09.515
23. Visscher (73)	2'10.035
24. Garcia (15)	2'10.101
25. Nieto (10)	2'10.572
26. Oliver (22)	2'10.624
27. Markink (72)	2'12.022
28. Romein (74)	2'12.887
29. Rios (58)	2'13.228
30. vd Lagemaat (75)	2'13.517
31. ten Napel (76)	2'16.726

ERGEBNIS nach 18 Runden = 108,882 km
Schnitt des Siegers: 171,563 km/h

Fahrer (Nation) Maschine	Zeit (Min)	WM-Stand Fahrer/Punkte	
1. Loris Capirossi (I) Honda	38'04.730	Ukawa	134
2. Valentino Rossi (I) Aprilia	-0.180	Rossi	115
3. Jeremy McWilliams (GB) Aprilia	-0.534	Nakano	96
4. Tohru Ukawa (J) Honda	-0.537	Capirossi	82
5. Shinya Nakano (J) Yamaha	-0.742	Battaini	71
6. Ralf Waldmann (D) Aprilia	-7.019	McWilliams	62
7. Franco Battaini (I) Aprilia	-20.889	Perugini	56
8. Stefano Perugini (I) Aprilia	-20.891	Waldmann	53
9. Jason Vincent (GB) Honda	-21.310	Vincent	36
10. Anthony West (AUS) Honda	-26.816	Porto	32
11. Alexander Hofmann (D) Honda	-26.933	Lucchi	29
12. Sebastian Porto (RA) Honda	-27.054	Rolfo	28
13. Tomomi Manako (J) Yamaha	-27.903	Boscoscuro	25
14. Masaki Tokudome (J) Honda	-33.161	West	21
15. Jarno Janssen (NL) Honda	-56.248	Matsudo	21
16. Luca Boscoscuro (I) Honda	-56.432	Manako	20
17. Johan Stigefelt (S) Yamaha	-1'07.433	Hofmann	19
18. Julien Allemand (F) Honda	-1'16.347	Tokudome	19
19. Alfonso Nieto (E) Yamaha	-1'25.622	Jacque	13
20. Lucas Oliver (E) Yamaha	-1'25.758	Katoh	11
21. David Garcia (E) Yamaha	-1'33.867	Yamaguchi	10
22. Rudie Markink (NL) Aprilia	-1'40.280	Nieto	6
23. Arno Visscher (NL) Aprilia	-1'40.635	Honma	6
24. Henk vd Lagemaat (NL) Honda	-1 Runde	Garcia	3

Schnellste Runde: Rossi in 2'05.696 = 173,247 km/h

AUSFÄLLE: Fahrer (Nation) Maschine (Grund) — in Runde

Naoki Matsudo (J) Yamaha (Nichtstarter/Trainingssturz)	-
Matias Rios (RA) Aprilia (Nichtstarter/Sturz im Warmup)	-
Rein ten Napel (NL) Honda (Nichtstarter/nicht qualifiziert)	-
Maurice Bolwerk (NL) Honda (Sturz)	1
Roberto Rolfo (I) Aprilia (Sturz)	1
Marcellino Lucchi (I) Aprilia (Motorschaden)	4
André Romein (NL) Honda (Grund unbekannt)	9

500 cm³

STARTAUFSTELLUNG

Fahrer (Nr)	Trainingszeit
1. Okada (8)	2'01.564
2. Kocinski (19)	2'01.856
3. Roberts jr. (10)	2'02.082
4. Crivillé (3)	2'02.131
5. Biaggi (2)	2'02.308
6. Gibernau (15)	2'02.393
7. Barros (5)	2'02.458
8. Abe (6)	2'02.630
9. Checa (4)	2'02.765
10. N. Aoki (9)	2'02.890
11. Borja (14)	2'02.909
12. Harada (31)	2'02.938
13. v. d. Goorbergh (17)	2'03.189
14. Laconi (55)	2'03.509
15. Whitham (69)	2'03.613
16. Cadalora (7)	2'04.143
17. Cardoso (25)	2'04.180
18. H. Aoki (26)	2'04.327
19. Gimbert (22)	2'05.207
20. McCoy (24)	2'05.714
21. Willis (68)	2'06.279
22. Ober (18)	2'06.796
23. Rutter (21)	2'08.249

ERGEBNIS nach 20 Runden = 120,980 km
Schnitt des Siegers: 176,132 km/h

Fahrer (Nation) Maschine	Zeit (Min)	WM-Stand Fahrer/Punkte	
1. Tadayuki Okada (J) Honda	41'12.732	Crivillé	129
2. Kenny Roberts jr. (USA) Suzuki	-7.316	Roberts jr.	94
3. Sete Gibernau (E) Honda	-7.404	Okada	93
4. Nobuatsu Aoki (J) Honda	-10.941	Gibernau	88
5. Massimiliano Biaggi (I) Yamaha	-10.980	Checa	65
6. Norifumi Abe (J) Yamaha	-16.271	Biaggi	58
7. John Kocinski (USA) Honda	-17.348	Borja	55
8. Juan Borja (E) Honda	-25.950	Kocinski	54
9. Haruchika Aoki (J) Honda	-26.114	Harada	50
10. Alexandre Barros (BR) Honda	-31.131	Abe	47
11. Tetsuya Harada (J) Aprilia	-36.038	Doohan	33
12. Regis Laconi (F) Yamaha	-41.016	N. Aoki	31
13. Jürgen v. d. Goorbergh (NL) MuZ-Weber	-41.097	Barros	30
14. Sebastien Gimbert (F) Honda	-1'04.683	Laconi	30
15. Garry McCoy (AUS) Yamaha	-1'10.481	H. Aoki	26
16. José Luis Cardoso (E) Honda	-1'20.996	Goorbergh	16
17. Mark Willis (AUS) Modenas	-2'00.973	Cadalora	5

Schnellste Runde: Okada in 2'02.471 = 177,809 km/h

AUSFÄLLE: Fahrer (Nation) Maschine (Grund) — in Runde

Luca Cadalora (I) MuZ-Weber (Nichtstarter/Trainingssturz)	-
Jamie Whitham (GB) Modenas (Kolbenklemmer)	4
Carlos Checa (E) Yamaha (Sturz)	5
Alex Crivillé (E) Honda (Sturz)	5
Michael Rutter (GB) Honda (Kolbenklemmer)	9
Markus Ober (D) Honda (Sturz)	11

Respekt für die ältere Generation: Kenny Roberts bestaunt die Privat-Suzuki des holländischen »Weißen Riesen« Wil Hartog von 1977

GP England in Donington Park

Termin: 4. Juli 1999, Wetter: trocken, Zuschauer: 25.000, Streckenlänge: 4,023 km

125 cm³

STARTAUFSTELLUNG

Fahrer (Nr)	Trainingszeit
1. Scalvini (8)	1'39.614
2. Alzamora (7)	1'39.679
3. Ui (41)	1'39.731
4. Vincent (21)	1'39.756
5. Locatelli (15)	1'39.773
6. Melandri (13)	1'39.810
7. Azuma (4)	1'39.842
8. Ueda (6)	1'39.856
9. Sanna (16)	1'39.905
10. Borsoi (23)	1'40.014
11. Cecchinello (5)	1'40.015
12. Sakata (1)	1'40.073
13. Giansanti (32)	1'40.382
14. Goi (26)	1'40.669
15. Vidal (10)	1'40.786
16. de Puniet (12)	1'40.855
17. Stolz (18)	1'41.125
18. Petit (9)	1'41.175
19. Sabbatani (11)	1'41.323
20. Absmeier (20)	1'41.702
21. Poggiali (54)	1'41.748
22. Brannetti (44)	1'41.758
23. Nieto jr. (29)	1'41.779
24. Nieto (22)	1'41.851
25. Haslam (72)	1'42.027
26. Burns (74)	1'43.306
27. Notman (73)	1'43.469
28. Jenkner (17)	1'43.512
29. Tibble (75)	1'44.648

ERGEBNIS nach 26 Runden = 104,598 km
Schnitt des Siegers: 144,734 km/h

Fahrer (Nation) Maschine	Zeit (Min)	WM-Stand Fahrer/Punkte	
1. Masao Azuma (J) Honda	43'21.690	Azuma	147
2. Noboru Ueda (J) Honda	-1.783	Alzamora	127
3. Emilio Alzamora (E) Honda	-2.010	Locatelli	100
4. Roberto Locatelli (I) Aprilia	-2.380	Vincent	91
5. Marco Melandri (I) Honda	-10.516	Ueda	88
6. Gianluigi Scalvini (I) Aprilia	-10.615	Scalvini	69
7. Youichi Ui (J) Derbi	-11.195	Melandri	65
8. Gino Borsoi (I) Honda	-20.969	Sakata	48
9. Arnaud Vincent (F) Aprilia	-27.809	Sanna	48
10. Mirko Giansanti (I) Aprilia	-32.981	Cecchinello	48
11. Ivan Goi (I) Honda	-33.839	Borsoi	38
12. Pablo Nieto (E) Derbi	-34.250	Ui	35
13. Kazuto Sakata (J) Honda	-43.194	Giansanti	30
14. Reinhard Stolz (D) Honda	-44.396	Vidal	28
15. Jeronimo Vidal (E) Aprilia	-46.529	Goi	27
16. Alessandro Brannetti (I) Aprilia	-1'11.284	Nakajoh	20
17. Angel Nieto jr. (E) Aprilia	-1'11.774	Poggiali	17
18. Massimiliano Sabbatani (I) Honda	-1'16.580	Jenkner	14
19. Leon Haslam (GB) Honda	-1 Runde	Sabbatani	14
20. Kenny Tibble (GB) Honda	-1 Runde	de Puniet	14

Schnellste Runde: Locatelli in 1'39.103 = 146,139 km/h

AUSFÄLLE: Fahrer (Nation) Maschine (Grund)

	in Runde
Steve Jenkner (D) Aprilia (Nichtstarter/Verletzung)	-
Bernhard Absmeier (D) Aprilia (Sturz)	2
Manuel Poggiali (RSM) Aprilia (Sturz)	2
Simone Sanna (I) Honda (Sturz)	3
Randy de Puniet (F) Aprilia (Sturz)	10
Andi Notman (GB) Honda (Sturz)	12
Fréderic Petit (F) Honda (Sturz)	12
Chris Burns (GB) Honda (Vorderrad-Chattering)	18
Lucio Cecchinello (I) Honda (Sturz)	18

250 cm³

STARTAUFSTELLUNG

Fahrer (Nr)	Trainingszeit
1. Capirossi (1)	1'34.277
2. Waldmann (6)	1'34.613
3. Rossi (46)	1'34.800
4. Ukawa (4)	1'34.840
5. Lucchi (34)	1'34.978
6. Nakano (56)	1'35.150
7. Battaini (21)	1'35.151
8. McWilliams (9)	1'35.376
9. Perugini (7)	1'35.640
10. Vincent (24)	1'35.972
11. Tokudome (36)	1'36.098
12. Manako (11)	1'36.115
13. West (14)	1'36.193
14. Boscoscuro (37)	1'36.248
15. Porto (12)	1'36.503
16. Allemand (23)	1'36.566
17. Robinson (77)	1'36.579
18. Hofmann (66)	1'36.802
19. Norval (79)	1'37.535
20. Stigefelt (16)	1'37.714
21. Nieto (10)	1'37.717
22. Garcia (15)	1'38.023
23. Bolwerk (17)	1'38.093
24. Coates (80)	1'38.301
25. Jones (78)	1'38.466
26. Janssen (41)	1'38.626
27. Oliver (22)	1'38.728
28. Rios (58)	1'40.207

ERGEBNIS nach 27 Runden = 108,621 km
Schnitt des Siegers: 151,899 km/h

Fahrer (Nation) Maschine	Zeit (Min)	WM-Stand Fahrer/Punkte	
1. Valentino Rossi (I) Aprilia	42'54.311	Ukawa	147
2. Loris Capirossi (I) Honda	-1.261	Rossi	140
3. Shinya Nakano (J) Yamaha	-8.162	Nakano	112
4. Tohru Ukawa (J) Honda	-9.000	Capirossi	102
5. Stefano Perugini (I) Honda	-14.131	McWilliams	72
6. Jeremy McWilliams (GB) Aprilia	-17.368	Battaini	71
7. Marcellino Lucchi (I) Aprilia	-23.720	Perugini	67
8. Ralf Waldmann (D) Aprilia	-25.636	Waldmann	61
9. Masaki Tokudome (J) Honda	-46.825	Lucchi	38
10. Luca Boscoscuro (I) Honda	-48.712	Vincent	36
11. Anthony West (AUS) Honda	-52.790	Porto	32
12. Jamie Robinson (GB) Yamaha	-53.854	Boscoscuro	31
13. Alexander Hofmann (D) Honda	-1'01.522	Rolfo	28
14. Tomomi Manako (J) Yamaha	-1'03.660	Manako	26
15. Julien Allemand (F) Honda	-1'14.867	West	26
16. David Garcia (E) Yamaha	-1'30.127	Tokudome	26
17. Alfonso Nieto (E) Honda	-1'31.582	Hofmann	22
18. Johan Stigefelt (S) Yamaha	-1'57.072	Manako	22
19. Jarno Janssen (NL) Honda	-2'07.055	Matsudo	21

Schnellste Runde: Capirossi in 1'34.448 = 153,342 km/h

AUSFÄLLE: Fahrer (Nation) Maschine (Grund)

	in Runde
Adrian Coates (GB) Honda (Nichtstarter/Kolbenring gebrochen)	-
Lucas Oliver (E) Yamaha (Sturz)	2
Paul Jones (GB) Honda (Sturz)	10
Shane Norval (SA) Honda (Sturz)	10
Sebastian Porto (RA) Honda (Sturz)	12
Jason Vincent (GB) Honda (Sturz)	12
Matias Rios (RA) Aprilia (Zündkerze defekt)	19
Maurice Bolwerk (NL) Honda (Sturz)	21
Franco Battaini (I) Aprilia (Kolben gebrochen)	25

500 cm³

STARTAUFSTELLUNG

Fahrer (Nr)	Trainingszeit
1. Okada (8)	1'32.597
2. Crivillé (3)	1'32.660
3. Biaggi (2)	1'32.772
4. Abe (6)	1'33.016
5. Roberts jr. (10)	1'33.028
6. Borja (14)	1'33.053
7. Harada (31)	1'33.075
8. Laconi (55)	1'33.336
9. Gibernau (15)	1'33.355
10. Kocinski (19)	1'33.493
11. Barros (5)	1'33.523
12. N. Aoki (9)	1'33.530
13. Checa (4)	1'33.575
14. H. Aoki (26)	1'34.071
15. Whitham (69)	1'34.133
16. McCoy (24)	1'34.163
17. v. d. Goorbergh (17)	1'34.348
18. Cardoso (25)	1'34.409
19. Crafar (11)	1'34.678
20. Gimbert (22)	1'35.169
21. Rutter (21)	1'35.316
22. McGuiness (46)	1'35.401
23. Ober (18)	1'36.169

ERGEBNIS nach 30 Runden = 120,690 km
Schnitt des Siegers: 153,729 km/h

Fahrer (Nation) Maschine	Zeit (Min)	WM-Stand Fahrer/Punkte	
1. Alex Crivillé (E) Honda	47'06.290	Crivillé	154
2. Tadayuki Okada (J) Honda	-0.536	Okada	113
3. Tetsuya Harada (J) Aprilia	-0.981	Roberts jr.	102
4. Massimiliano Biaggi (I) Yamaha	-10.020	Gibernau	88
5. Alexandre Barros (BR) Honda	-21.316	Biaggi	71
6. Norifumi Abe (J) Yamaha	-21.491	Harada	66
7. Juan Borja (E) Honda	-21.959	Checa	65
8. Kenny Roberts jr. (USA) Suzuki	-22.230	Borja	64
9. John Kocinski (USA) Honda	-1'01.073	Kocinski	61
10. Simon Crafar (NZ) MuZ-Weber	-1'06.969	Abe	57
11. Michael Rutter (GB) Honda	-1 Runde	Barros	

Schnellste Runde: Crivillé in 1'33.348 = 155,148 km/h

AUSFÄLLE: Fahrer (Nation) Maschine (Grund)

	in Runde
Sete Gibernau (E) Honda (Nichtstarter/Trainingssturz)	-
Carlos Checa (E) Yamaha (Sturz)	2
Markus Ober (D) Honda (Sturz)	2
Jamie Whitham (GB) Modenas (Sturz)	2
Nobuatsu Aoki (J) Suzuki (Sturz)	3
José Luis Cardoso (E) Honda (Aufgabe/Schmerzen)	8
Jürgen v. d. Goorbergh (NL) MuZ-Weber (Schalthebel gebrochen)	11
Sebastien Gimbert (F) Honda (Getriebe defekt)	14
Garry McCoy (AUS) Yamaha (Sturz)	16
Haruchika Aoki (J) Honda (Hinterrad blockiert)	18
John McGuiness (GB) Honda (Kühler durch Vorderrad beschädigt)	24
Regis Laconi (F) Yamaha (Sturz)	26

Kein Glück beim Heimspiel: Modenas-Pilot Jamie Whitham stürzte im Rennen

GP Deutschland auf dem Sachsenring

Termin: 18. Juli 1999, Wetter: sonnig, Zuschauer: 62.200, Streckenlänge: 3,508 km

125 cm³

STARTAUFSTELLUNG

	Fahrer (Nr)	Trainingszeit
1.	Melandri (13)	1'30.280
2.	Alzamora (7)	1'30.368
3.	Locatelli (15)	1'30.646
4.	Scalvini (8)	1'31.016
5.	Ui (41)	1'31.138
6.	Nöhles (78)	1'31.282
7.	Cecchinello (5)	1'31.394
8.	Goi (26)	1'31.395
9.	Azuma (4)	1'31.416
10.	Vidal (10)	1'31.427
11.	Ueda (6)	1'31.496
12.	Borsoi (23)	1'31.566
13.	de Puniet (12)	1'31.621
14.	Sanna (16)	1'31.717
15.	Poggiali (54)	1'31.770
16.	Vincent (21)	1'31.813
17.	Giansanti (32)	1'31.878
18.	Sakata (1)	1'32.011
19.	Jenkner (17)	1'32.032
20.	Absmeier (20)	1'32.230
21.	Petit (9)	1'32.324
22.	Sabbatani (11)	1'32.442
23.	Stolz (18)	1'32.456
24.	Müller (77)	1'32.607
25.	Nieto (22)	1'32.640
26.	Nieto jr. (29)	1'32.681
27.	Stief (80)	1'32.843
28.	Brannetti (44)	1'32.917
29.	Reißmann (79)	1'33.222
30.	Hafeneger (76)	1'33.394

ERGEBNIS nach 29 Runden = 101,732 km
Schnitt des Siegers: 138,039 km/h

Fahrer (Nation) Maschine	Zeit (Min)	WM-Stand Fahrer/Punkte	
1. Marco Melandri (I) Honda	44'13.126	Azuma	157
2. Emilio Alzamora (E) Honda	-0.182	Alzamora	147
3. Lucio Cecchinello (I) Honda	-0.720	Locatelli	113
4. Roberto Locatelli (I) Aprilia	-1.449	Ueda	99
5. Noboru Ueda (J) Honda	-19.138	Vincent	97
6. Masao Azuma (J) Honda	-19.267	Melandri	90
7. Gianluigi Scalvini (I) Aprilia	-21.524	Scalvini	78
8. Gino Borsoi (I) Honda	-23.276	Cecchinello	64
9. Simone Sanna (I) Honda	-23.652	Sanna	55
10. Arnaud Vincent (F) Aprilia	-23.897	Sakata	48
11. Manuel Poggiali (RSM) Aprilia	-24.086	Borsoi	46
12. Ivan Goi (I) Honda	-29.091	Ui	35
13. Mirko Giansanti (I) Aprilia	-30.875	Giansanti	33
14. Klaus Nöhles (D) Honda	-31.576	Goi	31
15. Randy de Puniet (F) Aprilia	-32.348	Vidal	28
16. Jeronimo Vidal (E) Aprilia	-33.643	Poggiali	22
17. Steve Jenkner (D) Aprilia	-43.119	Nakajoh	20
18. Reinhard Stolz (D) Aprilia	-47.707	de Puniet	14
19. Kazuto Sakata (J) Honda	-1'01.204	Jenkner	14
20. Angel Nieto jr. (E) Honda	-1'01.456	Sabbatani	14
21. Maik Stief (D) Honda	-1'02.028	Nieto jr.	11
22. Phillip Hafeneger (D) Honda	-1'02.220	Uezu	11
23. Dirk Reißmann (D) Aprilia	-1'09.100	Brannetti	11

Schnellste Runde: Alzamora in 1'30.159 = 140,073 km/h

AUSFÄLLE: Fahrer (Nation) Maschine (Grund)

	in Runde
Fréderic Petit (F) Honda (Nichtstarter/Trainingssturz)	-
Pablo Nieto (E) Derbi (Sturz)	1
Alessandro Brannetti (I) Honda (Sturz)	7
Massimiliano Sabbatani (I) Honda (Sturz)	7
Youichi Ui (J) Derbi (Kolbenring gebrochen)	21
Bernhard Absmeier (D) Aprilia (Sturz)	22
Jarno Müller (D) Honda (Sturz)	25

250 cm³

STARTAUFSTELLUNG

	Fahrer (Nr)	Trainingszeit
1.	Rossi (46)	1'27.913
2.	Battaini (21)	1'28.168
3.	Capirossi (1)	1'28.353
4.	Nakano (56)	1'28.420
5.	McWilliams (9)	1'28.473
6.	Waldmann (6)	1'28.486
7.	Ukawa (4)	1'28.598
8.	Lucchi (34)	1'28.666
9.	Jacque (19)	1'28.748
10.	Perugini (7)	1'28.849
11.	Porto (12)	1'28.859
12.	Hofmann (66)	1'28.994
13.	Manako (11)	1'29.088
14.	Boscoscuro (37)	1'29.289
15.	Allemand (23)	1'29.557
16.	West (14)	1'29.704
17.	Vincent (24)	1'29.934
18.	Stigefelt (16)	1'29.939
19.	Rolfo (44)	1'29.974
20.	Baldinger (81)	1'30.161
21.	Bolwerk (17)	1'30.216
22.	Tokudome (36)	1'30.398
23.	Oliver (22)	1'30.858
24.	Janssen (41)	1'31.128
25.	Garcia (15)	1'31.265
26.	Nieto (10)	1'31.616
27.	Rios (58)	1'32.055
28.	Heidolf (84)	1'32.437
29.	Neukirchen (85)	1'32.694
30.	Gemmel (83)	1'33.163
31.	Brockmann (82)	1'33.389

ERGEBNIS nach 30 Runden = 105,240 km
Schnitt des Siegers: 140,861 km/h

Fahrer (Nation) Maschine	Zeit (Min)	WM-Stand Fahrer/Punkte	
1. Valentino Rossi (I) Aprilia	44'49.622	Rossi	165
2. Loris Capirossi (I) Honda	-0.148	Ukawa	147
3. Ralf Waldmann (D) Aprilia	-9.030	Nakano	125
4. Shinya Nakano (J) Yamaha	-12.295	Capirossi	122
5. Stefano Perugini (I) Honda	-18.391	Perugini	78
6. Anthony West (AUS) Honda	-18.553	Waldmann	77
7. Sebastian Porto (RA) Honda	-19.201	McWilliams	72
8. Olivier Jacque (F) Yamaha	-19.637	Battaini	71
9. Alexander Hofmann (D) Honda	-22.149	Porto	41
10. Luca Boscoscuro (I) Honda	-35.995	Lucchi	41
11. Julien Allemand (F) Honda	-44.097	Boscoscuro	37
12. Roberto Rolfo (I) Aprilia	-45.011	Vincent	36
13. Marcellino Lucchi (I) Aprilia	-45.254	West	36
14. Tomomi Manako (J) Yamaha	-47.452	Rolfo	32
15. Masaki Tokudome (J) Yamaha	-47.559	Hofmann	29
16. Maurice Bolwerk (NL) Honda	-1'25.355	Tokudome	27
17. Mike Baldinger (D) Honda	-1'25.473	Manako	24
18. Alfonso Nieto (E) Yamaha	-1 Runde	Matsudo	21
19. Mathias Neukirchen (D) Aprilia	-1 Runde	Jacque	21
20. Jarno Janssen (NL) Honda	-1 Runde	Katoh	11
21. Dirk Heidolf (D) Honda	-1 Runde	Yamaguchi	10
22. Lucas Oliver (E) Yamaha	-1 Runde	Allemand	8
23. Christian Gemmel (D) Honda	-1 Runde	Nieto	6
24. Matias Rios (RA) Aprilia	-1 Runde	Honma	

Schnellste Runde: Capirossi in 1'28.662 = 142,438 km/h

AUSFÄLLE: Fahrer (Nation) Maschine (Grund)

	in Runde
Jason Vincent (GB) Honda (Sturz)	2
Tohru Ukawa (J) Honda (Sturz)	3
Dirk Brockmann (D) Honda (Schaltautomat defekt)	4
David Garcia (E) Yamaha (Zündkerze defekt)	4
Johan Stigefelt (S) Yamaha (Disqualifikation, anschließend Sturz)	5
Franco Battaini (I) Aprilia (Sturz)	6
Jeremy McWilliams (GB) Aprilia (Sturz)	13

500 cm³

STARTAUFSTELLUNG

	Fahrer (Nr)	Trainingszeit
1.	Roberts jr. (10)	1'27.318
2.	Barros (5)	1'27.442
3.	Cadalora (7)	1'27.535
4.	Checa (4)	1'27.667
5.	Kocinski (19)	1'27.701
6.	Biaggi (2)	1'27.837
7.	Harada (31)	1'27.856
8.	Abe (6)	1'27.998
9.	H. Aoki (26)	1'28.048
10.	Crivillé (3)	1'28.094
11.	Okada (8)	1'28.242
12.	Laconi (55)	1'28.330
13.	v. d. Goorbergh (17)	1'28.353
14.	Gibernau (15)	1'28.372
15.	N. Aoki (9)	1'28.694
16.	McCoy (24)	1'28.697
17.	Whitham (69)	1'29.208
18.	Borja (14)	1'29.256
19.	Gimbert (22)	1'29.432
20.	de Gea (52)	1'29.452
21.	Willis (68)	1'29.877
22.	Ober (18)	1'30.021
23.	Rutter (21)	1'31.261

ERGEBNIS nach 31 Runden = 108,748 km
Schnitt des Siegers: 141,859 km/h

Fahrer (Nation) Maschine	Zeit (Min)	WM-Stand Fahrer/Punkte	
1. Kenny Roberts jr. (USA) Suzuki	45'59.732	Crivillé	174
2. Alex Crivillé (E) Honda	-0.338	Roberts jr.	127
3. Norifumi Abe (J) Yamaha	-5.669	Okada	113
4. Carlos Checa (E) Yamaha	-5.737	Gibernau	95
5. John Kocinski (USA) Honda	-20.316	Checa	78
6. Haruchika Aoki (J) Honda	-27.848	Harada	75
7. Tetsuya Harada (J) Aprilia	-31.016	Abe	73
8. Alexandre Barros (BR) Honda	-35.425	Kocinski	72
9. Sete Gibernau (E) Honda	-35.909	Biaggi	71
10. Juan Borja (E) Honda	-37.124	Borja	70
11. Garry McCoy (AUS) Yamaha	-42.252	Barros	49
12. Jürgen v. d. Goorbergh (NL) MuZ-Weber	-44.278	H. Aoki	36
13. Regis Laconi (F) Yamaha	-45.020	Laconi	33
14. Sebastien Gimbert (F) Honda	-46.454	Doohan	33
15. David de Gea (E) Honda	-1'05.990	N. Aoki	31
16. Mark Willis (AUS) Modenas	-1'06.346	Goorbergh	20
17. Markus Ober (D) Honda	-1'28.717	Crafar	

Schnellste Runde: Barros in 1'28.72 = 143,392 km/h

AUSFÄLLE: Fahrer (Nation) Maschine (Grund)

	in Runde
Massimiliano Biaggi (I) Yamaha (Sturz)	2
Luca Cadalora (I) MuZ-Weber (Sturz)	2
Nobuatsu Aoki (J) Suzuki (Sturz)	4
Michael Rutter (GB) Honda (Aufgabe/Schmerzen wg. Trainingssturz)	5
Jamie Whitham (GB) Modenas (Sturz)	10
Tadayuki Okada (J) Honda (Sturz)	15

Ein Charly für Angel: Via Digital-Teamchef Nieto wurde dank MuZ-Geschäftsführer Petr Karel Korous zum MuZ-Werksfahrer

GP Tschechien in Brünn

Termin: 22. August 1999, **Wetter:** sonnig, **Zuschauer:** 39.000, **Streckenlänge:** 5,403 km

125 cm³

STARTAUFSTELLUNG

	Fahrer (Nr)	Trainingszeit
1.	Locatelli (15)	2'09.384
2.	Ueda (6)	2'10.260
3.	Melandri (13)	2'10.366
4.	Cecchinello (5)	2'10.392
5.	Alzamora (7)	2'10.581
6.	Scalvini (8)	2'10.548
7.	Sanna (16)	2'10.612
8.	Ui (41)	2'10.744
9.	Vincent (21)	2'10.822
10.	Giansanti (32)	2'11.350
11.	Azuma (4)	2'11.359
12.	Nöhles (78)	2'11.674
13.	Sakata (1)	2'11.763
14.	Borsoi (23)	2'11.964
15.	Sabbatani (11)	2'12.090
16.	de Puniet (12)	2'12.136
17.	Jenkner (17)	2'12.149
18.	Absmeier (20)	2'12.210
19.	Hules (81)	2'12.238
20.	Brannetti (44)	2'12.345
21.	Stolz (18)	2'12.346
22.	Nieto jr. (29)	2'12.427
23.	Vidal (10)	2'12.478
24.	Goi (26)	2'12.514
25.	Smrz (82)	2'13.549
26.	Kalab (84)	2'14.189
27.	Nieto (22)	2'14.656
28.	Brezina (83)	2'18.684
29.	Poggiali (54)	–

ERGEBNIS nach 19 Runden = 102,657 km
Schnitt des Siegers: 148,784 km/h

	Fahrer (Nation) Maschine	Zeit (Min)	WM-Stand Fahrer/Punkte	
1.	Marco Melandri (I) Honda	41'23.897	Azuma	161
2.	Noboru Ueda (J) Honda	-11.672	Alzamora	157
3.	Lucio Cecchinello (I) Honda	-11.717	Ueda	119
4.	Gianluigi Scalvini (I) Aprilia	-11.785	Melandri	115
5.	Youichi Ui (J) Derbi	-21.012	Locatelli	113
6.	Emilio Alzamora (E) Honda	-24.598	Vincent	103
7.	Steve Jenkner (D) Aprilia	-24.739	Scalvini	91
8.	Simone Sanna (I) Honda	-24.801	Cecchinello	80
9.	Gino Borsoi (I) Honda	-24.979	Sanna	63
10.	Arnaud Vincent (F) Aprilia	-40.513	Borsoi	53
11.	Ivan Goi (I) Honda	-41.599	Sakata	48
12.	Masao Azuma (J) Honda	-41.706	Ui	46
13.	Klaus Nöhles (D) Honda	-41.740	Goi	36
14.	Reinhard Stolz (D) Honda	-41.771	Giansanti	34
15.	Mirko Giansanti (I) Aprilia	-42.289	Vidal	28
16.	Angel Nieto jr. (E) Honda	-42.356	Jenkner	23
17.	Jeronimo Vidal (E) Honda	-42.469	Poggiali	22
18.	Alessandro Brannetti (I) Aprilia	-1'01.337	Nakajoh	14
19.	Bernhard Absmeier (D) Honda	-1'01.420	de Puniet	14
20.	Massimiliano Sabbatani (I) Honda	-1'23.838	Sabbatani	14
21.	Jakub Smrz (CZ) Honda	-1'24.629	Nieto jr.	11
22.	Pablo Nieto (E) Derbi	-1'26.068		
23.	Igor Kalab (CZ) Honda	-1'26.406	Brannetti	

Schnellste Runde: Melandri in 2'09.617 = 150,064 km/h

AUSFÄLLE: Fahrer (Nation) Maschine (Grund)

	in Runde
Michal Brezina (CZ) Honda (Nichtstarter/nicht qualifiziert)	-
Manuel Poggiali (RSM) Aprilia (Nichtstarter/nicht qualifiziert)	-
Randy de Puniet (F) Aprilia (Kolben gebrochen)	5
Kazuto Sakata (J) Honda (Aufgabe/mangelnde Erfolgsaussicht)	13
Jaroslav Hules (CZ) Italjet (Kolbenring festgegangen)	16
Roberto Locatelli (I) Aprilia (Sturz)	19

250 cm³

STARTAUFSTELLUNG

	Fahrer (Nr)	Trainingszeit
1.	Waldmann (6)	2'04.158
2.	Capirossi (1)	2'04.161
3.	Rossi (46)	2'04.431
4.	Perugini (7)	2'04.503
5.	Ukawa (4)	2'04.693
6.	Nakano (56)	2'04.705
7.	McWilliams (9)	2'04.768
8.	Battaini (21)	2'04.980
9.	Vincent (24)	2'05.296
10.	Porto (12)	2'05.329
11.	Jacque (19)	2'05.826
12.	Rolfo (44)	2'05.830
13.	Allemand (23)	2'06.377
14.	Manako (11)	2'06.405
15.	Hofmann (66)	2'06.520
16.	Tokudome (36)	2'07.113
17.	Bolwerk (17)	2'07.114
18.	Boscoscuro (37)	2'07.360
19.	West (14)	2'07.915
20.	Janssen (41)	2'07.933
21.	Garcia (15)	2'08.049
22.	Smart (18)	2'08.255
23.	Oliver (22)	2'08.290
24.	Stigefelt (16)	2'08.299
25.	Nieto (10)	2'08.542
26.	Castka (86)	2'08.725
27.	Rios (58)	2'09.678
28.	Visscher (73)	2'09.811
29.	Rous (87)	2'10.570
30.	Langer (89)	2'11.720
31.	Vavrecka (88)	2'13.944

ERGEBNIS nach 20 Runden = 108,060 km
Schnitt des Siegers: 155,103 km/h

	Fahrer (Nation) Maschine	Zeit (Min)	WM-Stand Fahrer/Punkte	
1.	Valentino Rossi (I) Aprilia	41'48.114	Rossi	190
2.	Ralf Waldmann (D) Aprilia	-0.700	Ukawa	163
3.	Tohru Ukawa (J) Honda	-2.833	Nakano	138
4.	Shinya Nakano (J) Yamaha	-6.206	Capirossi	131
5.	Olivier Jacque (F) Yamaha	-11.776	Waldmann	97
6.	Stefano Perugini (I) Aprilia	-11.989	Perugini	88
7.	Loris Capirossi (I) Honda	-20.421	McWilliams	80
8.	Jeremy McWilliams (GB) Aprilia	-21.842	Battaini	77
9.	Jason Vincent (GB) Honda	-30.956	Vincent	43
10.	Franco Battaini (I) Aprilia	-34.465	Porto	41
11.	Roberto Rolfo (I) Aprilia	-40.974	Lucchi	41
12.	Masaki Tokudome (J) Honda	-54.621	Boscoscuro	40
13.	Luca Boscoscuro (I) Honda	-54.787	West	37
14.	Tomomi Manako (J) Yamaha	-59.356	Rolfo	37
15.	Anthony West (AUS) Honda	-1'02.158	Jacque	32
16.	David Garcia (E) Yamaha	-1'02.230	Tokudome	31
17.	Alfonso Nieto (E) Yamaha	-1'21.428	Hofmann	29
18.	Jarno Janssen (NL) Honda	-1'24.496	Perugini	26
19.	Lucas Oliver (E) Yamaha	-1'37.607	Matsudo	21
20.	Matias Rios (RA) Aprilia	-1'50.008	Katoh	11
21.	Vladimir Castka (SL) Honda	-1'50.168	Yamaguchi	

Schnellste Runde: Rossi in 2'04.469 = 156,27 km/h

AUSFÄLLE: Fahrer (Nation) Maschine (Grund)

	in Runde
Lukas Vavrecka (CZ) Honda (Nichtstarter/nicht qualifiziert)	-
Johan Stigefelt (S) Yamaha (Sturz)	1
Arno Visscher (NL) Aprilia (Grund unbekannt)	3
Lars Langer (D) Yamaha (Grund unbekannt)	5
Alexander Hofmann (D) Honda (Sturz)	6
Maurice Bolwerk (NL) Honda (Sturz)	10
Julien Allemand (F) Honda (Sturz)	11
Radomil Rous (CZ) Honda (Grund unbekannt)	11
Scott Smart (GB) Aprilia (Kolbenklemmer)	16
Sebastian Porto (RA) Honda (Sturz)	18

500 cm³

STARTAUFSTELLUNG

	Fahrer (Nr)	Trainingszeit
1.	v. d. Goorbergh (17)	2'01.572
2.	Crivillé (3)	2'01.617
3.	Biaggi (2)	2'01.720
4.	Harada (31)	2'01.758
5.	Roberts jr. (10)	2'01.762
6.	Okada (1)	2'01.894
7.	Checa (4)	2'02.107
8.	Barros (5)	2'02.121
9.	Abe (6)	2'02.237
10.	Kocinski (19)	2'02.418
11.	N. Aoki (9)	2'02.429
12.	McCoy (24)	2'02.608
13.	Laconi (55)	2'02.664
14.	Borja (14)	2'02.697
15.	Gibernau (15)	2'02.781
16.	H. Aoki (26)	2'03.424
17.	Cadalora (7)	2'03.834
18.	Whitham (69)	2'04.214
19.	Cardoso (25)	2'04.541
20.	Gimbert (22)	2'05.094
21.	Hale (20)	2'05.572
22.	Willis (68)	2'05.746
23.	Rutter (21)	2'06.201
24.	de Gea (52)	2'08.281

ERGEBNIS nach 22 Runden = 118,866 km
Schnitt des Siegers: 157,435 km/h

	Fahrer (Nation) Maschine	Zeit (Min)	WM-Stand Fahrer/Punkte	
1.	Tadayuki Okada (J) Honda	45'18.66	Crivillé	194
2.	Alex Crivillé (E) Honda	-0.240	Roberts jr.	143
3.	Kenny Roberts jr. (USA) Suzuki	-1.858	Okada	138
4.	Massimiliano Biaggi (I) Yamaha	-2.205	Gibernau	101
5.	Tetsuya Harada (J) Aprilia	-3.827	Harada	86
6.	Nobuatsu Aoki (J) Suzuki	-4.032	Biaggi	84
7.	Alexandre Barros (BR) Honda	-9.815	Checa	78
8.	Garry McCoy (AUS) Yamaha	-17.181	Kocinski	74
9.	Regis Laconi (F) Yamaha	-17.408	Borja	74
10.	Sete Gibernau (E) Honda	-17.593	Abe	73
11.	Jürgen v. d. Goorbergh (NL) MuZ-Weber	-32.221	Barros	58
12.	Juan Borja (E) Honda	-34.519	N. Aoki	41
13.	Haruchika Aoki (J) Honda	-37.566	Laconi	40
14.	John Kocinski (USA) Honda	-48.323	H. Aoki	39
15.	Mike Hale (USA) Modenas	-1'10.496	Doohan	33
16.	Mark Willis (AUS) BSL	-1'28.349	Goorbergh	

Schnellste Runde: Okada in 2'02.661 = 158,574 km/h

AUSFÄLLE: Fahrer (Nation) Maschine (Grund)

	in Runde
Luca Cadalora (I) MuZ-Weber (Nichtstarter/kein Vorderrad-Grip)	-
José Luis Cardoso (E) Honda (Nichtstarter/Sturz im 1. Rennen)	-
Jamie Whitham (GB) Modenas (Nichtstarter/Sturz im 1. Rennen)	-
David de Gea (E) Honda (Auslaßsteuerung defekt)	2
Carlos Checa (E) Yamaha (Sturz)	10
Sebastien Gimbert (F) Honda (Aufgabe/Sturz 1. Rennen)	13
Michael Rutter (GB) Honda (Auspuff defekt)	13
Norifumi Abe (J) Yamaha (Sturz)	17

Top-Uhr dank Top-Zeiten: Certina-Rennmanager Kaspar Arnet würdigt Jürgen van den Goorberghs zweite Pole Position mit einer Sonderprämie

GP der Stadt Imola

Termin: 5. September 1999, Wetter: bewölkt/sonnig, Zuschauer: 25.000, Streckenlänge: 4,930 km

125 cm³

STARTAUFSTELLUNG

Fahrer (Nr)	Trainingszeit
1. Melandri (13)	1'58.141
2. Borsoi (23)	1'58.395
3. Sanna (16)	1'58.759
4. Vincent (21)	1'58.862
5. Ui (41)	1'59.092
6. Alzamora (7)	1'59.153
7. Locatelli (15)	1'59.401
8. Cecchinello (5)	1'59.494
9. Scalvini (8)	1'59.689
10. Jenkner (17)	1'59.739
11. Poggiali (54)	1'59.791
12. Goi (26)	1'59.931
13. Azuma (4)	1'59.988
14. W.de Angelis (37)	2'00.123
15. Ueda (6)	2'00.185
16. Petit (9)	2'00.236
17. Brannetti (44)	2'00.451
18. Giansanti (32)	2'00.768
19. Sakata (1)	2'01.116
20. Vidal (10)	2'01.119
21. Giugovaz (38)	2'01.134
22. Sabbatani (11)	2'01.161
23. Stolz (18)	2'01.249
24. de Puniet (12)	2'01.291
25. Hules (81)	2'01.601
26. A. de Angelis (36)	2'01.854
27. Nieto (22)	2'01.881
28. Nieto jr. (29)	2'02.800
29. Magnani (39)	2'04.508
30. Absmeier (20)	2'04.782

ERGEBNIS nach 21 Runden = 103,530 km
Schnitt des Siegers: 146,352 km/h

Fahrer (Nation) Maschine	Zeit (Min)	WM-Stand Fahrer/Punkte
1. Marco Melandri (I) Honda	42'26.648	Alzamora 170
2. Simone Sanna (I) Honda	-1.244	Azuma 167
3. Arnaud Vincent (F) Aprilia	-1.535	Melandri 140
4. Emilio Alzamora (E) Honda	-2.211	Ueda 130
5. Noboru Ueda (J) Honda	-2.276	Vincent 119
6. Ivan Goi (I) Honda	-12.586	Locatelli 118
7. Steve Jenkner (D) Aprilia	-12.701	Scalvini 91
8. Manuel Poggiali (RSM) Aprilia	-13.112	Sanna 83
9. Youichi Ui (J) Derbi	-14.186	Cecchinello 80
10. Masao Azuma (J) Honda	-15.188	Ui 53
11. Roberto Locatelli (I) Aprilia	-26.791	Borsoi 53
12. William de Angelis (RSM) Honda	-33.998	Sakata 48
13. Mirko Giansanti (I) Aprilia	-48.189	Goi 46
14. Reinhard Stolz (D) Honda	-48.758	Giansanti 37
15. Alessandro Brannetti (I) Aprilia	-48.819	Jenkner 32
16. Fréderic Petit (F) Honda	-49.190	Poggiali 30
17. Pablo Nieto (E) Derbi	-52.817	Vidal 28
18. Jeronimo Vidal (E) Aprilia	-52.832	Nakajoh 20
19. Gianluigi Scalvini (I) Aprilia	-1'15.177	de Puniet 14
20. Cristian Magnani (I) Aprilia	-1 Runde	Sabbatani 5

Schnellste Runde: Locatelli in 1'59.606 = 148,387 km/h

AUSFÄLLE: Fahrer (Nation) Maschine (Grund)

	in Runde
Diego Giugovaz (I) Aprilia (Nichtstarter/Trainingssturz)	-
Massimiliano Sabbatani (I) Honda (Sturz)	1
Kazuto Sakata (J) Honda (Sturz)	3
Bernhard Absmeier (D) Aprilia (Sturz)	7
Jaroslav Hules (CZ) Italjet (Kolbenring gebrochen)	8
Angel Nieto jr. (E) Honda (Aufgabe/Motivationsmangel)	9
Lucio Cecchinello (I) Honda (Sturz)	11
Alex de Angelis (RSM) Honda (Sturz)	13
Randy de Puniet (F) Aprilia (Schikane ausgelassen/gestoppt)	14
Gino Borsoi (I) Honda (Motorschaden)	19

250 cm³

STARTAUFSTELLUNG

Fahrer (Nr)	Trainingszeit
1. Jacque (19)	1'51.929
2. Capirossi (1)	1'52.106
3. Rossi (46)	1'52.124
4. Perugini (7)	1'52.194
5. Waldmann (6)	1'52.229
6. Battaini (21)	1'52.419
7. Lucchi (34)	1'52.423
8. Nakano (56)	1'52.429
9. Ukawa (4)	1'52.449
10. McWilliams (9)	1'52.506
11. Rolfo (44)	1'52.828
12. Porto (12)	1'53.118
13. Boscoscuro (37)	1'53.442
14. Vincent (24)	1'53.823
15. Allemand (23)	1'54.261
16. Manako (11)	1'54.569
17. Tokudome (36)	1'54.768
18. Bolwerk (17)	1'54.807
19. West (14)	1'54.857
20. Hofmann (66)	1'55.213
21. Smart (18)	1'55.397
22. Oliver (22)	1'55.856
23. Janssen (41)	1'56.045
24. Garcia (15)	1'56.100
25. Stigefelt (16)	1'56.149
26. Nieto (10)	1'57.126
27. Pennese (90)	1'57.169
28. Clementi (48)	1'57.635
29. Rios (58)	1'57.997
30. de Matteo (35)	1'58.551

ERGEBNIS nach 23 Runden = 113,390 km
Schnitt des Siegers: 156,804 km/h

Fahrer (Nation) Maschine	Zeit (Min)	WM-Stand Fahrer/Punkte
1. Loris Capirossi (I) Honda	43'23.269	Rossi 210
2. Valentino Rossi (I) Aprilia	-8.248	Ukawa 167
3. Olivier Jacque (F) Yamaha	-9.971	Capirossi 156
4. Stefano Perugini (I) Honda	-11.758	Nakano 149
5. Shinya Nakano (J) Yamaha	-17.488	Waldmann 106
6. Franco Battaini (I) Aprilia	-21.322	Perugini 101
7. Ralf Waldmann (D) Aprilia	-23.134	Battaini 87
8. Marcellino Lucchi (I) Aprilia	-24.194	McWilliams 83
9. Sebastian Porto (RA) Honda	-36.966	Lucchi 49
10. Roberto Rolfo (I) Aprilia	-37.617	Porto 48
11. Luca Boscoscuro (I) Honda	-39.093	Jacque 48
12. Tohru Ukawa (J) Honda	-56.984	Boscoscuro 45
13. Jeremy McWilliams (GB) Aprilia	-1'05.262	Rolfo 43
14. Tomomi Manako (J) Yamaha	-1'06.453	Vincent 43
15. Anthony West (AUS) Honda	-1'11.239	West 38
16. Masaki Tokudome (J) Honda	-1'11.844	Tokudome 31
17. Alexander Hofmann (D) Honda	-1'21.088	Hofmann 29
18. Alfonso Nieto (E) Yamaha	-1'49.572	Manako 28
19. Johan Stigefelt (S) Yamaha	-1'50.453	Matsudo 21
20. Lucas Oliver (E) Yamaha	-1 Runde	Katoh 11
21. Stefano Pennese (I) Aprilia	-1 Runde	Yamaguchi 7

Schnellste Runde: Perugini in 1'52.138 = 158,269 km/h

AUSFÄLLE: Fahrer (Nation) Maschine (Grund)

	in Runde
Jarno Janssen (NL) Honda (Kollision/Schalldämpfer verbogen)	2
David Garcia (E) Yamaha (Sturz)	7
Julien Allemand (F) Honda (Sturz)	8
Ivan Clementi (I) Aprilia (Aufgabe/Setup-Probleme)	8
Jason Vincent (GB) Honda (Sturz)	9
Maurice Bolwerk (NL) Honda (Sturz)	11
Scott Smart (GB) Aprilia (Hinterrad-Kotflügel lose)	14
Matias Rios (RA) Aprilia (Zündung defekt)	20
Mario de Matteo (I) Aprilia (Benzinmangel)	22

500 cm³

STARTAUFSTELLUNG

Fahrer (Nr)	Trainingszeit
1. Crivillé (3)	1'48.750
2. Roberts jr. (10)	1'48.886
3. Barros (5)	1'49.021
4. Checa (4)	1'49.098
5. Okada (8)	1'49.099
6. Abe (6)	1'49.408
7. Biaggi (2)	1'49.477
8. Laconi (55)	1'49.683
9. Kocinski (19)	1'49.788
10. N. Aoki (9)	1'49.854
11. Gibernau (15)	1'49.872
12. McCoy (24)	1'50.291
13. Harada (31)	1'50.499
14. H. Aoki (26)	1'50.767
15. Borja (14)	1'50.801
16. v. d. Goorbergh (17)	1'51.441
17. Hale (20)	1'51.543
18. Gimbert (22)	1'51.656
19. Cardoso (25)	1'52.352
20. Willis (68)	1'52.509
21. Rutter (21)	1'52.853
22. de Gea (52)	1'53.135
23. Garcia (27)	1'53.995

ERGEBNIS nach 25 Runden = 123,250 km
Schnitt des Siegers: 160,456 km/h

Fahrer (Nation) Maschine	Zeit (Min)	WM-Stand Fahrer/Punkte
1. Alex Crivillé (E) Honda	46'05.244	Crivillé 219
2. Alexandre Barros (BR) Honda	-0.265	Roberts jr. 153
3. Massimiliano Biaggi (I) Yamaha	-6.383	Okada 151
4. Tadayuki Okada (J) Honda	-8.987	Gibernau 107
5. Regis Laconi (F) Yamaha	-10.449	Biaggi 100
6. Kenny Roberts jr. (USA) Suzuki	-12.366	Harada 89
7. Nobuatsu Aoki (J) Suzuki	-14.948	Kocinski 82
8. John Kocinski (USA) Honda	-17.719	Barros 78
9. Garry McCoy (AUS) Yamaha	-28.910	Abe 78
10. Sete Gibernau (E) Honda	-29.015	Checa 78
11. Norifumi Abe (J) Yamaha	-34.810	Borja 74
12. Haruchika Aoki (J) Honda	-53.188	Laconi 51
13. Tetsuya Harada (J) Aprilia	-1'01.810	N. Aoki 50
14. Jürgen v. d. Goorbergh (NL) MuZ-Weber	-1'07.100	H. Aoki 43
15. Mike Hale (USA) Modenas	-1'11.127	Doohan 33
16. Sebastien Gimbert (F) Honda	-1'20.873	Goorbergh 27
17. Mark Willis (AUS) BSL	-1'21.602	McCoy 25

Schnellste Runde: Barros in 1'49.339 = 162,321 km/h

AUSFÄLLE: Fahrer (Nation) Maschine (Grund)

	in Runde
Bernard Garcia (F) MuZ-Weber (Sturz)	2
Carlos Checa (E) Yamaha (kapitaler Motorschaden)	4
Michael Rutter (GB) Honda (Aufgabe nach Ausritt)	5
Juan Borja (E) Honda (Sturz)	6
David de Gea (E) Honda (mangelnder Grip)	10
José Luis Cardoso (E) Honda (Aufgabe nach Sturz)	13

Das letzte Rennen? Veteran Marcellino Lucchi verabschiedet sich von den Fans

GP der Comunidad Valencia

Termin: 19. September 1999, **Wetter:** nass, **Zuschauer:** 110.000, **Streckenlänge:** 4,005 km

125 cm³

STARTAUFSTELLUNG

Fahrer (Nr)	Trainingszeit
1. Vincent (21)	1'42.237
2. Melandri (13)	1'42.448
3. Nieto (22)	1'42.725
4. Azuma (4)	1'42.816
5. Cecchinello (5)	1'42.867
6. Ui (41)	1'42.898
7. Alzamora (7)	1'42.969
8. Scalvini (8)	1'43.024
9. Sanna (16)	1'43.033
10. Locatelli (15)	1'43.056
11. Jenkner (17)	1'43.139
12. Ueda (6)	1'43.158
13. Borsoi (23)	1'43.187
14. Giansanti (32)	1'43.513
15. Vidal (10)	1'43.835
16. Goi (26)	1'43.840
17. Araujo (56)	1'44.063
18. Poggiali (54)	1'44.147
19. Nieto jr. (29)	1'44.316
20. Brannetti (44)	1'44.318
21. Petit (9)	1'44.397
22. Sakata (1)	1'44.467
23. Martinez (86)	1'44.623
24. Sabbatani (11)	1'44.680
25. de Puniet (12)	1'44.791
26. Stolz (18)	1'45.115
27. Elias (55)	1'45.394
28. Absmeier (20)	1'45.458
29. Mico (85)	1'46.390
30. Delgado (53)	1'48.322

ERGEBNIS nach 25 Runden = 100,125 km
Schnitt des Siegers: 126,164 km/h

Fahrer (Nation) Maschine	Zeit (Min)	WM-Stand Fahrer/Punkte
1. Gianluigi Scalvini (I) Aprilia	47'36.994	Alzamora 190
2. Emilio Alzamora (E) Honda	-7.957	Azuma 167
3. Noboru Ueda (J) Honda	-28.360	Ueda 146
4. Arnaud Vincent (F) Aprilia	-32.455	Melandri 140
5. Steve Jenkner (D) Aprilia	-39.038	Vincent 132
6. Gino Borsoi (I) Honda	-1'09.267	Locatelli 126
7. Simone Sanna (I) Honda	-1'34.477	Scalvini 116
8. Roberto Locatelli (I) Aprilia	-1'35.606	Sanna 92
9. David Mico (E) Aprilia	-1'35.921	Cecchinello 80
10. Randy de Puniet (F) Aprilia	-1'39.107	Borsoi 63
11. Alessandro Brannetti (I) Aprilia	-1'39.479	Ui 53
12. Kazuto Sakata (J) Honda	-1'50.845	Sakata 52
13. Reinhard Stolz (D) Honda	-1 Runde	Goi 46
14. Antonio Elias (E) Honda	-1 Runde	Jenkner 43
15. Angel Nieto jr. (E) Honda	-1 Runde	Giansanti 37
16. Bernhard Absmeier (D) Aprilia	-1 Runde	Poggiali 30
17. Emilio Delgado (E) Honda	-1 Runde	Vidal 9

Schnellste Runde: Alzamora in 1'51.830 = 128,928 km/h

AUSFÄLLE: Fahrer (Nation) Maschine (Grund)	in Runde
Adrian Araujo (E) Honda (Motor-Probleme)	4
Youichi Ui (J) Derbi (Sturz)	4
Lucio Cecchinello (I) Honda (Sturz)	7
Ivan Goi (I) Honda (Sturz)	7
Pablo Nieto (E) Derbi (Sturz)	7
Mirko Giansanti (I) Aprilia (Aufgabe nach Sturz)	12
Fréderic Petit (F) Honda (Sturz)	12
Massimiliano Sabbatani (I) Honda (Sturz)	12
Masao Azuma (J) Honda (Sturz)	13
Marco Melandri (I) Honda (Sturz)	13
Ivan Martinez (E) Aprilia (Sturz)	14
Jeronimo Vidal (E) Aprilia (Zündkerze defekt)	21
Manuel Poggiali (RSM) Aprilia (Zündkerze defekt)	22

250 cm³

STARTAUFSTELLUNG

Fahrer (Nr)	Trainingszeit
1. Nakano (56)	1'37.258
2. Capirossi (1)	1'37.484
3. Jacque (19)	1'37.520
4. Rossi (46)	1'37.596
5. Ukawa (4)	1'37.809
6. Waldmann (6)	1'38.211
7. McWilliams (9)	1'38.242
8. Boscoscuro (37)	1'38.600
9. Battaini (21)	1'38.605
10. Porto (12)	1'38.764
11. Rolfo (44)	1'38.825
12. Perugini (7)	1'38.828
13. Vincent (24)	1'38.912
14. Manako (11)	1'39.020
15. West (14)	1'39.288
16. Allemand (23)	1'39.534
17. Hofmann (66)	1'39.785
18. Bolwerk (17)	1'40.259
19. Oliver (22)	1'40.348
20. Smart (18)	1'40.356
21. Janssen (41)	1'40.389
22. Tokudome (36)	1'40.750
23. Ribalta (69)	1'40.922
24. Rios (58)	1'41.090
25. Garcia (15)	1'41.128
26. Ortega (91)	1'41.201
27. Bonilla (57)	1'41.349
28. Stigefelt (16)	1'41.510
29. Debon (60)	1'41.640
30. Nieto (10)	1'41.702
31. Molina (62)	1'42.158

ERGEBNIS nach 27 Runden = 108,135 km
Schnitt des Siegers: 130,176 km/h

Fahrer (Nation) Maschine	Zeit (Min)	WM-Stand Fahrer/Punkte
1. Tohru Ukawa (J) Honda	49'50.449	Rossi 218
2. Franco Battaini (I) Aprilia	-5.125	Ukawa 192
3. Loris Capirossi (I) Honda	-10.224	Capirossi 172
4. Shinya Nakano (J) Yamaha	-14.848	Nakano 162
5. Stefano Perugini (I) Honda	-34.042	Perugini 112
6. Sebastian Porto (RA) Honda	-37.495	Battaini 107
7. Jason Vincent (GB) Honda	-44.911	Waldmann 106
8. Valentino Rossi (I) Aprilia	-1'01.011	McWilliams 83
9. Anthony West (AUS) Honda	-1'10.352	Porto 58
10. Alexander Hofmann (D) Honda	-1'18.683	Vincent 52
11. Luca Boscoscuro (I) Honda	-1'20.847	Boscoscuro 50
12. Lucas Oliver (E) Aprilia	-1'23.051	Lucchi 49
13. Roberto Rolfo (I) Aprilia	-1'24.329	Jacque 48
14. Masaki Tokudome (J) Honda	-1'26.837	Rolfo 46
15. Alfonso Nieto (E) Yamaha	-1'45.669	West 45
16. David Garcia (E) Honda	-1'48.927	Hofmann 35
17. Scott Smart (GB) Aprilia	-1'49.731	Tokudome 33
18. Alex Debon (E) Honda	-1 Runde	Manako 28
19. Jarno Janssen (NL) Honda	-1 Runde	Matsudo

Schnellste Runde: Battaini in 1'47.987 = 133,516 km/h

AUSFÄLLE: Fahrer (Nation) Maschine (Grund)	in Runde
Daniel Ribalta (E) Yamaha (Aufgabe nach Sturz)	1
Tomomi Manako (J) Yamaha (Aufgabe nach Sturz)	7
Johan Stigefelt (S) Yamaha (Sturz)	7
David Ortega (E) Honda (Sturz)	10
Ralf Waldmann (D) Aprilia (Sturz)	15
Alvaro Molina (E) Honda (Motorprobleme)	16
Julien Allemand (F) Honda (Aufgabe nach Ausritt)	18
Ismael Bonilla (E) Honda (Grund unbekannt)	21
Olivier Jacque (F) Yamaha (Aufgabe nach Sturz)	21
Maurice Bolwerk (NL) Honda (Sturz)	22
Jeremy McWilliams (GB) Aprilia (Sturz)	23
Matias Rios (RA) Aprilia (Elektrikdefekt)	25

500 cm³

STARTAUFSTELLUNG

Fahrer (Nr)	Trainingszeit
1. Laconi (55)	1'36.132
2. Biaggi (2)	1'36.293
3. Crivillé (3)	1'36.304
4. Okada (8)	1'36.314
5. Checa (4)	1'36.344
6. Abe (5)	1'36.426
7. Kocinski (19)	1'36.433
8. McCoy (24)	1'36.493
9. Roberts jr. (10)	1'36.505
10. Barros (5)	1'36.511
11. N. Aoki (9)	1'36.636
12. Borja (14)	1'36.782
13. v. d. Goorbergh (17)	1'36.834
14. Gibernau (15)	1'36.944
15. Harada (31)	1'37.025
16. Willis (68)	1'37.363
17. Hale (20)	1'37.622
18. de Gea (52)	1'37.791
19. Cardoso (25)	1'37.996
20. Gimbert (22)	1'38.346
21. Rutter (21)	1'40.414
22. M. Garcia (32)	1'41.307
23. B. Garcia (27)	2'03.414
24. H. Aoki (26)	–

ERGEBNIS nach 30 Runden = 120,150 km
Schnitt des Siegers: 135,007 km/h

Fahrer (Nation) Maschine	Zeit (Min)	WM-Stand Fahrer/Punkte
1. Regis Laconi (F) Yamaha	53'23.825	Crivillé 219
2. Kenny Roberts jr. (USA) Suzuki	-3.548	Roberts jr. 173
3. Garry McCoy (AUS) Yamaha	-4.609	Okada 164
4. Tadayuki Okada (J) Honda	-6.155	Gibernau 114
5. Carlos Checa (E) Yamaha	-22.031	Biaggi 109
6. Norifumi Abe (J) Yamaha	-22.144	Harada 94
7. Massimiliano Biaggi (I) Yamaha	-36.985	Kocinski 90
8. John Kocinski (USA) Honda	-37.198	Checa 89
9. Sete Gibernau (E) Honda	-43.376	Abe 88
10. Alexandre Barros (BR) Honda	-43.420	Barros 84
11. Tetsuya Harada (J) Aprilia	-1'09.478	Laconi 76
12. Nobuatsu Aoki (J) Suzuki	-1'12.741	Borja 74
13. Sebastien Gimbert (F) Honda	-1'26.833	N. Aoki 54
14. David de Gea (E) Modenas	-1'43.106	H. Aoki 43
15. Mike Hale (USA) Modenas	-1 Runde	McCoy 37
16. Michael Rutter (GB) Honda	-1 Runde	Doohan 33
17. Marc Garcia (F) Honda	-2 Runden	Goorbergh

Schnellste Runde: Roberts jr. in 1'42.473 = 140,7 km/h

AUSFÄLLE: Fahrer (Nation) Maschine (Grund)	in Runde
Haruchika Aoki (J) Honda (Nichtstarter/Trainingssturz)	-
Bernard Garcia (F) MuZ-Weber (Verletzung/nicht qualifiziert)	-
Mark Willis (AUS) Modenas (Sturz)	7
Jürgen v. d. Goorbergh (NL) MuZ-Weber (Motor defekt)	22
Juan Borja (E) Honda (Sturz)	23
José Luis Cardoso (E) Honda (Fahrwerkprobleme)	24
Alex Crivillé (E) Honda (Sturz)	26

Ralf Waldmann, Techniker Mike Leitner:
So passierte der Sturz

GP Australien in Phillip Island

Termin: 3. Oktober 1999, Wetter: trocken, Zuschauer: 35.000, Streckenlänge: 4,448 km

125 cm³

STARTAUFSTELLUNG	
Fahrer (Nr)	Trainingszeit
1. Ueda (6)	1'38.600
2. Cecchinello (5)	1'38.620
3. Melandri (13)	1'38.646
4. Ui (41)	1'38.922
5. Vincent (21)	1'39.045
6. Locatelli (15)	1'39.063
7. Borsoi (23)	1'39.244
8. Scalvini (8)	1'39.268
9. Poggiali (54)	1'39.281
10. Vidal (10)	1'39.337
11. Alzamora (7)	1'39.360
12. Giansanti (32)	1'39.365
13. Sanna (16)	1'39.409
14. Nieto jr. (29)	1'39.444
15. Jenkner (17)	1'39.690
16. Azuma (4)	1'39.898
17. Sakata (1)	1'39.925
18. Nieto (22)	1'40.247
19. Goi (26)	1'40.591
20. Brannetti (44)	1'40.665
21. Petit (9)	1'41.035
22. Sabbatani (11)	1'41.043
23. Galvin (89)	1'41.158
24. Teniswood (91)	1'41.576
25. de Puniet (12)	1'42.010
26. Harms (24)	1'42.428
27. Stolz (18)	1'42.523
28. Willy (90)	1'42.843
29. Parkes (88)	1'43.137
30. Charlett (92)	1'43.672

ERGEBNIS nach 23 Runden = 102,304 km
Schnitt des Siegers: 161,033 km/h

Fahrer (Nation) Maschine	Zeit (Min)	WM-Stand Fahrer/Punkte	
1. Marco Melandri (I) Honda	38'07.81	Alzamora	191
2. Lucio Cecchinello (I) Honda	-0.035	Azuma	178
3. Youichi Ui (J) Derbi	-0.179	Melandri	165
4. Gianluigi Scalvini (I) Aprilia	-1.043	Ueda	146
5. Masao Azuma (J) Honda	-1.259	Locatelli	136
6. Roberto Locatelli (I) Aprilia	-1.898	Vincent	132
7. Jeronimo Vidal (E) Aprilia	-10.207	Scalvini	129
8. Gino Borsoi (I) Honda	-11.845	Cecchinello	100
9. Manuel Poggiali (RSM) Aprilia	-12.890	Sanna	96
10. Steve Jenkner (D) Aprilia	-16.527	Poggiali	77
11. Mirko Giansanti (I) Aprilia	-16.731	Ui	69
12. Simone Sanna (I) Honda	-16.837	Sakata	55
13. Kazuto Sakata (J) Honda	-36.339	Jenkner	49
14. Ivan Goi (I) Honda	-36.408	Goi	48
15. Emilio Alzamora (E) Honda	-49.941	Giansanti	42
16. Alessandro Brannetti (I) Aprilia	-51.121	Vidal	37
17. Pablo Nieto (E) Derbi	-51.786	Poggiali	37
18. Angel Nieto jr. (E) Honda	-53.389	de Puniet	20
19. Fréderic Petit (F) Honda	-1'07.146	Nakajoh	20
20. Reinhard Stolz (D) Honda	-1'16.137	Sabbatani	14
21. Randy de Puniet (F) Aprilia	-1'16.144	Brannetti	13
22. Robin Harms (DK) Aprilia	-1'28.270	Nieto jr.	12
23. Broc Parkes (AUS) Honda	-1 Runde	Uezu	11
24. Dennis Charlett (AUS) Honda	-1 Runde	Stolz	7

Schnellste Runde: Melandri in 1'38.118 = 163,199 km/h

AUSFÄLLE: Fahrer (Nation) Maschine (Grund)	in Runde
Michael Teniswood (AUS) Honda (Grund unbekannt)	1
Massimiliano Sabbatani (I) Honda (Elektrikdefekt)	4
Peter Galvin (AUS) Honda (Grund unbekannt)	6
Andrew Willy (AUS) Honda (Grund unbekannt)	7
Arnaud Vincent (F) Aprilia (Motorschaden)	9
Noboru Ueda (J) Honda (Sturz)	20

250 cm³

STARTAUFSTELLUNG	
Fahrer (Nr)	Trainingszeit
1. McWilliams (9)	1'33.919
2. Jacque (19)	1'34.081
3. Capirossi (1)	1'34.160
4. Nakano (56)	1'34.236
5. Ukawa (4)	1'34.482
6. Vincent (24)	1'34.527
7. Rossi (46)	1'34.541
8. Waldmann (6)	1'34.629
9. Porto (12)	1'34.693
10. Perugini (7)	1'34.738
11. Battaini (21)	1'35.211
12. Manako (11)	1'35.315
13. West (14)	1'35.458
14. Rolfo (44)	1'35.873
15. Allemand (23)	1'36.193
16. Boscuscuro (37)	1'36.402
17. Hofmann (66)	1'36.488
18. Bolwerk (17)	1'36.985
19. Geronimi (38)	1'37.045
20. Nieto (10)	1'37.080
21. Tokudome (36)	1'37.205
22. Garcia (15)	1'37.302
23. Janssen (41)	1'37.427
24. Smart (18)	1'37.806
25. Curtain (43)	1'37.847
26. Stigefelt (16)	1'37.967
27. Taylor (40)	1'38.003
28. Harrison (39)	1'38.996
29. Rios (58)	1'39.315
30. Clark (42)	1'41.550
31. Oliver (22)	1'41.948

ERGEBNIS nach 25 Runden = 111,200 km
Schnitt des Siegers: 169,034 km/h

Fahrer (Nation) Maschine	Zeit (Min)	WM-Stand Fahrer/Punkte	
1. Valentino Rossi (I) Aprilia	39'28.278	Rossi	243
2. Olivier Jacque (F) Yamaha	-0.103	Ukawa	208
3. Tohru Ukawa (J) Honda	-0.729	Capirossi	182
4. Shinya Nakano (J) Yamaha	-0.796	Nakano	175
5. Ralf Waldmann (D) Aprilia	-13.097	Perugini	121
6. Loris Capirossi (I) Honda	-13.133	Waldmann	117
7. Stefano Perugini (I) Honda	-25.831	Battaini	115
8. Franco Battaini (I) Aprilia	-25.994	McWilliams	83
9. Sebastian Porto (RA) Honda	-35.124	Jacque	68
10. Anthony West (AUS) Honda	-36.446	Porto	65
11. Tomomi Manako (J) Yamaha	-49.725	Vincent	56
12. Jason Vincent (GB) Honda	-50.949	Boscuscuro	52
13. Alexander Hofmann (D) Honda	-59.357	West	51
14. Luca Boscuscuro (I) Honda	-59.373	Lucchi	49
15. Masaki Tokudome (J) Honda	-1'06.163	Rolfo	46
16. Alfonso Nieto (E) Yamaha	-1'27.873	Hofmann	38
17. David Garcia (E) Honda	-1'29.494	Tokudome	34
18. Jarno Janssen (NL) Honda	-1 Runde	Manako	33
19. Johan Stigefelt (S) Yamaha	-1 Runde	Matsudo	21
20. Matias Rios (RA) Aprilia	-1 Runde	Katoh	11
21. Roger Harrison (AUS) Yamaha	-1 Runde	Yamaguchi	7

Schnellste Runde: Rossi in 1'33.556 = 171,157 km/h

AUSFÄLLE: Fahrer (Nation) Maschine (Grund)	in Runde
Aaron Clark (NZ) Honda (Nichtstarter/nicht qualifiziert)	-
Lucas Oliver (E) Yamaha (Nichtstarter/nicht qualifiziert)	-
Roberto Rolfo (I) Aprilia (Nichtstarter/Trainingssturz)	-
Kevin Curtain (AUS) Honda (Grund unbekannt)	2
Jeremy McWilliams (GB) Aprilia (Sturz)	2
Julien Allemand (F) Honda (Kein Vorderradgrip)	3
Maurice Bolwerk (NL) Honda (Sturz)	3
Shaun Geronimi (AUS) Yamaha (Sturz)	3
Scott Smart (GB) Aprilia (kein Hinterradgrip)	3
Jay Taylor (AUS) Honda (Sturz)	23

500 cm³

STARTAUFSTELLUNG	
Fahrer (Nr)	Trainingszeit
1. Roberts jr. (10)	1'32.319
2. Harada (31)	1'33.080
3. Laconi (55)	1'33.177
4. Barros (5)	1'33.229
5. Biaggi (2)	1'33.274
6. Gibernau (15)	1'33.333
7. Okada (8)	1'33.417
8. Abe (6)	1'33.452
9. Borja (14)	1'33.498
10. Checa (4)	1'33.511
11. N. Aoki (9)	1'33.623
12. Crivillé (3)	1'33.757
13. Gobert (35)	1'33.911
14. Kocinski (19)	1'33.914
15. McCoy (24)	1'33.956
16. Cardoso (25)	1'33.962
17. H. Aoki (26)	1'34.569
18. v. d. Goorbergh (17)	1'34.738
19. Hale (20)	1'34.750
20. Gimbert (22)	1'35.721
21. de Gea (52)	1'36.169
22. Rutter (21)	1'36.247
23. Martin (37)	1'36.440
24. Willis (68)	1'37.875

ERGEBNIS nach 27 Runden = 120,096 km
Schnitt des Siegers: 170,937 km/h

Fahrer (Nation) Maschine	Zeit (Min)	WM-Stand Fahrer/Punkte	
1. Tadayuki Okada (J) Honda	42'09.271	Crivillé	230
2. Massimiliano Biaggi (I) Yamaha	-0.085	Okada	189
3. Regis Laconi (F) Yamaha	-0.124	Roberts jr.	179
4. Carlos Checa (E) Yamaha	-9.497	Biaggi	129
5. Alex Crivillé (E) Honda	-9.811	Gibernau	124
6. Sete Gibernau (E) Honda	-10.691	Checa	102
7. Garry McCoy (AUS) Yamaha	-12.135	Kocinski	97
8. Nobuatsu Aoki (J) Suzuki	-25.028	Harada	94
9. John Kocinski (USA) Honda	-25.219	Laconi	92
10. Kenny Roberts jr. (USA) Suzuki	-41.652	Abe	88
11. Haruchika Aoki (J) Honda	-47.628	Barros	84
12. Jürgen v. d. Goorbergh (NL) MuZ-Weber	-47.670	Borja	74
13. David de Gea (E) Modenas	-1'22.997	N. Aoki	62
14. Steve Martin (AUS) Honda	-1'23.305	H. Aoki	48
15. Mark Willis (AUS) Modenas	-1'35.980	McCoy	46
16. Norifumi Abe (J) Yamaha	-1 Runde	Doohan	33
17. Juan Borja (E) Honda	-1 Runde	Goorbergh	7

Schnellste Runde: Roberts jr. in 1'32.743 = 172,658 km/h

AUSFÄLLE: Fahrer (Nation) Maschine (Grund)	in Runde
Anthony Gobert (AUS) MuZ-Weber (Sturz)	1
Michael Rutter (GB) Honda (Vorderreifenprobleme)	3
Mike Hale (USA) Modenas (Power valve defekt)	4
José Luis Cardoso (E) Honda (Aufgabe/Sturz im Warmup)	6
Sebastien Gimbert (F) Honda (Sturz)	7
Alexandre Barros (BR) Honda (Reifendefekt)	24
Tetsuya Harada (J) Aprilia (Motorschaden)	24

We want Mick: Weltmeister Doohan wurde auf seiner Heimstrecke in Phillip Island mit der »Doohan-Corner« verewigt

GP Südafrika in Welkom

Termin: 10. Oktober 1999, **Wetter:** sonnig, **Zuschauer:** 30.000, **Streckenlänge:** 4,242 km

125 cm³

STARTAUFSTELLUNG

	Fahrer (Nr)	Trainingszeit
1.	Scalvini (8)	1'43.404
2.	Melandri (13)	1'43.612
3.	Sanna (16)	1'43.686
4.	Vincent (21)	1'43.778
5.	Ueda (6)	1'43.901
6.	Locatelli (15)	1'43.919
7.	Goi (26)	1'43.972
8.	Azuma (4)	1'44.142
9.	Vidal (10)	1'44.195
10.	Giansanti (32)	1'44.335
11.	Ui (41)	1'44.379
12.	Alzamora (7)	1'44.476
13.	Nieto (22)	1'44.502
14.	Cecchinello (5)	1'44.528
15.	Borsoi (23)	1'44.617
16.	Brannetti (44)	1'45.000
17.	Poggiali (54)	1'45.097
18.	Nieto jr. (29)	1'45.233
19.	Sakata (1)	1'45.581
20.	Jenkner (17)	1'45.664
21.	Sabbatani (11)	1'45.706
22.	Petit (9)	1'46.151
23.	Stolz (18)	1'46.201
24.	de Puniet (12)	1'46.433
25.	Levy (94)	1'47.034
26.	Harms (24)	1'48.825
27.	Portman (93)	1'51.914

ERGEBNIS nach 24 Runden = 101,808 km
Schnitt des Siegers: 146,506 km/h

	Fahrer (Nation) Maschine	Zeit (Min)	WM-Stand Fahrer/Punkte	
1.	Gianluigi Scalvini (I) Aprilia	41'41.665	Alzamora	191
2.	Arnaud Vincent (F) Aprilia	-0.660	Melandri	181
3.	Marco Melandri (I) Honda	-0.844	Azuma	180
4.	Roberto Locatelli (I) Aprilia	-8.084	Scalvini	154
5.	Gino Borsoi (I) Honda	-17.277	Vincent	152
6.	Simone Sanna (I) Honda	-17.667	Locatelli	146
7.	Youichi Ui (J) Derbi	-22.769	Ueda	146
8.	Lucio Cecchinello (I) Honda	-23.794	Cecchinello	108
9.	Alessandro Brannetti (I) Aprilia	-24.187	Sanna	106
10.	Jeronimo Vidal (E) Aprilia	-35.785	Borsoi	82
11.	Steve Jenkner (D) Aprilia	-38.565	Ui	78
12.	Pablo Nieto (E) Derbi	-39.264	Sakata	56
13.	Angel Nieto jr. (E) Honda	-50.228	Jenkner	54
14.	Masao Azuma (J) Honda	-53.917	Goi	48
15.	Kazuto Sakata (J) Aprilia	-54.458	Vidal	43
16.	Massimiliano Sabbatani (I) Honda	-54.733	Giansanti	42
17.	Reinhard Stolz (D) Aprilia	-56.884	Poggiali	37
18.	Fréderic Petit (F) Honda	-1'00.750	Brannetti	20
19.	Beaumont Levy (SA) Honda	-1'39.377	de Puniet	

Schnellste Runde: Scalvini in 1'43.324 = 147,799 km/h

AUSFÄLLE: Fahrer (Nation) Maschine (Grund) — in Runde

Robert Portman (SA) Honda (Nichtstarter/nicht qualifiziert)	-
Manuel Poggiali (RSM) Aprilia (Elektrik-Probleme)	7
Randy de Puniet (F) Aprilia (Motorschaden)	8
Robbin Harms (DK) Aprilia (keine Motor-Leistung)	10
Mirko Giansanti (I) Aprilia (Elektrik-Probleme)	11
Emilio Alzamora (E) Honda (Sturz)	12
Ivan Goi (I) Honda (Sturz)	12
Noboru Ueda (J) Honda (Sturz)	12

250 cm³

STARTAUFSTELLUNG

	Fahrer (Nr)	Trainingszeit
1.	Capirossi (1)	1'38.287
2.	Nakano (56)	1'38.299
3.	Ukawa (4)	1'38.375
4.	Jacque (19)	1'38.583
5.	Manako (11)	1'38.609
6.	Rossi (46)	1'38.802
7.	Perugini (7)	1'38.900
8.	Waldmann (6)	1'38.988
9.	Porto (12)	1'39.028
10.	Battaini (21)	1'39.036
11.	Boscuscuro (37)	1'39.158
12.	Vincent (24)	1'39.698
13.	West (14)	1'39.891
14.	Tokudome (36)	1'40.289
15.	Bolwerk (17)	1'40.437
16.	Hofmann (66)	1'40.577
17.	Janssen (41)	1'40.882
18.	Coates (80)	1'40.957
19.	Allemand (23)	1'40.974
20.	Norval (79)	1'41.394
21.	Nieto (10)	1'41.706
22.	Rios (58)	1'41.831
23.	Barth (32)	1'41.893
24.	Stigefelt (16)	1'42.188
25.	Smart (18)	1'42.493
26.	Garcia (15)	1'42.775

ERGEBNIS nach 26 Runden = 110,292 km
Schnitt des Siegers: 154,023 km/h

	Fahrer (Nation) Maschine	Zeit (Min)	WM-Stand Fahrer/Punkte	
1.	Valentino Rossi (I) Aprilia	42'57.870	Rossi	268
2.	Shinya Nakano (J) Yamaha	-1.913	Ukawa	221
3.	Olivier Jacque (F) Yamaha	-3.862	Nakano	195
4.	Tohru Ukawa (J) Honda	-4.131	Capirossi	193
5.	Loris Capirossi (I) Honda	-19.739	Perugini	130
6.	Sebastian Porto (RA) Honda	-23.224	Battaini	121
7.	Stefano Perugini (I) Honda	-26.461	Waldmann	117
8.	Luca Boscoscuro (I) Honda	-28.366	Jacque	84
9.	Anthony West (AUS) Honda	-37.644	McWilliams	83
10.	Franco Battaini (I) Aprilia	-42.837	Porto	75
11.	Jason Vincent (GB) Honda	-45.558	Vincent	61
12.	Tomomi Manako (J) Yamaha	-51.489	Boscoscuro	60
13.	Alexander Hofmann (D) Honda	-57.309	West	58
14.	Masaki Tokudome (J) Honda	-57.544	Lucchi	49
15.	Alfonso Nieto (E) Yamaha	-1'35.573	Rolfo	46
16.	Shane Norval (SA) Honda	-1'42.183	Hofmann	41
17.	Johan Stigefelt (S) Yamaha	-1 Runde	Manako	37
18.	Maurice Bolwerk (NL) Aprilia	-1 Runde	Tokudome	36
19.	Adrian Coates (GB) Honda	-1 Runde	Matsudo	21
20.	Markus Barth (D) Yamaha	-1 Runde	Katoh	

Schnellste Runde: Rossi in 1'37.624 = 156,429 km/h

AUSFÄLLE: Fahrer (Nation) Maschine (Grund) — in Runde

David Garcia (E) Yamaha (Nichtstarter/Trainingssturz)	-
Ralf Waldmann (D) Aprilia (Start-Kollision)	1
Scott Smart (GB) Aprilia (Getriebe defekt)	4
Julien Allemand (F) Honda (Sturz)	5
Matias Rios (RA) Aprilia (Aufgabe nach Ausritt)	16
Jarno Janssen (NL) Honda (Hinterreifenprobleme)	25

500 cm³

STARTAUFSTELLUNG

	Fahrer (Nr)	Trainingszeit
1.	Okada (8)	1'35.930
2.	Biaggi (2)	1'36.320
3.	Gibernau (15)	1'36.436
4.	Roberts jr. (10)	1'36.516
5.	Borja (14)	1'36.713
6.	Crivillé (3)	1'36.731
7.	Checa (7)	1'37.019
8.	Barros (5)	1'37.160
9.	Kocinski (19)	1'37.207
10.	v. d. Goorbergh (17)	1'37.224
11.	Abe (6)	1'37.348
12.	Laconi (55)	1'37.378
13.	McCoy (24)	1'37.543
14.	N. Aoki (9)	1'37.968
15.	H. Aoki (26)	1'37.993
16.	Willis (68)	1'38.104
17.	Harada (31)	1'38.329
18.	de Gea (52)	1'38.442
19.	Gobert (35)	1'38.638
20.	Gimbert (22)	1'38.846
21.	Hale (20)	1'39.295
22.	Martin (37)	1'39.490
23.	Rutter (21)	1'39.595
24.	Cardoso (25)	1'40.167

ERGEBNIS nach 28 Runden = 118,776 km
Schnitt des Siegers: 156,938 km/h

	Fahrer (Nation) Maschine	Zeit (Min)	WM-Stand Fahrer/Punkte	
1.	Massimiliano Biaggi (I) Yamaha	45'24.602	Crivillé	246
2.	Sete Gibernau (E) Honda	-4.822	Okada	202
3.	Alex Crivillé (E) Honda	-5.138	Roberts jr.	179
4.	Tadayuki Okada (J) Honda	-10.432	Biaggi	154
5.	Juan Borja (E) Honda	-14.187	Gibernau	144
6.	Carlos Checa (E) Yamaha	-14.282	Checa	112
7.	Nobuatsu Aoki (J) Suzuki	-22.636	Kocinski	103
8.	Garry McCoy (AUS) Yamaha	-33.224	Harada	95
9.	Norifumi Abe (J) Yamaha	-41.357	Abe	95
10.	John Kocinski (USA) Honda	-44.052	Laconi	94
11.	Alexandre Barros (BR) Honda	-56.083	Barros	89
12.	Haruchika Aoki (J) Honda	-56.443	Borja	85
13.	Jürgen v. d. Goorbergh (NL) MuZ-Weber	-57.117	N. Aoki	71
14.	Regis Laconi (F) Yamaha	-59.166	McCoy	54
15.	Tetsuya Harada (J) Aprilia	-59.290	H. Aoki	52
16.	Mark Willis (AUS) Modenas	-1'06.003	Goorbergh	34
17.	José Luis Cardoso (E) Honda	-1'11.108	Doohan	33
18.	Anthony Gobert (AUS) MuZ-Weber	-1'17.861	Crafar	19
19.	Sebastien Gimbert (F) Honda	-1'18.332	Gimbert	16
20.	David de Gea (E) Modenas	-1'25.564	Cadalora	14
21.	Steve Martin (AUS) Honda	-1'25.971	Itoh	9
22.	Kenny Roberts jr. (USA) Suzuki	-1 Runde	Kagayama	

Schnellste Runde: Gibernau in 1'36.554 = 158,162 km/h

AUSFÄLLE: Fahrer (Nation) Maschine (Grund) — in Runde

Mike Hale (USA) Modenas (Probleme Vorderradgabel)	6
Michael Rutter (GB) Honda (Vorderreifenprobleme)	10

Höhenflug: Marco Melandri fuhr schon wieder aufs Podest

GP Rio de Janeiro/BR

Termin: 24. Oktober 1999, Wetter: sonnig, Zuschauer: 33.000, Streckenlänge: 4,933 km

125 cm³

STARTAUFSTELLUNG	
Fahrer (Nr)	Trainingszeit
1. Melandri (13)	1'59.490
2. Azuma (4)	2'00.267
3. Poggiali (54)	2'00.295
4. Locatelli (15)	2'00.311
5. Giansanti (32)	2'00.410
6. Ueda (6)	2'00.547
7. Ui (41)	2'00.631
8. Borsoi (23)	2'00.648
9. Scalvini (8)	2'00.691
10. Cecchinello (5)	2'00.707
11. Sanna (16)	2'00.896
12. Alzamora (7)	2'01.201
13. Vidal (10)	2'01.297
14. Sabbatani (11)	2'01.447
15. Goi (26)	2'01.779
16. Vincent (21)	2'02.206
17. Petit (9)	2'02.376
18. Brannetti (44)	2'02.397
19. de Puniet (12)	2'02.421
20. Nieto jr. (29)	2'02.424
21. Jenkner (17)	2'02.464
22. Stolz (18)	2'02.588
23. Sakata (1)	2'03.042
24. Nieto (22)	2'03.975
25. Harms (24)	2'04.190
26. Vieira (96)	2'05.092
27. di Salvo (99)	2'05.357
28. Barros (97)	2'06.013
29. Velludo (95)	2'07.640
30. di Grandi (98)	2'11.702

ERGEBNIS nach 21 Runden = 103,593 km
Schnitt des Siegers: 147,135 km/h

Fahrer (Nation) Maschine	Zeit (Min)	WM-Stand Fahrer/Punkte	
1. Noboru Ueda (J) Honda	42'14.647	Alzamora	207
2. Marco Melandri (I) Honda	-0.131	Melandri	201
3. Emilio Alzamora (E) Honda	-0.977	Azuma	190
4. Mirko Giansanti (I) Aprilia	-1.055	Ueda	171
5. Gino Borsoi (I) Honda	-1.297	Locatelli	157
6. Masao Azuma (J) Honda	-1.457	Vincent	155
7. Manuel Poggiali (RSM) Aprilia	-1.689	Scalvini	154
8. Roberto Locatelli (I) Aprilia	-2.025	Sanna	113
9. Simone Sanna (I) Honda	-2.280	Cecchinello	108
10. Youichi Ui (J) Derbi	-20.740	Borsoi	93
11. Ivan Goi (I) Honda	-24.150	Ui	84
12. Jeronimo Vidal (E) Aprilia	-24.424	Sakata	56
13. Arnaud Vincent (F) Aprilia	-29.529	Giansanti	55
14. Massimiliano Sabbatani (I) Honda	-30.710	Jenkner	54
15. Angel Nieto jr. (E) Honda	-30.755	Goi	53
16. Steve Jenkner (D) Aprilia	-49.281	Vidal	47
17. Kazuto Sakata (J) Honda	-52.716	Poggiali	46
18. Randy de Puniet (F) Aprilia	-52.850	Brannetti	20
19. Reinhard Stolz (D) Honda	-52.955	de Puniet	20
20. Fréderic Petit (F) Honda	-53.422	Nakajoh	20
21. Lucio Cecchinello (I) Aprilia	-1'06.648	Nieto jr.	16
22. Robbin Harms (DK) Aprilia	-1'21.345	Sabbatani	16
23. Cesar Barros (BR) Honda	-1'30.648	Uezu	11
24. Cristiano Vieira (BR) Honda	-1'31.895	Stolz	9
25. Jason di Salvo (USA) Honda	-1'50.098	Nieto	8
26. Renato Velludo (BR) Honda	-1 Runde	Mico	—

Schnellste Runde: Melandri in 1'59.801 = 148,236 km/h

AUSFÄLLE: Fahrer (Nation) Maschine (Grund) — in Runde
- Alessandro Brannetti (I) Aprilia (Nichtstarter/Trainingssturz) — -
- Alexander di Grandi (BR) Honda (Nichtstarter/nicht qualifiziert) — -
- Gianluigi Scalvini (I) Aprilia (Sturz) — 5
- Pablo Nieto (E) Derbi (Federungs-Probleme) — 11

250 cm³

STARTAUFSTELLUNG	
Fahrer (Nr)	Trainingszeit
1. Jacque (19)	1'54.072
2. Rossi (46)	1'54.340
3. Nakano (56)	1'54.343
4. Capirossi (1)	1'54.790
5. Porto (12)	1'55.011
6. McWilliams (9)	1'55.098
7. Battaini (21)	1'55.159
8. Perugini (7)	1'55.237
9. Ukawa (4)	1'55.258
10. Waldmann (6)	1'55.296
11. Boscoscuro (37)	1'55.706
12. Manako (11)	1'56.141
13. Rolfo (44)	1'56.206
14. Vincent (24)	1'56.642
15. West (14)	1'56.753
16. Bolwerk (17)	1'56.853
17. Smart (18)	1'57.018
18. Allemand (23)	1'57.264
19. Hofmann (66)	1'57.330
20. Janssen (41)	1'57.362
21. Rolfo (10)	1'57.822
22. Stigefelt (16)	1'58.485
23. Garcia (15)	1'58.700
24. Rios (58)	1'59.766
25. Barth (32)	1'59.790
26. Tokudome (36)	—

ERGEBNIS nach 22 Runden = 108,526 km
Schnitt des Siegers: 153,944 km/h

Fahrer (Nation) Maschine	Zeit (Min)	WM-Stand Fahrer/Punkte	
1. Valentino Rossi (I) Aprilia	42'17.893	Rossi	293
2. Tohru Ukawa (J) Honda	-1.328	Ukawa	241
3. Loris Capirossi (I) Honda	-1.944	Capirossi	209
4. Olivier Jacque (F) Yamaha	-2.342	Nakano	196
5. Stefano Perugini (I) Honda	-2.395	Perugini	141
6. Sebastian Porto (RA) Honda	-13.031	Waldmann	126
7. Ralf Waldmann (D) Aprilia	-15.483	Battaini	121
8. Tomomi Manako (J) Yamaha	-16.222	Jacque	97
9. Roberto Rolfo (I) Honda	-41.230	Porto	85
10. Luca Boscoscuro (I) Honda	-43.002	McWilliams	83
11. Jason Vincent (GB) Honda	-43.012	Vincent	66
12. Alexander Hofmann (D) Honda	-54.010	Boscoscuro	66
13. Julien Allemand (F) Honda	-1'12.641	West	58
14. Scott Smart (GB) Aprilia	-1'12.746	Hofmann	45
15. Shinya Nakano (J) Yamaha	-1'12.791	Lucchi	49
16. Jarno Janssen (NL) Honda	-1'32.120	Manako	45
17. Alfonso Nieto (E) Aprilia	-1'32.440	Hofmann	45
18. Matias Rios (RA) Aprilia	-1'42.432	Tokudome	36
19. Johan Stigefelt (S) Yamaha	-1'44.838	Matsudo	—

Schnellste Runde: Rossi in 1'54.230 = 155,465 km/h

AUSFÄLLE: Fahrer (Nation) Maschine (Grund) — in Runde
- Maurice Bolwerk (NL) Honda (Nichtstarter/Trainingssturz) — -
- Masaki Tokudome (J) Honda (Nichtstarter/Trainingssturz) — -
- David Garcia (E) Yamaha (Zündkerze gebrochen) — 2
- Franco Battaini (I) Aprilia (Aufgabe/Ausritt) — 6
- Jeremy McWilliams (GB) Aprilia (Kolbenklemmer) — 14
- Anthony West (AUS) Honda (Zündung defekt) — 16
- Markus Barth (D) Yamaha (Motor-Vibrationen) — 21

500 cm³

STARTAUFSTELLUNG	
Fahrer (Nr)	Trainingszeit
1. Roberts jr. (10)	1'52.227
2. Gibernau (15)	1'52.552
3. Barros (5)	1'52.672
4. Checa (4)	1'52.672
5. Okada (8)	1'52.790
6. Biaggi (2)	1'52.960
7. v. d. Goorbergh (17)	1'53.014
8. Gobert (35)	1'53.101
9. N. Aoki (9)	1'53.132
10. McCoy (24)	1'53.165
11. Crivillé (3)	1'53.208
12. Abe (6)	1'53.214
13. Borja (14)	1'53.468
14. Laconi (55)	1'53.608
15. Kocinski (19)	1'53.905
16. de Gea (52)	1'54.235
17. Cardoso (25)	1'54.334
18. Harada (31)	1'54.483
19. H. Aoki (26)	1'54.849
20. Hale (20)	1'55.012
21. Willis (68)	1'55.412
22. Martin (37)	1'56.751
23. Gimbert (22)	1'56.787
24. Rutter (21)	1'56.991

ERGEBNIS nach 24 Runden = 118,392 km
Schnitt des Siegers: 156,448 km/h

Fahrer (Nation) Maschine	Zeit (Min)	WM-Stand Fahrer/Punkte	
1. Norifumi Abe (J) Yamaha	45'24.308	Crivillé	256
2. Massimiliano Biaggi (I) Yamaha	-0.161	Okada	211
3. Kenny Roberts jr. (USA) Suzuki	-0.257	Roberts jr.	195
4. Alexandre Barros (BR) Honda	-4.442	Biaggi	174
5. Sete Gibernau (E) Honda	-4.631	Gibernau	155
6. Alex Crivillé (E) Honda	-21.254	Abe	120
7. Tadayuki Okada (J) Honda	-21.525	Checa	112
8. Garry McCoy (AUS) Yamaha	-22.394	Kocinski	106
9. Nobuatsu Aoki (J) Suzuki	-23.089	Barros	102
10. Anthony Gobert (AUS) MuZ-Weber	-30.275	Laconi	99
11. Regis Laconi (F) Yamaha	-41.314	Harada	99
12. Tetsuya Harada (J) Yamaha	-41.648	Borja	85
13. John Kocinski (USA) Honda	-42.757	N. Aoki	78
14. David de Gea (E) Modenas	-43.380	McCoy	62
15. Haruchika Aoki (J) Honda	-45.652	H. Aoki	53
16. Mark Willis (AUS) Modenas	-48.740	Goorbergh	34
17. José Luis Cardoso (E) Honda	-1'14.209	Doohan	33
18. Sebastien Gimbert (F) Honda	-1'27.360	Crafar	—

Schnellste Runde: Biaggi in 1'52.869 = 157,34 km/h

AUSFÄLLE: Fahrer (Nation) Maschine (Grund) — in Runde
- Steve Martin (AUS) Honda (Gasgriff blockiert) — 1
- Carlos Checa (E) Yamaha (Sturz) — 2
- Michael Rutter (GB) Honda (Kupplung verbrannt) — 2
- Mike Hale (USA) Modenas (Kurbelwelle gebrochen) — 5
- Jürgen v. d. Goorbergh (NL) MuZ-Weber (Elektrik defekt) — 5
- Juan Borja (E) Honda (Aufgabe/Schmerzen) — 8

Kurzatmige Kurz-Yamaha: Markus Barth fuhr wieder hinterher

GP Argentinien in Buenos Aires

Termin: 31. Oktober 1999, **Wetter:** bewölkt/trocken, **Zuschauer:** 20.000, **Streckenlänge:** 4,350 km

125 cm³

STARTAUFSTELLUNG

Fahrer (Nr)	Trainingszeit
1. Azuma (4)	1'50.160
2. Melandri (13)	1'50.438
3. Alzamora (7)	1'50.638
4. Locatelli (15)	1'50.671
5. Poggiali (54)	1'50.764
6. Borsoi (23)	1'50.843
7. Ueda (6)	1'50.893
8. Ui (41)	1'51.205
9. Vidal (10)	1'51.865
10. Cecchinello (5)	1'51.869
11. Scalvini (8)	1'52.035
12. Stolz (18)	1'52.063
13. Sabbatani (11)	1'52.073
14. Sanna (16)	1'52.313
15. Goi (26)	1'52.362
16. Jenkner (17)	1'52.405
17. Giansanti (32)	1'52.538
18. Vincent (21)	1'52.823
19. de Puniet (12)	1'52.896
20. Nieto jr. (29)	1'52.965
21. Petit (9)	1'53.231
22. Nieto (22)	1'53.464
23. Sakata (1)	1'53.628
24. Harms (24)	1'54.151
25. di Salvo (99)	1'54.387
26. Lessio (87)	2'00.100

ERGEBNIS nach 23 Runden = 100,050 km
Schnitt des Siegers: 140,839 km/h

Fahrer (Nation) Maschine	Zeit (Min)	WM-Endstand Fahrer/Punkte	
1. Marco Melandri (I) Honda	42'37.380	Alzamora	227
2. Emilio Alzamora (E) Honda	-0.219	Melandri	226
3. Roberto Locatelli (I) Aprilia	-1.104	Azuma	190
4. Gino Borsoi (I) Honda	-7.437	Locatelli	173
5. Mirko Giansanti (I) Aprilia	-26.706	Ueda	171
6. Simone Sanna (I) Honda	-31.421	Scalvini	163
7. Gianluigi Scalvini (I) Aprilia	-32.023	Vincent	155
8. Ivan Goi (I) Honda	-42.968	Sanna	123
9. Pablo Nieto (E) Derbi	-47.164	Cecchinello	108
10. Randy de Puniet (F) Aprilia	-49.693	Borsoi	106
11. Massimiliano Sabbatani (I) Honda	-53.118	Ui	84
12. Frédéric Petit (F) Honda	-53.329	Giansanti	66
13. Robbin Harms (DK) Aprilia	-57.343	Goi	66

Schnellste Runde: Melandri in 1'50.140 = 142,183 km/h

AUSFÄLLE: Fahrer (Nation) Maschine (Grund) | in Runde

Franco Lessio (ARG) Yamaha (Nichtstarter/nicht qualifiziert)	-
Youichi Ui (J) Derbi (Nichtstarter/Trainingssturz)	-
Jason di Salvo (USA) Honda (Sturz)	1
Masao Azuma (J) Honda (Sturz)	2
Kazuto Sakata (J) Honda (Aufgabe/Motivationsmangel)	4
Jeronimo Vidal (E) Aprilia (Auspuff gebrochen)	7
Lucio Cecchinello (I) Honda (Sturz)	8
Steve Jenkner (D) Aprilia (Kolbenring gebrochen/Sturz)	11
Angel Nieto jr. (E) Honda (Aufgabe nach Kollision)	12
Arnaud Vincent (F) Aprilia (beide Felgen gebrochen)	17
Noboru Ueda (J) Honda (Sturz)	18
Manuel Poggiali (RSM) Aprilia (Sturz)	21
Reinhard Stolz (D) Honda (Grund unbekannt)	23

250 cm³

STARTAUFSTELLUNG

Fahrer (Nr)	Trainingszeit
1. Rossi (46)	1'45.844
2. Jacque (19)	1'45.846
3. Perugini (7)	1'46.238
4. Porto (12)	1'46.330
5. Battaini (21)	1'46.701
6. Manako (11)	1'46.713
7. Ukawa (4)	1'46.744
8. Rolfo (44)	1'46.764
9. Nakano (56)	1'47.097
10. Waldmann (6)	1'47.117
11. McWilliams (9)	1'47.261
12. Capirossi (1)	1'47.335
13. Tokudome (36)	1'47.644
14. Boscoscuro (37)	1'47.843
15. Allemand (23)	1'47.892
16. Hofmann (66)	1'48.021
17. Nieto (10)	1'48.199
18. Vincent (24)	1'48.245
19. Smart (18)	1'48.294
20. Stigefelt (16)	1'48.399
21. West (14)	1'48.415
22. Bolwerk (17)	1'48.494
23. Garcia (15)	1'48.931
24. Rios (58)	1'49.619
25. Janssen (41)	1'49.967
26. Borgmann (94)	1'50.053
27. Pierluiggi (96)	1'50.307
28. Barth (32)	1'50.989
29. Mulet (95)	1'52.381
30. Giuggia (98)	1'52.477
31. Buffa (97)	1'53.665

ERGEBNIS nach 25 Runden = 108,750 km
Schnitt des Siegers: 146,365 km/h

Fahrer (Nation) Maschine	Zeit (Min)	WM-Endstand Fahrer/Punkte	
1. Olivier Jacque (F) Yamaha	44'34.817	Rossi	309
2. Tohru Ukawa (J) Honda	-9.236	Ukawa	261
3. Valentino Rossi (I) Aprilia	-17.573	Capirossi	209
4. Sebastian Porto (RA) Honda	-21.735	Nakano	207
5. Shinya Nakano (J) Yamaha	-26.791	Perugini	151
6. Stefano Perugini (I) Honda	-33.162	Waldmann	131
7. Roberto Rolfo (I) Aprilia	-33.673	Jacque	122
8. Anthony West (AUS) Honda	-40.963	Battaini	121
9. Tomomi Manako (J) Yamaha	-44.523	Porto	98
10. Alexander Hofmann (D) Honda	-50.445	McWilliams	83
11. Ralf Waldmann (D) Aprilia	-52.881	Vincent	70
12. Jason Vincent (GB) Honda	-1'10.078	West	66
13. Scott Smart (GB) Aprilia	-1'10.268	Boscoscuro	66
14. Alfonso Nieto (E) Yamaha	-1'10.481	Rolfo	62
15. Masaki Tokudome (J) Honda	-1'11.156	Manako	52
16. Jarno Janssen (NL) Honda	-1'13.021	Hofmann	51
17. Maurice Bolwerk (NL) Honda	-1'13.279	Lucchi	49
18. Johan Stigefelt (S) Honda	-1'19.235	Tokudome	37
19. Leandro Mulet (ARG) Honda	-1 Runde	Matsudo	21
20. Leandro Giuggia (ARG) Yamaha	-1 Runde	Allemand	20

Schnellste Runde: Jacque in 1'45.734 = 148,108 km/h

AUSFÄLLE: Fahrer (Nation) Maschine (Grund) | in Runde

Roger Buffa (ARG) Yamaha (Nichtstarter/nicht qualifiziert)	-
Jeremy McWilliams (GB) Aprilia (Nichtstarter/Trainingssturz)	-
Markus Barth (D) Yamaha (Sturz)	1
Matias Rios (RA) Aprilia (Auspuff gebrochen)	2
Franco Battaini (I) Aprilia (Sturz)	3
Luca Boscoscuro (I) Aprilia (Sturz)	7
Diego Pierluiggi (ARG) Honda (Sturz)	7
Julien Allemand (F) Honda (kein Grip am Hinterrad)	8
David Garcia (E) Yamaha (Aufgabe/Ausritt)	10
Gabriel Borgmann (ARG) Yamaha (Sturz)	11
Loris Capirossi (I) Honda (Kolbenklemmer)	19

500 cm³

STARTAUFSTELLUNG

Fahrer (Nr)	Trainingszeit
1. Roberts jr. (10)	1'44.354
2. Okada (8)	1'44.718
3. Crivillé (3)	1'44.782
4. Biaggi (2)	1'44.854
5. v. d. Goorbergh (17)	1'45.000
6. Abe (6)	1'45.020
7. Checa (4)	1'45.056
8. N. Aoki (9)	1'45.158
9. Borja (14)	1'45.291
10. Barros (5)	1'45.363
11. Kocinski (19)	1'45.444
12. Cardoso (25)	1'45.881
13. Gibernau (15)	1'46.016
14. Willis (68)	1'46.266
15. H. Aoki (26)	1'46.322
16. Harada (31)	1'46.471
17. Gobert (35)	1'46.523
18. McCoy (24)	1'46.634
19. Laconi (55)	1'46.783
20. de Gea (52)	1'46.784
21. Gimbert (22)	1'47.129
22. Hale (20)	1'47.595
23. Rutter (21)	1'48.331
24. Martin (37)	1'48.362

ERGEBNIS nach 27 Runden = 117,450 km
Schnitt des Siegers: 148,686 km/h

Fahrer (Nation) Maschine	Zeit (Min)	WM-Endstand Fahrer/Punkte	
1. Kenny Roberts jr. (USA) Suzuki	47'23.710	Crivillé	267
2. Massimiliano Biaggi (I) Yamaha	-2.033	Roberts jr.	220
3. Norifumi Abe (J) Yamaha	-2.631	Okada	211
4. Carlos Checa (E) Yamaha	-4.340	Biaggi	194
5. Alex Crivillé (E) Honda	-4.451	Gibernau	165
6. Sete Gibernau (E) Honda	-24.878	Abe	136
7. John Kocinski (USA) Honda	-25.338	Checa	125
8. Alexandre Barros (BR) Honda	-26.387	Kocinski	115
9. Juan Borja (E) Honda	-31.868	Barros	110
10. Jürgen v. d. Goorbergh (NL) MuZ-Weber	-37.536	Harada	104
11. Tetsuya Harada (J) Aprilia	-38.553	Laconi	103
12. Regis Laconi (F) Yamaha	-47.953	Borja	92
13. Garry McCoy (AUS) Yamaha	-48.083	N. Aoki	78
14. Mark Willis (AUS) Modenas	-52.512	McCoy	65
15. Haruchika Aoki (J) Honda	-53.237	H. Aoki	54
16. José Luis Cardoso (E) Honda	-1'27.780	Goorbergh	40
17. Sebastien Gimbert (F) Honda	-1'27.951	Doohan	33
18. Mike Hale (USA) Modenas	-1'45.173	Crafar	19
19. Michael Rutter (GB) Honda	-1 Runde	Gimbert	16
20. Steve Martin (AUS) Honda	-1 Runde	Cadalora	5

Schnellste Runde: Roberts jr. in 1'44.781 = 149,455 km/h

AUSFÄLLE: Fahrer (Nation) Maschine (Grund) | in Runde

Anthony Gobert (AUS) MuZ-Weber (Nichtstarter/Magenkrämpfe)	-
Nobuatsu Aoki (J) Suzuki (Sturz)	7
Tadayuki Okada (J) Honda (Sturz)	13
David de Gea (E) Modenas (Sturz)	15

Buena Vista in Buenos Aires: Argentinische Topmodels testen die Biaggi-Yamaha

Endstand der WM-Punktewertung

125 ccm

	Fahrer	Punkte	MAL	J	E	F	I	CAT	NL	GB	D	CZ	IMO	VAL	AUS	SA	BR	RA
1.	Emilio Alzamora (E) Honda	227	20	16	16	16	10	20	13	16	20	10	13	20	1	–	16	20
2.	Marco Melandri (I) Honda	226	–	–	–	10	20	16	8	11	25	25	25	–	25	16	20	25
3.	Masao Azuma (J) Honda	190	25	25	25	13	9	–	25	25	10	4	6	–	11	2	10	–
4.	Roberto Locatelli (I) Aprilia	173	–	–	11	25	25	10	16	13	13	–	5	8	10	13	8	16
5.	Noboru Ueda (J) Honda	171	–	–	8	11	16	13	20	20	11	20	11	16	–	–	25	–
6.	Gianluigi Scalvini (I) Aprilia	163	16	4	13	9	–	6	11	10	9	13	–	25	13	25	–	9
7.	Arnaud Vincent (F) Aprilia	155	13	–	6	20	11	25	9	7	6	6	16	13	–	20	3	–
8.	Simone Sanna (I) Honda	123	10	–	9	6	13	8	2	–	7	8	20	9	4	10	7	10
9.	Lucio Cecchinello (I) Honda	108	–	10	20	–	7	11	–	–	16	16	–	–	20	8	–	–
10.	Gino Borsoi (I) Honda	106	9	–	4	–	6	4	7	8	8	7	–	10	8	11	11	13
11.	Youichi Ui (J) Derbi	84	3	13	–	–	–	–	10	9	–	11	7	–	16	9	6	–
12.	Mirko Giansanti (I) Aprilia	66	7	–	3	3	5	2	4	6	3	1	3	–	5	–	13	11
13.	Ivan Goi (I) Honda	61	8	2	5	–	1	1	5	5	4	5	10	–	2	–	5	8
14.	Kazuto Sakata (J) Honda	56	6	8	1	7	8	9	6	3	–	–	–	4	3	1	–	–
15.	Steve Jenkner (D) Aprilia	54	1	3	–	8	2	–	–	–	–	9	9	11	6	5	–	–

16. Jeronimo Vidal (E) Aprilia 47; 17. Manuel Poggiali (RSM) Aprilia 46; 18. Randy de Puniet (F) Aprilia 26; 19. Max Sabbatani (I) Honda 21; 20. Hideyuki Nakajoh (J) Honda 20; 21. Alessandro Brannetti (I) Aprilia 20; 22. Angel Nieto Jr. (E) Honda 16; 23. Pablo Nieto (E) Derbi 15; 24. Katsuji Uezu (J) Yamaha 11; 25. Frédéric Petit (F) Honda 9; 26. Reinhard Stolz (D) Honda 9; 27. Kazuhiro Kubo (J) Yamaha 7; 28. David Mico (E) Aprilia 7; 29. Minoru Nakamura (J) Honda 6; 30. Klaus Nöhles (D) Honda 5; 31. William de Angelis (RSM) Honda 4; 32. Robbin Harms (DK) Aprilia 3; 33. Antonio Elias (E) Honda 2

Markenweltmeisterschaft

		Punkte	MAL	J	E	F	I	CAT	NL	GB	D	CZ	IMO	VAL	AUS	SA	BR	RA
1.	Honda	367	25	25	25	16	20	20	25	25	25	25	25	20	25	16	25	25
2.	Aprilia	271	16	4	13	25	25	25	16	13	13	13	16	25	13	25	13	16
3.	Derbi	91	3	13	–	–	–	–	10	9	–	11	7	–	16	9	6	7
4.	Yamaha	11	–	11	–	–	–	–	–	–	–	–	–	–	–	–	–	–

250 ccm

	Fahrer	Punkte	MAL	J	E	F	I	CAT	NL	GB	D	CZ	IMO	VAL	AUS	SA	BR	RA
1.	Valentino Rossi (I) Aprilia	309	11	9	25	–	25	25	20	25	25	25	20	8	25	25	25	16
2.	Tohru Ukawa (J) Honda	261	20	20	20	25	16	20	13	13	–	16	4	25	16	13	20	20
3.	Loris Capirossi (I) Honda	209	25	16	16	–	–	–	25	20	20	9	25	16	10	11	16	–
4.	Shinya Nakano (J) Yamaha	207	16	25	–	20	13	11	16	13	13	11	13	13	20	1	11	11
5.	Stefano Perugini (I) Honda	151	7	–	8	16	8	9	8	11	11	10	13	11	9	9	11	10
6.	Ralf Waldmann (D) Aprilia	131	–	–	10	13	20	–	10	8	16	20	9	–	11	–	9	5
7.	Olivier Jacque (F) Yamaha	122	13	–	–	–	–	–	–	–	v8	11	16	–	20	16	13	25
8.	Franco Battaini (I) Aprilia	121	–	13	13	10	10	16	9	–	–	6	10	20	8	6	–	–
9.	Sebastian Porto (RA) Honda	98	1	–	4	9	7	7	4	–	9	–	7	10	7	10	10	13
10.	Jeremy McWilliams (GB) Aprilia	83	9	–	9	5	13	10	16	10	–	8	3	–	–	–	–	–
11.	Jason Vincent (GB) Honda	70	4	–	5	11	9	–	7	–	–	7	–	9	4	5	5	4
12.	Anthony West (AUS) Honda	66	2	6	–	7	–	–	6	5	10	1	1	7	6	7	–	8
13.	Luca Boscoscuro (I) Honda	66	5	–	6	2	6	–	–	6	6	3	5	5	2	8	6	–
14.	Roberto Rolfo (I) Aprilia	62	6	4	7	–	–	11	–	–	4	5	6	3	–	–	7	9
15.	Tomomi Manako (J) Yamaha	52	–	8	2	–	3	4	3	2	2	2	2	2	5	4	8	7

16. Alex Hofmann (D) TSR–Honda 51; 17. Marcellino Lucchi (I) Aprilia 49; 18. Masaki Tokudome (J) Honda 37; 19. Naoki Matsudo (J) Yamaha 21; 20. Daijiro Katoh (J) Honda 11; 21. Julien Allemand (F) Honda 11; 23. Fonsi Nieto (E) Yamaha 10; 24. Toshihiko Honma (J) Yamaha 6; 25. Lucas Oliver (E) Yamaha 6; 26. Scott Smart (GB) Aprilia 5; 27. Johan Stigefelt (S) Yamaha 4; 28. Jamie Robinson (GB) Yamaha 4; 29. David Garcia (E) Yamaha 4; 30. Jarno Janssen (NL) Honda 2; 31. Tekkyu Kayu (J) Honda 1;

Markenweltmeisterschaft

		Punkte	MAL	J	E	F	I	CAT	NL	GB	D	CZ	IMO	VAL	AUS	SA	BR	RA
1.	Aprilia	338	11	13	25	13	25	25	20	25	25	25	20	20	25	25	25	16
2.	Honda	326	25	20	20	25	16	20	25	20	20	16	25	25	16	13	20	20
3.	Yamaha	249	16	25	4	20	11	13	11	16	13	13	16	13	20	20	13	25
4.	TSR–Honda	104	5	6	6	8	6	6	6	7	10	4	5	7	6	8	6	8

500 ccm

		Punkte	MAL	J	E	F	I	CAT	NL	GB	D	CZ	IMO	VAL	AUS	SA	BR	RA
1.	Alex Crivillé (E) Honda	267	16	13	25	25	25	25	–	25	20	20	25	–	11	16	10	11
2.	Kenny Roberts (USA) Suzuki	220	25	25	3	–	11	10	20	8	25	16	10	20	6	–	16	25
3.	Tadayuki Okada (J) Honda	211	11	1	13	7	16	20	25	20	–	25	13	13	25	13	9	–
4.	Max Biaggi (I) Yamaha	194	–	7	20	–	20	–	11	13	–	13	16	9	20	25	20	20
5.	Sete Gibernau (E) Honda	165	6	11	16	13	10	16	16	–	7	6	6	7	10	20	11	10
6.	Norick Abe (J) Yamaha	136	–	16	11	10	–	–	10	10	16	–	5	10	–	7	25	16
7.	Carlos Checa (E) Yamaha	125	20	10	6	11	9	9	–	–	13	–	–	11	13	10	–	13
8.	John Kcinski (USA) Honda	115	–	–	10	20	8	7	9	7	11	2	8	8	7	6	3	9
9.	Alex Barros (BR) Honda	110	10	8	–	6	–	–	6	11	8	9	20	6	–	5	13	8
10.	Tetsuya Harada (J) Aprilia	104	3	–	–	16	13	13	5	16	9	11	3	5	–	1	4	5
11.	Regis Laconi (F) Yamaha	103	9	–	9	8	–	–	4	–	3	7	11	25	16	2	5	4
12.	Juan Borja (E) Honda	92	8	5	7	9	7	11	8	9	6	4	–	–	–	11	–	7
13.	Nobuatsu Aoki (J) Suzuki	78	7	6	–	–	–	5	13	–	–	10	9	4	8	9	7	–
14.	Garry McCoy (AUS) Yamaha	65	–	–	–	–	–	1	–	5	8	7	16	9	8	8	3
15.	Haruchika Aoki (J) Honda	54	1	⌐	4	3	5	6	7	–	10	3	4	–	5	4	1	1
16.	Jürgen v.d. Goorbergh (NL) MuZ–Weber	40	–	–	5	–	–	8	3	–	4	5	2	–	4	3	–	6
17.	Michael Doohan (AUS) Honda	33	13	20	–	–	–	–	–	–	–	–	–	–	–	–	–	–
18.	Simon Crafar (NZ) Yamaha/MuZ–Weber		19	2	–	2	5	4	–	–	6	–	–	–	–	–	–	–
19.	Sebastien Gimbert (F) Honda	16	–	–	–	4	3	2	2	–	2	–	–	3	–	–	–	–
20.	Luca Cadalora (I) MuZ–Weber	14	–	–	8	–	6	–	–	–	–	–	–	–	–	–	–	–
21.	Shinichi Itoh (J) Honda	9	–	9	–	–	–	–	–	–	–	–	–	–	–	–	–	–
22.	Yukio Kagayama (J) Suzuki	9	5	4	–	–	–	–	–	–	–	–	–	–	–	–	–	–
23.	David de Gea (E) Modenas	8	–	–	–	–	–	–	–	–	1	–	–	2	3	–	2	–
24.	Markus Ober (D) Honda	7	–	–	1	2	1	3	–	–	–	–	–	–	–	–	–	–
25.	Anthony Gobert (AUS) MuZ–Weber	6	–	–	–	–	–	–	–	–	–	–	–	–	–	–	6	–
26.	José Luis Cardoso (E) Honda	6	–	2	–	–	–	4	–	–	–	–	–	–	–	–	–	–
27.	Michael Rutter (GB) Honda	5	–	–	–	–	–	–	–	5	–	–	–	–	–	–	–	–
28.	Jean Michel Bayle (F) Modenas	4	4	–	–	–	–	–	–	–	–	–	–	–	–	–	–	–
29.	Noriyasu Numata (J) MuZ–Weber	3	–	3	–	–	–	–	–	–	–	–	–	–	–	–	–	–
30.	Mark Willis (AUS) Modenas	3	–	–	–	–	–	–	–	–	–	–	–	–	1	–	–	2
31.	Mike Hale (USA) Modenas	3	–	–	–	–	–	–	–	–	1	1	1	–	–	–	–	–
32.	Jamie Whitham (GB) Modenas	2	–	–	–	2	–	–	–	–	–	–	–	–	–	–	–	–
33.	Steve Martin (AUS) Honda	2	–	–	–	–	–	–	–	–	–	–	–	–	2	–	–	–

Markenweltmeisterschaft

		Punkte	MAL	J	E	F	I	CAT	NL	GB	D	CZ	IMO	VAL	AUS	SA	BR	RA
1.	Honda	338	16	20	25	25	25	25	25	25	20	25	25	13	25	20	13	11
2.	Yamaha	280	20	16	20	11	20	9	11	13	16	13	16	25	20	25	25	20
3.	Suzuki	231	25	25	3	–	11	10	20	8	25	16	10	20	8	9	16	25
4.	Aprilia	104	3	–	–	16	13	13	5	16	9	11	3	5	–	1	4	5
5.	MuZ–Weber	64	–	3	8	–	6	8	3	6	4	5	2	–	4	3	6	6
6.	TSR–Honda	56	1	2	4	3	5	6	7	–	10	3	4	–	5	4	1	1
7.	Modenas KR3	17	4	–	–	–	2	–	–	–	–	1	1	2	3	–	2	2

Erleben Sie Europas größte Motorrad-Zeitschrift!

Faszination Motorrad

MOTORRAD, Europas größte Motorrad-Zeitschrift, fasziniert jeden, vom Einsteiger bis zum Profi. MOTORRAD testet für Sie die neuesten Maschinen, informiert über alle technischen Neuheiten und Entwicklungen, zeigt die neuesten Trends, bringt umfangreiche Reportagen, aktuelles Motorrad-Sportgeschehen und für alle Tourenfahrer den großen Reiseteil „Unterwegs".

Holen Sie sich die aktuelle Ausgabe jetzt an Ihrem Kiosk.

MOTORRAD — Alle 14 Tage neu!

Reinhard Stolz

Markus Ober

Bernhard Absmeier

Masao Azuma

Youichi Ui

Ralf Waldmann

Alex Hofmann

Roberto Locatelli

Arnaud Vincent